I0250831

www.ingramcontent.com/pod-product-compliance
Lightning Source LLC
Chambersburg PA
CBHW071155160426
43196CB00011B/2088
* 9 7 8 9 6 5 5 5 0 5 0 2 3 *

יעקב קידר

אצל קיטָמוּרָה הזקן

יעקב קידר

אצל קיטָמוּרָה הזקן

עורכים ראשיים: קונטנטו - הוצאה לאור בינלאומית

עריכה ספרותית: אמירה מורג

עריכת לשון: יעל ניר

ניהול ההפקה: ערן אביעד

עיצוב עטיפה: בנג'י הרשקוביץ

עיצוב הספר: ליליה לב ארי

2015 © כל הזכויות בעברית שמורות ליעקב קידר

ולהוצאה לאור בינלאומית Contento

איסרליש 22 תל אביב 6701457

www.ContentoNow.co.il

הספר אושר לפרסום ע"י הצנזורה וע"י ועדת השרים.

אין להעתיק ספר זה או חלק ממנו וכן לאחסן בבנק נתונים או להעביר בשירותים מקוונים, לשכפל, לעבד, או לתרגם בכתב, ללא אישור בכתב מהמו"ל

מסת"ב: 978-965-550-502-3

דאנאקוד: 488-225

נדפס בישראל תשע"ו 2015

Printed in Israel

יעקב קידר

אצל קִיטָמוּרָה הזקן

CONTENTONOW

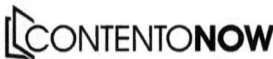

להוריי,
שושנה ושמעון קמפינסקי

עלילת הספר היא דמיונית לחלוטין. כך גם דמיוניות הן כל הנפשות המופיעות בסיפור, ואין כל קשר בינן לבין המציאות. כל קשר בין הכתוב בספר לבין המציאות הנו באחריות הקורא. כל זאת, למעט האישים ההיסטוריים שאמנם היו קיימים, אבל אינני משוכנע שעשו את כל הכתוב בספר.

את הידע על ההיסטוריה של יפן ועל תרבותה אני חב למוריי היוצאים מן הכלל מהחוג למזרח אסיה באוניברסיטה העברית, ובראשם לפרופ' בן עמי שילוני. בזכותם כל העובדות הנכונות והמדויקות שבספר. הטעויות ואי הדיוקים הם באחריותי בלבד, ואני מקווה שאין הרבה מאלה.

המקומות המתוארים בעלילה ברובם אמיתיים וקיימים. נהניתי הנאה רבה לחזור ולטייל בטוקיו בדמיוני תוך כדי כתיבת הספר. לשוטט ברבעים השונים, לחזור לאזור מגוריי ולטעום במחשבתי מהאוכל המיוחד והרבגוני. זו טוקיו שאני אוהב. שבע שנים חייתי ועבדתי בה כדיפלומט בשגרירות ישראל. שם גם נולדו שניים מילדיי. אשמח להזדמנות לחזור אליה בעתיד, אם כעובד משרד החוץ ואם סתם כך לטיול, ולגלות צדדים נוספים שאותם לא גיליתי בעיר הנהדרת הזאת.

שלמי תודה: בראש ובראשונה לאשתי אסנת, על עידודה בכתיבת הספר, על דחיפתה להוצאתו לאור ועל עצותיה המועילות; לילדיי ניר, טל ואסף, על תמיכתם ואמונתם בספר ובסופר; לידידיי ירון בסקינד ואורי לִבנֶה, על שקראו את כתב היד הבוסרי והעירו הערות חשובות; לאמירה מורג, העורכת של הספר, על ביקורתה החיובית; ואחרון חביב, תודות למו"ל נתנאל סמריק, שבזכות אורך רוחו והתמדתו הספר עבר ממגירת קובץ מחשבִי האישי לאור השמש.

הקדמה

תל אביב, קיץ, שנה אחרי הכול

זיעה ניגרת
רגליי נישאות למרחק
הלאה[1]

בתום ארבעים וחמש דקות על מכונת הריצה, במהירות קבועה של תשעה קילומטרים לשעה, עדיין לא הצלחתי להחליט באיזו מכונית אבחר אם אזכה בלוטו. הזיעה זלגה ממצחי ומצדעיי אל תוך אוזניי ועיניי, ומעורפי אל צווארון גופיית הנייקי שלבשתי. אהבתי לחוש את "בדידותו של הרץ למרחקים ארוכים" ונמנעתי מלהביט במסך הטלוויזיה שריצד מולי במכון הכושר. היה לכך גם היבט מעשי. לא ראיתי היטב לרחוק. אשתי טענה שבגילי אמור להיות לי קוצר ראייה בקריאה, אולם אצלי המצב היה הפוך: קראתי ספרים ועיתונים כתמול שלשום, ללא בעיות וללא צורך במשקפיים.

הבעיה שלי הייתה כאמור הראייה למרחק. את ימה של תל אביב, שרוח קלה וחמה מאוד הרקידה במתינות גלים פעוטים על גבו, ראיתי תוך

1 שירי ההייקו בפתחו של כל פרק חוברו על ידי המחבר. השירים אינם כולם שירי הייקו תקניים, היות שבהייקו יש שלוש שורות, שהראשונה והאחרונה שבהן משקלן חמש הברות, ואילו האמצעית בעלת שבע הברות.

כדי ריצה דרך חלון חדר הכושר של המלון המפואר, בלי יכולת לשים לב לפרטים. את האנשים שהשתזפו על החוף או שחו בים ראיתי במטושטש. לעומת זאת, ראיתי היטב את מחשוף גופיית הספורט של האצנית המלאה ששרפה קלוריות על מכשיר הריצה שלידי. למרות הנוף היפה, השתעממתי, ולכן פיתחתי הרגל לפיו בתחילת הריצה, אחרי כמה דקות חימום, אני מדמיין שזכיתי בלוטו. מחשבותיי עד תום הריצה הוקדשו לקבלת החלטות כיצד לנהוג בכספי הזכייה בדרך הטובה ביותר. לא שהייתי זקוק לכסף. מעובד מדינה במשרה מלאה כסוכן מוסד הפכתי, כמעט בִן לילה, למיליונר. עבורי, אפרים זָבָדִי, ההתחלה הייתה צנועה הרבה יותר. הייתי בן זקונים להורים שעלו ללא כל רכוש מבגדד. ילד שגדל בבית קְשֶה יום ומלא בילדים. היינו שבעה. אמי ילדה אותי כשהייתה בת ארבעים ושתיים, בדומה לגילי כיום. פונקתי בתשומת לב מצד כל אחיותיי. הוריי לא היו בבית במשך רוב שעות היום. אבי לימד מתמטיקה בבית הספר התיכון "דנמרק" ליד דירתנו הקטנה בקטמונים, ובשעות הערב השלים הכנסה במתן שיעורים פרטיים לילדי עשירים מרחביה ומהמושבה הגרמנית. אמי סייעה לפרנסת המשפחה כאחראית על מזנון התחנה המרכזית של "אגד" בירושלים. הוריי היו עניים וקומוניסטים, ציפורים נדירות (הקומוניסטים, לא העניים) בנוף הירושלמי של אותם ימים, שבו מרבית חבריהם היו תומכים מסורים של מנחם בגין. הם שמרו בקנאות, גם אם בחוסר ברירה, על מעמדם כפרולטריון מנוצל. עד יום מותם העריצו בכל לבם את סטאלין.

מעולם לא הייתי שותף לדעותיהם. תמיד התעניינתי יותר בספורט ובבנות והייתי מוצלח יותר בתחום הראשון, כקשר בקבוצת הכדורגל של בית הספר. כיום, כמיליונר וכאיש עסקים, אני גאה בכך שהגעתי רחוק מאוד מנקודת ההתחלה. אני בטוח שגם הוריי היו גאים בי לו היו עדיין בחיים, למרות הבוז שרחשו לבורגנות באשר היא. עברו עשר שנים מאז נפטרו, בהפרש של חצי שנה האחד מהשנייה, ועדיין חשתי צביטת עצב כשנזכרתי בהם.

באותו יום רביעי, בשעת הבוקר המוקדמת, החמה והלחה של חודש אוגוסט, עשיתי את האימון הקבוע לפני שהלכתי לעבוד במשרדֵי רשת המסעדות שלי, "אצל קיטמורה הזקן", ברחוב המסגר. כבר בדקות הראשונות של החימום זכיתי בדמיוני בפרס הגדול של חמישים מיליון שקל. כאמור, לא הייתי זקוק לכסף. היה לי מספיק. אבל תמיד נחמד לחלום על זכייה. להערכתי, אחרי ניכוי המס, נשארו לי חמישים דקות ריצה ושמונה מיליון דולר, בהתאם לשער היציג של אותו יום. לאחר שעברתי שלושה קילומטרים, כל אחד משני ילדיי קיבל בדמיוני דירה נוספת, וכך גם אחיי ואחיותיי. הרגשתי טוב, אולם אז החל התסכול על הרֶכב. משום מה לא הצלחתי להחליט אם אחליף את הטויוטה פריוס שלי בטויוטה לנד-קרוזר חדישה, או שמא אקנה פורשה קאיין. לבסוף החלטתי שלא אתפתה להיות בעליו של ג'יפ, מכיוון שג'יפים זוללים דלק ופוגעים באיכות הסביבה. בדקה הארבעים לריצה חשבתי לעצמי שמאחר שזכיתי – למה לא להשתולל קצת וללכת על מכונית ספורט עם גג נפתח דוגמת BMW Z4. אבל אז נזכרתי בעקרונותיי שאינם מצדדים בקניית מכוניות תוצרת גרמניה.

ברבע השעה האחרונה של הריצה נדדו מחשבותיי הרחק מזכייתי בלוטו ומהשאלה הבלתי פתורה, "איזו מכונית לקנות". העליתי בהדרגה את מהירות ריצתי ובין התנשפות אחת לשנייה הבטתי בזווית העין בצעיר היפני שעלה על אופני הכושר והחל לדווש במרץ. "בוודאי תייר או איש עסקים," חשבתי, "אבל מה אם לא? האם ייתכן שלאחר שנה של חיפושים הם מצאו אותי?" האמת שבימים האחרונים הבחנתי, בכמה הזדמנויות שונות, ברחוב, בסופֶר, באנשים הנראים יפנים חולפים על פניי או עומדים ומביטים בי. התחלתי לדאוג. העליתי את מהירות ריצתי, כאילו אם ארוץ מהר יותר שעת הריצה תיגמר אף היא מהר יותר. מזיע ומתנשף ירדתי ממכשיר הריצה, קיצרתי בהרפיה ובמתיחות, בלי להתקלח נכנסתי למכונית ובנסיעה מהירה הגעתי למשרד.

חלפתי במהירות על פני מזכירתי נאווה ונדתי קלות בראשי בתשובה לברכת ה"בוקר טוב" הנלהבת שקיבלה אותי בה. נכנסתי לחדרי וניגשתי הישר לכספת. פתחתי אותה, ולמרות שידעתי שאמצא שם את המעטפה ובה עותק התיק שהפקדתי בידי עורך הדין שלי, חשתי הקלה כשראיתי אותה שם. נעלתי את הכספת, התיישבתי בכבדות בכיסאי ותוך כדי לגימת מים מינרליים מבקבוק הרצתי בפעם המי-יודע-כמה בראשי את השתלשלות העניינים המוזרה שהחלה, מבחינתי, במשרד הישן שלי בטוקיו. ואולי ההתחלה הייתה כמה מאות שנים קודם לכן?

פרק א'

פריז, נובמבר 1648

ירח מאיר
על הכר שרעפיי
לנצח

"מזי" (במלעיל), כפי שאהבה אנה לכנות את אהובה, היה שרוע במערומיו על מיטת האפריון הענקית לכל אורכו, אורך שהיה למעשה די קצר. מוצאו של האיש החזק ביותר בצרפת, הקרדינל מאזארן היה איטלקי. הוא היה קטן קומה ורזה, כמעט מסוגף, בעל זקן שחור, מחודד, שכיסה רק את סנטרו, ובעל שפם עבות עשוי בקפידה, שקצותיו התעגלו כלפי מעלה כְּצָו האופנה. אפו היה נשרי ומצחו הלך וגבה עם חלוף השנים. שערו, שהיה דליל מאוד מלפנים, היה ארוך מאחור וירד אל כתפיו, גם הוא כצו האופנה. מאזארן נחשב לגבר מושך, למרות שהיה נמוך. כל זאת, ביחד עם מזגו האיטלקי הסוער, משכו את אנה אליו. הקרדינל, לעומת זאת, נמשך ליופייה של אנה, אולם לא רק המראה שלה הסעיר אותו. קָסם לו גם הסיכון שיש ביחסים אסורים עם אשתו הבוגדנית של המלך, ובכלל יחסים עם אישה, האסורים על קרדינל שאמור להתנזר מנשים.

כשידיו שלובות מאחורי ראשו, הרהר מאזארן באנה. הוא שמע אותה משכשכת באמבט הצמוד לחדר השינה העצום ותמה, בפעם האלף, מדוע בשעה שכל בנות צרפת מעדיפות לסוך גופן בבושם, כרוכה אנה

אחר הרחצה. זה לא הפריע לו. להפך. הוא אהב לראות אותה עולה מהאמבט, נעמדת מולו בכל תפארת גופה המלא ובתנועות חושניות כשל חתולה מתקרבת אליו ומסעירה את חושיו עד שהיה אוחז בה בשתי ידיו, מובילה למיטה, ויחד היו שוקעים במעשה האהבה. גופה של אנה היה רעב להתלהבותו של מזי.

בעלה, המלך לואי השלושה-עשר, היה עסוק ברדיפה אחרי פילגשיו בחדרים הענקיים ובגני ארמון ורסאי. כשהחזיר נשמתו לבוראו, הייתה אנה עדיין במלוא אונה. גם החינוך הנוקשה שספגה בבית הוריה באוסטריה היה לה לזרא, ומזי סיפק תרופה לתאוותיה.

הפעם ציפה מאזארן בקוצר רוח יותר מבעבר שתצא מהרחצה, תבוא אליו עירומה, מדיפה ניחוחות אמבט, ותשכיח ממנו את המתח הנפשי שהיה שרוי בו לאחרונה. זה עתה סיים את המלאכה הקשה והמסובכת ביותר שעשה בחייו והוא היה עייף נפשית. המשא ומתן, השכנועים, השוחד, האיומים שבהם השתמש - כל אלה הביאו לתוצאה שקיווה ושלום וסטפליה הושג. הגיע הקץ למלחמת שלושים השנה. השלום חזר לאירופה ופסקו ההוצאות הצבאיות העצומות שהעיקו נואשות על קופתה המדולדלת של צרפת.

זאת לא הייתה הפעם הראשונה שהקרדינל, יורשו של הקרדינל המפורסם רישלייה, הביא שלום. עוד כשהיה בישוף צעיר זכה מאזארן לתהילה כשדהר בדרמטיות בין צבאות ספרד וצרפת תוך צעקות, "שלום, שלום." הצדדים כל כך התרשמו מהאומץ ומהנחישות שהפגין עד שהפסיקו את הלחימה והגיעו לידי הסכם.[2]

---

2 הקרדינל מאזארן, Jules Mazarin, יורשו של הקרדינל רישלייה הצרפתי, זכה לתהילה ב-26.10.1630 כשדהר בדרמטיות בין צבאות צרפת וספרד שלחמו על ירושת הכתר של מנטואה (היום באיטליה) בקרב Casala De Monferato תוך צעקות "שלום, שלום." הספרדים הסירו משום כך את המצור ונחתם הסכם Cherasco.

הפעם, יותר מבעבר, היה מאזארן שבע רצון, אולם גופו ונפשו היו זקוקים למנוחה ולפינוק. את אלה קיבל בשפע ובאהבה מאנה, שכיורשת שושלת המלוכה האוסטרית הייתה לא רק רעייתו של מלך צרפת אלא גם מלכת האוסטרים. הפעם, כשיצאה מהאמבט, הביט בה במבט עצל כשפסעה אליו, הניח לה לעסות את גופו באטיות ובעדינות, עד שחש עצמו מפונק דיו ועיניו נעצמו לאטן. אנה חשדה שנרדם ותחושה קלה של אכזבה כבר החלה מכרסמת בלבה. היא קיוותה שהוא יהיה שלה בשעות הקרובות, לאחר זמן כה רב שלא התראו בו.

היא עמדה זמן מה ליד המיטה והביטה בו. שקלה אם להעיר אותו או להניח לו לנוח. היא ידעה שהוא זקוק למנוחה אבל הייתה זקוקה לחברתו. לבסוף, תוך שנאנחה מעומק לבה, השתרעה לידו, הניחה ידה על חזהו ושכבה בשקט לידו בעיניים פקוחות. מאזארן לא נרדם, אלא שכב ותכנן בעיניים עצומות כיצד יגלה לה את מחשבותיו. או-אז פקח את עיניו והביט באנה, ששמחה לראות אותו ער. הוא חייך אליה קלות, כשתחושת שלמות לֵאה שאישה אוהבת יכולה למסוך בגבר שלה, מציפה אותו.

לאחר דקות ספורות של מנוחה משותפת בשתיקה נעימה התחיל מזי לטוות בפני אנה את תוכניתו החדשה. היא הייתה רגילה לשמוע את תוכניותיו כששכבו כך יחד ונהנתה מהרעיונות ומהתחבולות שהגה מוחו המבריק. מטרת כל אלה הייתה לחזק את כוחה של צרפת, להגביר את השפעתו שלו עצמו ולהגן על שלומו של מוסד המלוכה הצרפתי, שאת מלכתו כה אהב. אנה הייתה שותפה מלאה לתוכניותיו ולביצוען. באמצעות קשריה וכספה, עזרה לו בכל אשר חפץ ויחד היוו צמד בלתי מנוצח.

התוכנית שפרש הפעם לפניה הכתה אותה בתדהמה. היא אמנם הכירה אותו כמבריק וערמומי, אולם לראשונה שמעה אותו מתכנן מאות שנים קדימה.

פרק ב'

שבוע מאוחר יותר

הדם יבש.
בין קרעי המדים
עשב צומח

שבעה ימים אחר כך יצאו כמה זוגות מוסקטרים חמושים היטב, רכובים על סוסים מהירים, בדרכם אל בתי המלוכה השונים של אירופה ובאמתחתם שקי זהב ומכתב החתום בחותמו של המלך. הרוח הקרה חדרה אל בינות בגדיהם, ושמש הסתיו העמומה לא היה בה די כדי לחמם שניים מהם, שעשו דרכם אל חופי נורמנדי ומשם אל מעבר לתעלה, לחצרו של מלך הבריטים. כשירד הערב הם עצרו להעביר את הלילה בעיירה קאלה, בפונדק מסביר פנים בשם "תֶרֶזָה היפה", ובדקו בעצמם שתרזה, אשתו של בעל הבית, אכן יפה וגם מפגינה, לשמחתם, חיבה מיוחדת למוסקטרים. לאחר שסעדו בתיאבון צלעות חזיר אפויות ותפוחי אדמה מבושלים ברוטב סמיך של בשר ויין אדום ושתו שני קנקני יין הבית, הם פלרטטו עם תרזה עד שבעלה, הפטרון ז'אן פול, האדים כעגבנייה והרים מחבת כבדה כדי להורידה על ראשם. לפני שהעניינים יסתבכו, יצאו השניים החוצה לשאוף אוויר צח ולנקות ראשם מאדי היין ששתו. כשהגיעו לפאתי הכפר, שלף פיליפ שאפדליין, הנמוך מביניהם, סכין ארוכה, לפת מאחור את צווארו של פרנסואה ד'אסטאן, עמיתו לפלוגת

המוסקטרים, שיחדיו התגייסו חמש שנים קודם לכן, עברו אימונים מפרכים וחלקו חדר בקסרקטיני הסמלים "הוותיקים", ובתנועה אחת מהירה שיסף את גרונו. כדי שהדם שניתז בכמויות גדולות לא ילכלך אותו, מיהר ודחף את פרנסואה ממנו והלאה וקפץ הצדה. כשהגופה הפסיקה להתעוות, לאחר רגעים ספורים, השליך אותה פיליפ לתעלת שופכין בצד הדרך, חזר במהירות לפונדק, השליך את שקי הזהב על סוסו ונעלם אל תוך הלילה.

גופתו של פרנסואה נמצאה בבוקר, וכבר למחרת הגיעה הידיעה לאוזניו של מאזארן. שלושה חודשים לאחר מכן האזין מאזארן לדיווחו היבש והלא מפתיע של מפקד המוסקטרים על כך שמצאו את פיליפ בבית אחת מידידותיו בפריז, ללא רוח חיים, כשגרונו משוסף. כשתיאר את הפרט הבא, השתנה טון הדיווח היבש של המפקד הוותיק, שחשב שראה כבר הכול, לפליאה מסוימת. מאזארן הבחין רק בקושי בשינוי הטון. בכל זאת, המפקד לא יכול היה להרשות לעצמו להביע רגשות עזים מדַי בעודו מדווח לאיש החזק בצרפת:

"על העור, מעל ללבו של הבוגד פיליפ, הוטבע במתכת מלובנת סמל של ציפור הפניקס האוחזת בציפורניה שק זהב. אני לא יודע מה פירוש הדבר, אבל אנחנו לא נמשיך ונחקור את העניין. די לנו בכך שסוף כל סוף נפטרנו מהחלאה."

מאזארן הניד ראשו בהערכה למפקד הוותיק ונפרד ממנו בתודה. כשנשאר לבדו, הרשה לעצמו להעלות חיוך קל של שביעות רצון. הוא ניגש לקיר הימני של החדר ולחץ על מנוף קטן שהוסתר בצד הווילון. דלת סודית נפתחה וגבר רזה וגבוה, לבוש מכנסיים וחולצה שחורים ושפם דק על שפתו העליונה, יצא. מאזארן לא לחץ את ידו. הייתה לו רתיעה ממגע גופני עם רוצחים מקצועיים. הוא הניח בידו שקית זהב קטנה ואמר שיקרא לו שוב אם יזדקק לשירותיו. לאחר שהלך שטף מאזארן בכל זאת את ידיו.

פרק ג'

קאנאזאוָוה, אוקטובר 1876

עץ המומיג'י
משיר עליו האדומים
פגישת סתיו

הקיסר מֵייגִ'י חיבב את אוֹגוּרה טוֹשירוֹ הצעיר. אמנם טושירו היה גאוותן וסיגל לעצמו התנהגות אריסטוקרטית-נפוחה שהייתה מוגזמת אפילו בחצר הקיסר, אבל היו לו בכל זאת כמה נקודות זכות, שבעטיין שמר על מעמדו כסגן שלישי לראש הטקס בארמון: ראשית, הוא היה משודך לבתה השנייה של אחות הקיסר, שעל אף שהייתה בת שתים-עשרה בלבד חיבבה מאוד את טושירו. טושירו היה בחור נאה למדי ונאמן באופן מוחלט לקיסר. נאמנות לקיסר מצד בן למשפחת אוגורה לא הייתה דבר מובן מאליו. משפחת אוגורה הייתה משפחתו של הדָאימְיוֹ, שליט אחד מאזורי יפן, השני בחשיבותו בכל המדינה. הדאימיו היה שני רק לשוֹגוּן, השליט הצבאי של יפן, ממשפחת טוֹקוּגָאווה. משפחת אוגורה תמכה בשוגון גם כשהיה ברור שתומכי הקיסר ומתנגדי המשך שלטון טוקוגאווה עומדים לנצח ולשלוט בכל יפן. שלוש-מאות שנה הם תמכו בשוגון, ותמיכתם השתלמה להם מאוד בעבר, אולם לא עוד. הקיסר, במסע שלקח על עצמו להפוך את יפן למעצמה מודרנית, דאג להפוך את השפעתם הפוליטית לשולית ולהרחיק אותם ממוקדי הכוח. לטושירו, לעומת זאת, הועיד הקיסר תפקיד רגיש.

הם ישבו על ספסל אבן בקֶנרוֹקוּ-אֶן, גן הזן היפה בעולם שנבנה בעיר קאנאזאוָוה, בירת האזור, שבו שלטה משפחת אוגורה מאות בשנים. הגן נבנה על ידי אבותיו של טושירו במשך דורות רבים, לפי העקרונות המדוקדקים של הזן-בודהיזם. הגן היה חיקוי נפלא של הטבע, ולמען האמת יפה יותר מהטבע עצמו. אפילו את הטחב הירוק והמושלם שכיסה את האדמה בין העצים חידשו כל שנה מטחב שגידלו במיוחד לשם כך באחד הכפרים בהרים ליד העיר העתיקה טאקאיָאמה. הקיסר שלח מבט בטושירו מזווית עינו וראה באור החום-צהוב של שמש הצהריים הסתווית את השתקפות פניו המביטות בשלווה במי הבריכה שנחה לרגליהם. עלי עץ המומיג'י האדומים שטו במים אחרי שנשרו מהעץ ברוח הסתיו הקלילה. הקיסר שאל את עצמו בפעם האלף אם הבחירה שלו הייתה נבונה, ושוב, כשראה את הכֵּנות בפניו של טושירו, נחה דעתו. טושירו, מצדו, חש שהקיסר מצפה לדבר מה, אולם לא העז לשאול אותו, והמשיך לבהות במים, בעלים השטים ובדגי הזהב שהתקבצו מולם וחיכו שיזרקו להם אוכל.

לאחר זמן מה שנדמה היה לטושירו כשעה לפחות, נשמעו צעדים מתקרבים, חורקים על שביל הָחצץ. טושירו הרים את עיניו ונדהם לראות שני גאיג'ין-סאן, זרים לא יפנים, לבושים במדים מצוחצחים ומלווים על ידי מתורגמנו של הקיסר לאנגלית. השניים היו גבוהים לפחות בראש מטושירו, שנחשב לגבוה. שערם היה בהיר מאוד וארוך כך שנפל על כתפיהם, ועיניהם כחולות בהירות כצבע השמים ביום שמש בהיר. בגדיהם היו מצועצעים, מעוטרים בסרטים, וגדילי זהב רבים ומדליות היו תלויים כמעט לכל רוחב החזה שלהם.

הם קדו עד שפלג גופם העליון התכופף בזווית של תשעים מעלות ונשארו לעמוד מול הקיסר במרחק הטקסי המקובל של מעט יותר משלוש פסיעות. הקיסר הניד קלות בראשו, וטושירו הביט בהם בסקרנות גלויה. לאחר אישור הקיסר, בניד ראש סמלי, פתח המתורגמן:

"טֶננו הֶייקָה, הקיסר, אם יורשה לי." או-אז הניד שוב הקיסר בראשו קלות לאישור. "אני מתכבד להציג בפניך שני שגרירים נכבדים ששיגרה אלינו במיוחד המלכה ויקטוריה, מלכת אנגליה: לורד הרטפורד, המשנה לאחראי על אוצר בית המלוכה, ואדמירל ווסטמינסטר, סגן השָליש הצבאי של המלכה."

המתורגמן סימן לשניים לקוד שוב לקיסר, והם, בצייתנות, התכופפו שוב לזווית של תשעים מעלות.

"הם עשו את כל הדרך מאנגליה במשך ארבעה חודשים בספינה של צי הוד מלכותה."

המתורגמן עיקם מעט את אפו, והקיסר חייך קלות בהבנה. הוא שמע יום קודם לכן ממתורגמנו שהשניים, בדומה לשאר בני עמם, לא נוהגים להתרחץ לעתים קרובות, וריח גופם, לאחר ארבעה חודשים בים, גרם לכל אנשי חצר הקיסר לשמור מהם מרחק. לפני הפגישה עם הקיסר הכניסו אותם לאוֹפֻרוֹ (אמבט יפני) מהביל וקרצפו אותם עד שעורם האדים.

"ברשותך, לורד הרטפורד מבקש להקריא להוד קיסרותו מכתב מאת הוד מלכותה."

לנוכח ניע ראש נוסף של הקיסר ביקש המתורגמן מהלורד לקרוא את האיגרת. הלורד הוציא מנרתיק מיוחד קלף מגולגל, יישר אותו בארשת חשיבות, לפי מיטב מסורת הקול המאנפף של המעמדות הבריטיים העליונים, וקרא:

"הוד מלכותה, מלכת האיים הבריטיים והאימפריה הבריטית," הרטפורד הנכבד הפסיק לרגע את הקראת המכתב והביט בעיניים שואלות בקיסר. צל חיוך חלף על פניו של הקיסר, דבר שגרם ללורד לחשוב בטעות שהקיסר אינו מקשיב לדבריו. למען האמת הקיסר הקשיב בקשב רב, והחיוך הקל עלה כשחשב לעצמו, שבעוד קיסרי משפחתו שולטים ביפן ברציפות באלפיים ושש-מאות השנים האחרונות, האנגלים הברברים מתגאים בשושלת מלוכה בת כמה מאות שנים בלבד. "אם כי," הודה הקיסר בינו לבין עצמו, "אם לשפוט לפי הספינה שבה הגיעו שני שליחי

המלכה, יש ליפן הרבה מה ללמוד מהברברים האלה." הקיסר, ברוח טובה, הביט בלורד וסימן לו שימשיך.

"הוד מלכותה," המשיך הלורד, "שולחת להוד קיסרותו קיסר יפן ביד שני שגריריה איחולים לבביים ומבקשת להביא בפניו עניין רגיש בעל חשיבות מרכזית. לפני למעלה ממאתיים שנה, הקימו בתי המלוכה הגדולים באירופה קרן משותפת שמטרתה לסייע לבתי מלוכה הנמצאים בקשיים ולשמר את מוסד המלוכה בכל מדינה שבה הוא קיים. כידוע להוד קיסרותו, בזמן האחרון, בשם הקִדמה," תוך כדי הקראת משפט זה התפשטה על פניו של הלורד המכובד הבעה של תיעוב קל, "תנועות עממיות," הבעת התיעוב נעשתה ברורה יותר, "במדינות רבות, דוגלות ברעיונות של ליברליזם ודמוקרטיה. מנהיגי תנועות אלה רוצים שהשליטים יהיו נבחרי העם." הוא כמעט ירק את המילים בסלידה. הקיסר, מצדו, חש בוז להפגנת רגשות ברורה כל כך שאינה הולמת בן אצולה. "לא יהיה יותר מקום לשלטון של שושלות מלוכה המושלות בשם האל. אפילו במדינות שבהן לא רוצים לבטל את המלוכה, גוברים הקולות הקוראים להפוך אותה לסמל בלבד, הנטול כוח ממשי."

הלורד החליף את הבעת התיעוב שעל פניו בהדרת כבוד, והזדקף באמרו: "שושלת המלוכה של אנגליה, יחד עם בתי מלוכה מרכזיים אחרים ברחבי העולם, לקחה על עצמה את המשימה החשובה מאין כמוהָ לשמר את בתי המלוכה בעולם. עם חידוש קשריה של יפן עם מדינתנו (הקיסר לא הניד עפעף לנוכח החוצפה. הוא, וגם הלורד הבריטי כמובן, ידעו היטב שהבריטים, יחד עם האמריקאים ואחרים, הכריחו את יפן בכוח תותחי ספינותיהם לפתוח את שעריה לעולם), אני פונה להוד קיסרותו להצטרף למאמץ המשותף ולשמור חלק מהקרן ברשותו. בבטן ספינת צי הוד מלכותה, שבה הגיעו שני שגריריי, נמצא החלק המיועד לקיסרות היפנית הגדולה במטילי זהב, במטבעות זהב וביהלומים מלוטשים. אם יאות הוד קיסרותו להצטרף, כתנאי ראשון עליו להוסיף חלק זהה ממקורותיו, ויחד

יהיה אוצר זה הבסיס לקרן היפנית. כל בית מלוכה שברשותו נמצא חלק מהקרן יכול להשקיע אותו כרצונו במטרה להגדיל את הבסיס ולעשות בו כאוות נפשו, אולם התנאי השני הוא שבכל מצב יש לשמור על בסיס הקרן עצמה. התנאי השלישי הוא שהאחראים על הקרן יהיו אך ורק בני המשפחה המלכותית ואילו התנאי הרביעי הוא שדבר הקרן יישמר בסוד והוד קיסרותו ידאג ברוב חסדו להוציא להורג כל מי שימעל בכספי הקרן או יפר את חשאיותה. אם נאה הדבר בעיני הוד קיסרותו, יביאו שגריריי את ארגזי האוצר מספינתי וישאירו אותם ברשותו, ואם לאו, אודה לו אם תשלח חזרה בשלום ובבטחה את שליחיי, את ספינתי ואת האוצר. בהזדמנות זאת, אנא ירשה לי הוד קיסרותו להבטיח את ידידותה של ארצי ואת כוונותיה הטובות והכנות. על החתום: המלכה ויקטוריה, מלכת האיים הבריטיים וקיסרית האימפריה הבריטית הגדולה."

הבעת פניו השלווה של הקיסר שידע קודם לכן, גם אם באופן כללי, את מטרת בואם של שני הגאיג'ינים, לא השתנתה. הוא הודה בקצרה לשגרירים ולמתורגמנו ופטר אותם תוך הבטחה להשיב להם תשובה תוך ימים אחדים. טושירו, לעומת זאת, נדהם, ולמרות הכשרתו וחינוכו לגלות איפוק, נפער פיו, ועיניו הביעו סקרנות בלתי ניתנת לשליטה. אחרי שהם נעלמו, סובב הקיסר את ראשו לעבר טושירו, חייך קלות ואמר: "טושירו-קון, טושירו הצעיר, מה דעתך להיות אוצֵר הקרן?"

פרק ד'

סיאול, קיץ, זמן הווה

תיקנים במחבת
מחשבה עמוקה חולפת
במשב רוח קל

סוּגְיָאמה קאצוּהירוֹ, כפי שהיה רשום בדרכונו וכפי שהאדם שציפה לו בסיאול הכיר אותו, נראה כמו כל תייר יפני אחר על סיפונה של המעבורת קיטאנוֹ-מארוּ. גבוה ורזה, בגיל העמידה, שערו שחור כפחם, מבריק משמן ומשוך אחורה, חושף מצח גבוה מעל פנים רזות בעלות תווים חדים. הוא נשען על מעקה הסיפון, והרוח הקלה הניפה קלות את שולי מקטורן החליפה הזולה הכחולה-בהירה שלבש. המעבורת עשתה דרכה מנמל שִׁימוֹנוֹסֶקִי, הנמצא בין הוֹנְשׁוּ, האי המרכזי של יפן, לקְיוּשׁוּ, האי הדרומי, לעבר נמל פּוּסָאן בדרום קוריאה. סביר להניח שרוב הנוסעים במעבורת לא הכירו את ההיסטוריה של נמל המוצא של המעבורת, נמל שימונוסקי, והתעניינו יותר בטיול המצפה להם בקוריאה ובקניות הזולות יחסית למחירים ביפן. סוגיאמה זכר גם זכר. נמל שימונוסקי, שהלך ונעלם ככל שהמעבורת התרחקה לכיוון קוריאה, היה סמל ההשפלה מִידֵי המעצמות וגם סמל לייעודה האמיתי של יפן החזקה והגאה. זו השולטת על עמים אחרים ואינה נותנת למעצמות אחרות לנהל את ענייניה.

את הסיפורים הוא שמע מאביו ובמיוחד מסבו, תת-אדמירל, שהיה ילד באותה תקופה. בספטמבר 1864 הפגיזו שבע-עשרה ספינות מלחמה של בריטניה, הולנד, צרפת וארצות הברית את נמל שימונוסקי. ההפגזה באה כתגמול על שיסופו למוות של נתין בריטי בידי סמוראים ועל הפגזת אוניות מערביות על ידי תותחי חוף יפניים. נחתים מערביים, בתגובה, ירדו אחר כך לחוף ופוצצו את כל סוללות התותחים היפניות שהיו שם. מעז יצא מתוק. מההשפלה שספגו, הסיקו הסמוראים של האזור כי למעצמות המערב יש עדיפות עליהם בציוד ובטכנולוגיה וכי בְמקום להילחם כדאי להם, לסמוראים השמרנים, להתחדש, ללמוד ולהעתיק את השיטות והטכנולוגיות מהמערב ולהפוך את מולדתם למדינה מודרנית. את זאת הם עשו ביעילות עצומה ומפחידה. הם הובילו תנועה ששינתה את ארצם מן היסוד, ובפחות מארבעים שנה הפכה יפן למעצמה צבאית מובילה במזרח אסיה, כבשה מסין את האי פורמוזה, כיום טייוואן, והרחיבה את השפעתה בקוריאה ובמנצ'וריה.

ההחלטה להצטרף לחיל הים ולעזור למאמץ הלאומי להשתלט על הימים שמסביב למולדת האהובה גמלה בלבו של הסב כשזה היה עדיין נער בן חמש-עשרה. חיידק יורדי הים דבק בו כשראה פריגטה בריטית עוגנת בנמל בחצי האי נוטו, בקרבת עיר הולדתו קאנאזאוָוה. הוא היה כל כך נפעם מהמראה. נכדו המאומץ ישב על מושב מרופד ונוח בתא הנוסעים של ספינת המעבורת וחייך לעצמו בחשבו שהוא, עכשיו, בתורו, יהיה זה אשר ישנה את גורלה של יפן ויהפוך אותה למעצמה של ממש. יפן לא תישאר יותר המדינה העשירה אך החלשה והבלתי נחשבת בעולם מבחינה צבאית ומדינית. לא עוד הננס הצבאי התלוי להגנתו בארצות הברית.

כשעגנו בנמל פוסאן, ירד סוגיאמה עם הנוסעים האחרים מהמעבורת, הלך אִתם אחרי המדריכה הצעירה שנשאה בידה דגל משולש צהוב התלוי על מוט ארוך, עלה עמם על אוטובוס התיירים ונהנה מטיול היכרות קצר עם העיר. בתום הסיבוב, עצר האוטובוס בנמל התעופה של פוסאן

ומשם המריאה הקבוצה לסיאול. משנחתו בסיאול, פנו מרבית התיירים למוניות שהובילו אותם לשווקי הבגדים הזולים, אם בנאם-דאֶי-מוֹן השער הדרומי או באיטָאֶוואן, רחוב הבגדים, המזוודות, הנעליים ושאר הסחורות הזולות. שם יכלו לקנות מעילי עור זולים ולהזמין חליפות שנתפרות בתוך יום וזולות בחמישים אחוז ויותר מהמחירים בטוקיו. מוניתו של סוגיאמה הסיעה אותו, לבקשתו, למלון היאט, הנמצא על גבעה המשקיפה על העיר. במלון ניגש לדלפק הקבלה וביקש את המפתח לחדרו, שהזמין אותו בעוד מועד על השם הרשום בדרכונו. בחדר התפשט ושטף עצמו מאבק הדרך.

הבגדים שלבש אחר כך לא דמו כלל לבגדים המהודרים שלבש בדרך כלל בטוקיו, שם היה ידוע כאוגורה-סאן. בחולצה ובמכנסי הכותנה הפשוטים והמהוהים, במעיל הישן והמלוכלך שריח זיעה נודף ממנו ובנעלי הבד המרופטות, ניתן היה לטעות בו בקלות ולחשוב שהוא קוריאני מפשוטי העם. זו בדיוק הייתה כוונתו. בלי למשוך תשומת לב רבה יצא מהמלון. שוער המלון אפילו לא העיף מבט לעברו. "מפליא," חשב, "עד כמה שקוף נראה בעיני עובדי המלון אדם הלבוש כעני." מחוץ לדלת המלון פנה סוגיאמה שמאלה והחל ללכת בכביש הצר, המתעקל ויורד עד שהוא מגיע למרגלות הגבעה, לרחוב חנויות התיירים איטאוואן. אחרי כעשר דקות הגיע לשוק ירקות ופֵרות הנמצא במחצית הדרך למטה. בשעה זו, חמש אחר הצהריים, מרבית הדוכנים היו סגורים, או שבעליהם עשו את ההכנות האחרונות לקראת הסגירה. אור השמש העמום והלוהט של יום קיץ אביך הפך לאור של בין ערביים נסבל יותר, והוא אפילו חש צינה קלה. האוויר התבהר ברוח הקלה והיבשה, שהייתה בהחלט שינוי מרענן לעומת האובך של זיהום האוויר והלחות שאפיינו את מרבית שעות היום קודם לכן. סוגיאמה נכנס אל תוך סמטת השוק מצד ימין, בינות לדוכנים, והלך במהירות ובביטחון של מי שמכיר היטב את דרכו.

תוך כמה דקות הגיע לדלת של מסעדה שהייתה מוסתרת היטב בין דוכני השוק, כך שרק אלה היודעים שהיא אמורה להיות שם מוצאים אותה. הוא דחף את הדלת ונכנס פנימה בלי לדפוק. ריחות עזים, חזקים מנשוא כמעט, של השום והקימצ'י, הכרוב המוחמץ והחריף, הכו בפניו כמו אגרוף. הוא נשם עמוקות וידע שלא חשוב מה יעשה, גם למחרת עדיין ינדוף ריח זה מגופו. בשעה זו היו כל שש שולחנות המסעדה הקטנה תפוסים על ידי סוחרי השוק, שרצו לאכול דבר מה בטרם יֵצאו לדרכם הארוכה הביתה בחזרה מעמל יומם. סוגיאמה לא נראה יוצא דופן ביניהם. הוא נדחק בין הכיסאות והתיישב בכיסא הריק היחיד במסעדה. שכנו לשולחן, גבר בשנות החמישים, נמוך קומה ורזה, ששערו השחור כעורב היה דביק ולא מסורק וגלש לתוך עיניו, הביט בו וחייך בפה חושף שיניים צהובות שריח תערובת שום ואלכוהול נודף ממנו. בלא שטרח להזיז עצמו מכיסאו צעק השכן למלצר היחיד שהתרוצץ בין השולחנות: "תביא את המנה הרגילה וקנקן בירה." המלצר הנהן בראשו לאות ששמע והלך לדלפק. המהירות שבה קיבל את המנה המוזמנת לא בישרה טובות על רמתו של האוכל. עיסת האורז, הירקות המבושלים וגושי הבשר הלא מזוהים הדיפה באופן לא מפתיע ריח חזק של שום וקימצ'י, שהיו מעורבבים בה בנדיבות. כשראה המזמין שאורחו אינו נוגע באוכל שלפניו, משך את הצלחת אליו ולמרות שרק סיים את מנתו לפני שתי דקות, בלע ברעבתנות גם את מנתו של שכנו לשולחן. סוגיאמה הסתפק בלגימת כוס הבירה שלפניו ובחן במבט מלא התפעלות מכושר הזלילה את האיש הרעב שלידו.

כשסיים הקוריאני את המנה הנוספת, הזיז את הצלחת הריקה ממנו והלאה, נשען אחורה בכיסאו, נאנח עמוקות וגיהק בקול, מוסיף עוד ענן ריח ניחוח סביב סוגיאמה. האיש קם ממקומו, הסיט כיסאו לאחור ויצא מהמסעדה. כמה שניות אחר כך יצא גם סוגיאמה לחשיכה הגמורה שכבר שררה בחוץ. כשעמד מחוץ למסעדה, נשם כמה נשימות עמוקות, כצוללן שהיה יותר מדַי זמן מתחת למים, וחמצן נקי לא הגיע לריאותיו.

השניים, בלא שהחליפו מילה ביניהם, פנו והלכו יחד בסמטת השוק, עד שהגיעו לפינת אחד הדוכנים, שם עמד פרימוס ועליו פלטת מתכת עגולה וגדולה. על הפלטה טיגן קוריאני זקן ונמוך קומה גושים עגולים, שנראו כמו חצאי תפודים קטנים בצבע חום כהה. לצדו היו שני דרגשי עץ קטנים שמושביהם עשויים מקש קלוע. השניים התיישבו, והזקן הגיש להם שקיות נייר חום, ושפך אליהן מלוא הכף העמוקה שבידו מהגושים העגולים שבפלטה. בן זוגו של סוגיאמה אמר כמה מילים לזקן והלה נמוג ונעלם אֵי-שם בינות לדוכנים הסגורים. סוגיאמה בחן מקרוב את הגושים שבשקית שבידו וראה שאֵלֶה חיפושיות גדולות, מטוגנות. "לפחות אין להן ריח של שום וקימצ'י, וחוץ מזה נעים וחמים לשבת כאן ליד הפרימוס הדולק," ניחם את עצמו. שכנו שלח ידו מדֵי כמה שניות אל תוך שקית הנייר שבידו, הוציא ממנה חיפושית או שתיים וכרסם וגרס אותן בשיניו בקול רם, כאילו היו צ'יפס.

אחרי כדקה, כשהיו בטוחים שהם נמצאים לבדם, ושאיש לא נמצא בטווח האזנה, פנה הקוריאני ואמר ביפנית רהוטה, בלא לנקוב בשמו של אורחו (הוא שיער שזה אינו השם האמיתי בכל מקרה): "ההכנות נכנסו לשלב מתקדם. אנשיי בצפון הניחו סוף-סוף את ידיהם על פצצה אחת והצליחו להחביא אותה במקום מבטחים. הבעיה היא שזו פצצה קטנה, השווה רק לשישה קילוטון של חומר נפץ, חצי מעוצמתה של זו שהוטלה על הירושימה לפני למעלה משישים שנה. הפצצה היא מהראשונות שיוצרו שם, וקשה לדעת כמה נזק היא באמת מסוגלת לגרום."

סוגיאמה הביט בו ואמר בשקט: "לרגע זה חיכיתי שנים רבות. אלה חדשות נהדרות."

האיש המשיך, כאילו לא שמע אותו: "אין לך מושג לכמה מאמצים וכסף הייתי צריך כדי לשכנע חלק מהשומרים במחסן המרכזי של המתקן הגרעיני במיונג-ביונג שיכניסו את אנשיי פנימה עם משאית קטנה, ואלה

יעמיסו עליה את הפצצה וייעלמו. מנהל המשמרת היה צריך לשנות את הרישומים בהתאם, כך שהגניבה לא תתגלה. הסיכון שהם לקחו על עצמם הוא עצום. אם ייתפסו, לא רק הם, אלא גם בני משפחתם הקרובים, נשותיהם וילדיהם, יוצאו להורג בשיטות אכזריות. התמורה שקיבלו הייתה בהתאם לסיכון שלקחו."

סוגיאמה הסכים. הוא נאנח כשחשב על כך שברגע זה ממש עושים שבעת עובדי המתקן הגרעיני הסודי שהיו מעורבים בגניבה, יחד עם נשותיהם וילדיהם, את דרכם לחופש, אל מחוץ למולדתם. חלקם אל מעבר לנהר היאלו לסין וחלקם, בשתי ספינות קטנות, לכיוון אחד החופים הפראיים והנידחים של צפון מערב הוקיידו, האי הצפוני של יפן. סוגיאמה ידע שבעזרת סכומי הכסף שהועברו להם, ועוד יועברו להם, הם יצליחו לבנות חיים חדשים ובוודאי נעימים מאשר בצפון קוריאה. הוא נאנח שוב ופתח את תיק הבד המהוה, שנראה כמו סל לקניות בשוק, שאותו החזיק בידו, הוציא מתוכו מעטפה חומה גדולה ועבה ונתן אותה לבן שיחו. זה, בלא לפתוח אותה, הכניס את המעטפה לכיס גדול בצדו השמאלי של החלק הפנימי, במעיל הקל שלבש. הוא קם ואמר בקצרה: "אני אמתין לקבל ממך את האות שקבענו כדי להעביר את הפצצה ליעדה הסופי." סוגיאמה הנהן בראשו לחיוב, והקוריאני פנה ונעלם אל תוך סמטת השוק. סוגיאמה קם ממקומו ובמקום לעלות חזרה למלונו ירד לרחוב איטאוואן למרגלות הגבעה. שם נכנס לחנות מעילי עור שהייתה מלאה בקונים יפנים ואמריקאים, רעשנים מדַי לטעמו, לקח מזוודה קטנה בצבע אדום שנשענה משמאל לשולחנו של המוכר ונכנס לתא מדידת בגדים פנוי. כשיצא משם, לבש חליפה חומה בהירה מהודרת, חולצת משי בצבע ירוק זית עם חפתי זהב ועניבת משי תואמת. מול המראה הבריש את שערו, תוך שהוא מעביר אצבעותיו בשיער השמנוני ומושך אותו לאחור. את המזוודה הקטנה שבה בגדיו הישנים השאיר בתא ההלבשה. הוא יצא מהחנות, עצר מונית חולפת ושב למלונו.

פרק ה'

טוקיו, אוגוסט, עכשיו

אדי החום
מהאדמה עולים
הו בירה קרה

באוגוסט תמיד חם בטוקיו. כל כך חם והביל, עד כי אדם היוצא מביתו מרגיש כאילו נכנס לתוך סאונה. שלושים ושמונה מעלות וכמעט מאה אחוזי לחות לא עושים חשק גדול לצאת מהבית או מהמשרד הממוזגים לרחוב. גם אותו בוקר היה חם והביל. השמים, ואפילו האוויר, היו אפורים. טפטוף קל ומעצבן לא הפסיק כבר ימים רבים. לא רק חם היה, אלא גם מרעיש. מיליוני ציקדות נצמדו לגזעי העצים ולענפיהם וניסרו שירי אהבה לנקבות הציקדות שנשמעו כמו מקהלה ענקית של מסורים חשמליים שלא מפסיקים. כך זה נמשך כמה שבועות, עד שעונת החיזור נגמרת. קיטמורה-סאן הזקן, שכבר כמה שנים עונֶה לכל מי ששואל אותו שהוא בן שמונים, בכל זאת יצא מהבית, לבוש בחולצה לבנה ובז'קט אפור ומהוה כמוהו. שנים רבות, מאז נפטרה אשתו, ובנו התחתן ועזב את הבית, אין מי שיעיר לו על הופעתו. האמת, גם לא היה אכפת לו במיוחד. הסימן היחידי שהעיד כי הוא דואג מעט למראהו היה שערו השחור כפחם. גם הוא, כמו מרבית הגברים היפנים ששיערם מלבין, נהג לצבוע את שערו וגם את גבותיו העבות כדבר שבשגרה יחד עם

התספורת. בצווארון החולצה שלו הייתה תחובה מגבת קטנה לספוג את הזיעה וכך הלך ברגל כעשר דקות, עד לתחנת הרכבת בטאקאדה-נוֹ-בּאבָּה בצפון העיר. אחרי כחצי שעה, והחלפת רכבת בתחנת הרכבת העצומה וההומה בשִׁינְג'וּקוּ, שם דחפו אותו עובדי הרכבת כמו את שאר הנוסעים אל תוך הקרונות, כדי שאפשר יהיה לסגור את דלתות הרכבת, הגיע לאזור קוֹג'ימאצ'י. כשהגיע, צווארון חולצתו וגב הז'קט שלו היו מוכתמים בזיעה.

הוא ידע שהיה יכול להגיע במונית מביתו למשרדי. המונה היה מראה בוודאי מחיר של כשבעת אלפי ין (כשבעים דולר), אבל הוא היה עומד בהוצאה כזאת. פעם, לפני שנים רבות, היה יכול בקלות לשכור רכב עם נהג לנסיעה, שהמתין להחזיר אותו הביתה בתום הפגישה. אבל מאז נאלץ לכסות את הוצאותיו החריגות של בנו, נהג קיטמורה בחסכנות מרובה בהונו.

המאבטח הישראלי, גדי, עמד בשער הכניסה למתחם ונראה מאיים. שערו הבהיר קצוץ וראשו גדול וכמעט לחלוטין מרובע. הוא היה נמוך קומה, אבל כתפיו רחבות באופן לא פרופורציונלי ושרוולי המקטורן שלבש בקושי הכילו את שרירי זרועותיו. הוא לבש מקטורן אפור כהה למרות החום הכבד, כדי להסתיר מתחתיו את אקדח הברטה בקוטר 0.22 המילימטר שהיה צמוד לירכו בתוך נרתיק עור חום, המולבש על חגורתו מצדה הפנימי. גדי הביט בקיטמורה במבט בוחן והורה לו להיכנס פנימה. הוא פתח את השער בשבילו בלי לבדוק אותו או את תיק היד שנשא, וקיטמורה עלה לאט לקומה השלישית. במדרגות פגשתי אותו, קדתי קלות לניע הראש שלו ונכנסנו יחד לחדרי. המזכירה קייקו הכינה תה, והתחלנו לדבר על החום. הייתי די לחוץ. אורחים לא קרואים המגיעים למטרה לא ברורה תמיד מריחים לי כמו צרות, אבל לא יכולתי לסרב לפגישה עם קיטמורה. הוא נשמע נלהב בטלפון, וחוץ מזה הוא מזכיר ליגת הידידות. כמו כן, הורגלתי להתייחס בכבוד לאנשים מבוגרים. לא

שאני ילד. גבר בן ארבעים כבר הגיע לגיל מכובד, או כמו שתמר בת השבע שאלה רק לפני שבוע: "אבא, מה עשית במלחמת העולם הראשונה?" לא נעלבתי, אלא הייתי גאה על כך שהיא יודעת שהייתה מלחמה כזאת.

הסכמתי אתו מהר ש"אכן חם ואפילו לח" ואמרתי בעדינות שמכיוון שזמנו יקר, כדאי שיאמר למה בא. לסיפור שסיפר לא ציפיתי. חשבתי שמן הסתם הגיע כדי לתאם הרצאה של השגריר בפני חברי ליגת הידידות או ארוחה משותפת לקראת ראש השנה. עם זאת, לא הבנתי מדוע הוא הגיע לצורך זה אליי, לנציג ה"שלוחה", כפי שמכנים את המוסד למודיעין ולתפקידים מיוחדים בחו"ל, ולא לאיש ההסברה של השגרירות. קיטמורה הביט בי במבט ערמומי, חייך חיוך קל שהבליט את הקמטים שבצדי עיניו ואמר: "יש לי מכר שמעוניין לשוחח עם השגריר ואתךָ. העניין סודי וצריך לשמור על דיסקרטיות מלאה."
לא הייתה לי בעיה עם "סודי". אנחנו עוסקים בעניינים סודיים כל הזמן, גם כשלא צריך ממש לסווג אותם כך.
שאלתי אותו: "במי ובמה מדובר?" והוא שלף כרטיס ביקור שהיה כתוב עליו "מאסָאוֹ אוֹגוּרָה". השם על גבי הכרטיס לא אמר לי הרבה.

"אֶפִי-סאן," אמר קיטמורה (היפנים לא הצליחו מעולם לבטא את שמי המלא כמו שצריך. אפרים הוא שם קשה מדַי עבורם, מה עוד שהם אינם מבטאים שווא בסוף מילה אלא תנועה בלבד. לכן הכינוי שנתנה לי המורה עליזה מבורך בכיתה א' בבית הספר בית הכרם בירושלים, "אֶפִּי", התאים לי ולהם), "אתה יודע, אוגורה זה הוא המנהל בפועל של הקרן הקיסרית. בטח שמעת על משפחת אוגורה?"
שאלתי אותו אם הוא קשור בדרך כלשהי למשפחת האצולה בשם זה מהעיר קאנאזאוָוה והוא השיב שכן. הייתי גאה בידע בהיסטוריה היפנית שהפגנתי, אבל עדיין לא הבנתי כלום.
קיטמורה המשיך: "דבר הקרן בוודאי לא הגיע לאוזניך, אבל זה טבעי. אנשים לא רבים בעולם שמעו על הקרן הקיסרית. זאת קרן שהוקמה על

ידי בתי המלוכה באירופה לפני מאות שנים, במטרה לשמר את מוסד המלוכה בכל מקום שהוא קיים בו. תפקידה לסייע לבתי מלוכה ולבני משפחות מלוכה הנמצאים בקשיים או במאבקי הישרדות נגד המבקשים להעבירם מהעולם. הקרן התחילה מתרומה של כל מלכי אירופה לפני ארבע-מאות שנה. הודות להשקעות נכונות ולהמשך הפקדות של בתי מלוכה מבוססים במשך השנים, הסכום כיום הוא אגדי. הכסף מופקד בכסָפות ובחשבונות סודיים בבנקים בשווייץ ומושקע במניות, במטילי ומטבעות זהב, בחפצי אמנות ובמטבעות שונים. לכל בית מלוכה חשבון משלו ומופקד עליו חבר נאמנים ממשפחת המלוכה ומראשי משפחות האצולה. דודו של הקיסר, הנסיך מוּראקאמי, הוא האחראי על הקרן. אוגורה, שעליו דיברתי, הוא הבן הבכור במשפחתו והוא מיועד להתחתן בקרוב עם הנסיכה היקוֹמיצוּ, נינתו של הקיסר המנוח הירוהיטו. הנסיכה היא נכדתו של אחיו של הקיסר."

"אתה יודע," הוסיף קיטמורה, "בקרן הקיסרית היפנית נאסף הון עתק, והאוצר הולך וגדל. הקיסרות היפנית אהודה מאוד על נתיניה ואין לנו כל צורך להשתמש בקרן למטרה שלה היא נועדה, כלומר לשמור על מוסד הקיסרות. נאמני הקרן רוצים להשתמש בחלק ממנה כדי לסייע למטרות נעלות, והם רוצים לתרום חמישים מיליארד ין, כחצי מיליארד דולר, לישראל."

בשלב זה של השיחה היה לי ברור שקיטמורה איבד את זה. דווקא הוא תמיד נראה לי מאוזן וצלול, אבל כנראה הגיל עושה את שלו, והדמיון אצלו התחיל להתערבב עם המציאות. עצוב, אבל טבעי.

בכל זאת שאלתי: "למה דווקא ישראל? אין לנו מלך. בקושי יש לנו ראש ממשלה. במה זכינו?"

"כשהשגריר ייפגש עם אוגורה, הוא יוכל לשאול אותו," ענה קיטמורה ביובש. קיטמורה כנראה הרגיש בפקפוק שלי ולא אהב את זה. הוא קם, לקח את תיקו ואמר, לפני שעזב, "בבקשה תודיע לי על מועד הפגישה."

נסעתי למשרדו של השגריר אורי בן זאב, שם שעִברת מ"וולפוביץ" כשהיה

קצין בתותחנים. סיפרתי לו על העניין כחצי בדיחה, תוך שציינתי את חשדותיי על צלילותו של קיטמורה, ושכחתי מהעניין.

קיטמורה לא שכח. אחרי שחיכה שבועיים בסבלנות ראויה לציון, התקשר ושאל: "מה לגבי פגישה ביום שני הקרוב?" ביקשתי שימתין על הקו, התקשרתי לשגריר ואמרתי לו שאולי כדאי שיסכים לפגישה קצרה, וכך נוכל להיפטר, לפחות בינתיים, מהנודניק. הוא הסכים. אמרתי זאת לקיטמורה, והוא הודה וניתק. נתתי לקב"ט את טופס המבקרים עם פרטיהם של קיטמורה ואוגורה. הוא בדק, חפר וחקר היכן שחקר אצל מקורותיו החשאיים, והודיע שהם "נקיים" מבחינה ביטחונית ושאין בעיה להכניסם לשגרירות לפגישה עם השגריר. הפגישה תוכננה להתקיים בביתו של השגריר הסמוך לשגרירות. בן זאב לא רצה שאיש מהעובדים היפנים המקומיים יהיה נוכח בפגישה ואי-לכך גם מזכירתו, קימיקו-סאן, שהייתה תמיד מתרגמת בפגישותיו, לא הוזמנה. אני תרגמתי. אני דובר יפנית לא רע. את השליטה הבסיסית בשפה השגתי בלימודי התואר הראשון בחוג ליפנית באוניברסיטה העברית.

פרק ו'

טוקיו, אצל השגריר, יום שני

העכביש
בעץ ללא עלים
טווה קוריו

ביום שני בצהריים הם הגיעו לשגרירות, בדייקנות של שעון סייקו יפני. למען הדיוק, הם הקדימו בחמש דקות. ראיתי אותם באמצעות מצלמת הווידאו במעגל סגור של הקב"ט שהייתה מכוּונת לרחוב. הם עמדו מחוץ למכונית שהגיעו בה וחיכו לשעה היעודה. יפני שמכבד את עצמו בוודאי לא יאחר, אבל גם לא יקדים, מחשש להביך את מארחו, שמא הוא עדיין לא מוכן ובכך ייגרם לו "איבוד פנים". עזרא, הקב"ט, סימן לי להביט במכונית, והאמת, לא נזקקתי לסימנים שלו. ראיתי אותה בעצמי, והתקשיתי להוריד ממנה את עיניי. לא כל יום רואים יגואר ספורט קלאסית, דגם E, משנת 1964, שחורה לגמרי, עם גג נפתח. יפהפייה. ידעתי שיש לה מושבי עור ולוח שעונים והגה עשויים מעץ, גם בלי שראיתי פרטים אלה במצלמת האבטחה. תוך כדי הגנבת מבטים לעבר הרכב, ליוויתי אותם לבית השגריר. שם, ליד הדלת, חיכה להם השגריר בן זאב, איש גבוה ורזה בעל פנים ארוכות ושיער לבן, שנראה מכובד ומרשים, לבוש חליפה אפורה בהירה עם חולצה לבנה ועניבה אדומה תואמת. תמיד התקנאתי בלבושו, שבו כל פריט התאים. לי, עם עיוורון

הצבעים שלי, הייתה תמיד בעיה קשה בהתאמת הבגדים, ואם אשתי לא הייתה מכינה לי בגדים מראש הייתי יכול להיות בצרה ולהיראות, כפי שהגדירה זאת לא אחת, "כמו ליצן."

הבית עצמו היה בן קומה אחת ובנוי בסגנון שהיה בו עירוב יפני ומערבי. הריהוט בפנים היה מערבי לחלוטין. זכרתי שאשתו של השגריר, קארן, רצתה בבית אווירה אירופית שתזכיר לה את בית הוריה בהולנד, משם הגיעה לישראל בשנות השישים כמתנדבת בקיבוץ אילון היושב על גבול לבנון. בקיבוץ זה, שרוב חבריו יוצאי שואה מפולין, הכירה קארן את בעלה. הוא הגיע לחופשת שבת קצרה ועמד בתור למרק בחדר האוכל, עדיין לבוש במדיו ולכתפיו דרגות הרס"ן. כשהגיע תורו לקבל את מרק השעועית הוא הביט בעיניה הכחולות של מוזגת המרק, שכבר הייתה מוכנה למזוג עם המצקת בידה וקערתו, הריקה עדיין, נפלה מידו. ראשיהם התנגשו כשהתכופפו יחד להרים את הקערה והשאר, כמו שאומרים, היסטוריה. קארן לא הייתה בבית מכיוון שכבר למעלה משבועיים שהתה בארץ עם בתה, שילדה להם נכד ראשון.

עד שהעוזרת סידרה את שולחן האוכל, התיישבנו על הספה בסלון, שתינו מיץ וכרסמנו בוטנים. הבטתי באוגורה בסקרנות גלויה. השגריר פתח בכמה מילות נימוס שגרתיות ושאל: "האם ביקרת בישראל בעבר?" "לא," השיב אוגורה, "אבל יש לי עניין רב בישראל. אני עוקב אחר הכתוב עליה בעיתונים וקראתי את התנ"ך ואני חוזר וקורא בו לעתים." "נו, טוב," חשבתי לעצמי, "יש לנו כאן עסק עם יפני-נוצרי." אין רבים מהם ביפן. כמיליון איש מתוך אוכלוסייה של מאה ועשרים מיליון, וחלקם לא ממש נוצרים כפי שאנחנו מכירים. אצלנו מי שנוצרי הוא רק נוצרי וזהו. אי-אפשר להיות נוצרי או יהודי או מוסלמי ובעת ובעונה אחת וגם לעסוק בפולחן של דת אחרת. אצל היפנים זה אפשרי. יפני-נוצרי יכול ללכת למקדש שינטו בראש השנה ולהתפלל לבריאות או להצלחה בלי לראות בכך בעיה. הדת היא מרכיב גמיש בנפש היפנים. לכן לא

התפלאתי מתשובתו של אוגורה לשאלתי: "האם אתה נוצרי?" "גם," השיב בלי להתבלבל.

השגריר המשיך לשוחח עמו שיחה סתמית, ואני שלחתי בו מבט בוחן מזווית העין כדי לראות עם מי יש לנו עסק. לדעתי, מי שאמר שהבגדים לא עושים את האדם לא ידע על מה הוא מדבר. לאוגורה היה לבוש יקר, ורצה שיראו את זה. החליפה התאימה במדויק לגופו הרזה והגבוה ושיוותה לו מראה מבוגר מגילו, שכפי שלמדתי מאוחר יותר היה חמישים וחמש. הוא השאיר את הפתק של ארמאני על קצה השרוול של החליפה מבחוץ וטרח לשבת כך שנראה את הפתק וגם את שעון השפהאוזן שלו. כל זה כדי לומר לנו ששעוני קרטייה אפשר להשיג גם מזויפים, אבל מה שיש לו הוא ייחודי. על שרוולי החולצה ענד חפתי זהב, ולצווארו עניבה של לואי ויטון. קראתי במקום כלשהו שאם רוצים לדעת מה באמת מצבו של אדם, צריך להסתכל על נעליו. הסתכלתי. לא משהו. נעלי עור שחורות שאותן אפשר לקנות בכל חנות בכמה אלפי ין. הדבר המעניין בהן היה החור בסוליית הנעל, שראיתי אותו בבירור כששילב רגל על רגל. אמנם עדיין לא ניתן היה לראות את הגרב דרך החור, אבל בקרוב אפשר יהיה. לא הייתי רוצה להיות בנעליו כשהוא דורך בשלוליות. הכרתי אמנם מישהו בשגרירות שנעליו היו במצב דומה, אבל הוא הרוויח די יפה ובגדיו, לעומת זאת, לא היו של מעצבים, והוא לא נהג ביגואר ספורט, כך שלא ידעתי מה המסקנה מכל זה. השיער של אוגורה היה שחור כפחם, מבריק משמן ומשוך אחורה, תוך שהוא מגלה מצח גבוה מעל פנים רזות ומחודדות.

עברנו לשולחן האוכל ומיד אחרי שהעוזרת פינתה את צלחות המרק פנה השגריר לאוגורה וביקש לשמוע את כל הסיפור.
"טוב," אמר אוגורה, "אני אתחיל דווקא מסבא שלי, תת-אדמירל אקיפּוּמי אוֹגוּרָה. הוא היה מפקד ספינת הקרב אקאשי-מארו, אחת מספינות הצי שהשתתפו בקרב על נמל פורט ארתור במלחמת רוסיה-יפן ב-1905.

חיסול הצי הרוסי, שעגן באותו זמן בנמל זה, היה אחת הסיבות העיקריות לניצחון היפני במלחמה. סבא שלי הצטיין בקרב והטביע שלוש ספינות רוסיות. על הצטיינותו זו הוא נקרא לקיסר אחרי המלחמה וזכה באות "מסדר השמש העולה", אות ההצטיינות הגבוה ביותר בקיסרות היפנית באותם ימים. בטקס, יחד עמו, קיבלו עוד כמה קצינים בכירים אותות הצטיינות וגם גאיג'ין (זר) אחד. אמריקאי נמוך קומה ומבוגר, בעל זקן ולראשו כובע, שאותו לא הסיר אפילו בנוכחות הקיסר. הגאיג'ין היה כבר מפורסם ביפן וסבא שלי הכיר את שמו היטב, יעקב שיף. סבי סיפר שהסיבה להענקת האות הייתה הסיוע הכספי והאשראי הבנקאי שגייס שיף ליפן במוסדות פיננסיים בארצות הברית. בעזרת האשראי רכשה יפן את הנשק, הדלק והחומרים ששימשו אותה למלחמה. כל יפן הייתה אסירת תודה ליעקב שיף וכך גם סבא שלי."

אוגורה לגם לגימה גדולה מכוס היין האדום שהייתה מונחת לפניו והמשיך: "אמנם היפנים לא קראו לילדים שלהם על שם יהודים מפורסמים, כפי שעשו יהודים אחרי הניצחון היפני[3], אבל הם מעולם לא שכחו את העזרה של שיף. סבא שלי תמיד סיפר לי שהוא חב את חייו לשיף והסביר זאת בכך שמיגון הפלדה של סיפון הפיקוד בספינתו הונח במקומו כשבועיים לפני יציאתו לים לכיוון פורט ארתור, בדיוק כאשר יפן קיבלה משלוחי פלדה מארצות הברית בכספים ששיף השיג. לא מעט כדורים רוסיים נעצרו הודות ללוחות פלדה אלו. סבא שלי השביע אותי ואת נכדיו האחרים שכשתהיה לנו הזדמנות נחזיר טובה תחת טובה ליהודים וכך, בשם יפן ובשמי שלי, אני עושה זאת עתה."

אוגורה היה נרגש כשסיים את דבריו אלה. קולו רעד, ועיניו דמעו במקצת. בחור רגשן. בהתרגשותו, לא שם לב למבטים שהשגריר ואני החלפנו

---

[3] יהודים בכל העולם ראו בניצחון היפני נקמה על פרעות קישינב כנגד היהודים ברוסיה, וכך הסתובבו ילדים יהודים כשרים עם שמות כמו יעקובוביץ מנחם-טוגו, או טוגו מזרחי, במאי סרטים יהודי-מצרי ידוע, על שמו של טוגו, האדמירל היפני המפורסם.

בחטף, שתרגומם המילולי היה: "לא מאמינים לאף מילה שלו, אם כי הארוחה שאכלנו עם הפסיכי הזה והזמן שבזבזנו עליו לא היה לגמרי לריק. לפחות שמענו סיפור טוב. יאללה, בוא ננפנף אותו."

את מחשבותיו שמר לעצמו, ואילו בקול רם עבר השגריר בן זאב לתפקיד הדיפלומט הקלאסי ובמשך חמש דקות נאם על הידידות ההיסטורית בין שני העמים העתיקים ועל חשיבות היחסים הטובים ביניהם. אוגורה הניד בראשו בנימוס במשך כל הזמן הזה, וכשהשגריר סיים הוא אמר: "כנציג רשמי של ממשלתך אתה מצפה בוודאי גם להוכחות שדבריי נכונים ואמיתיים. בניית אמון מצריכה זמן, אולם כהוכחה ראשונה, אמנם פעוטה ולא נחשבת, אני מבקש להעניק לעוזרך - וכאן הוא הביט בי - משהו קטן." הוא הכניס את ידו לכיס והניח לפניי את מפתחות היגואר ספורט השחורה. זאת עם הגג הנפתח, מושבי העור, הגה העץ והכול. הכשרתי כסוכן לא מנעה מחתיכת דג הסלמון שהייתה בפי להיתקע בגרוני. השתעלתי כמה דקות והשגריר בחיוך משועשע טפח לי על הגב. כשהתעשתי, אמרתי, כמתחייב (אם כי התקשיתי נפשית), "רוב תודות על המחווה היפה, ובאמת רמת האמון שלי בדבריך גברה פלאים, אולם לצערי, כעובד מדינה לא אוכל לקבל ממך מתנה, ובמיוחד לא מתנה כזו." כאן גברה המועקה שלי עוד יותר כשנזכרתי באִי-אלו אישי ציבור ישראלים בכירים מאוד שפעלו לפי הפתגם: "שונא מתנות יחיה ואוהב מתנות יחיה טוב יותר". הזזתי, לאט מאוד, את צרור המפתחות חזרה לעברו של אוגורה והבטתי בהם בצער מהול בעצב. יגואר דגם E השמורה היטב, ללא חלודה ובמצב מכני טוב, כפי שמכוניתו של אוגורה נראתה והאמנתי שאכן היא כך - מצרך נדיר ומיוחד ביותר.

לאחר שסיימנו את הארוחה, ואוגורה וקיטמורה, שלא פצה את פיו במשך כל הזמן הזה, קמו ללכת, אמר אוגורה: "כפי שאמרתי, בניית אמון אורכת זמן ואני מבין שלא יכולתם לקבל את המתנה הקטנה וחסרת החשיבות שהתכוונתי לתת בכנות מלאה. הרשו לי בכל זאת להזמין אתכם לארוחת

ערב בשבוע הבא ושם נמשיך ונדון בעניין." לכך הסכמנו, וקבענו ליום שלישי בשבוע שלאחר מכן.

פרק ז'

טוקיו, שבוע לאחר מכן, יום שלישי

אנחות אישה
עולות ומתגברות
בתחילת הסתיו

יום שלישי התחיל עקום, על אף שמזג האוויר השתנה לטובה, ועם תחילת ספטמבר כבר לא היה חם ולח כל כך, אלא אפילו נעים, והחשוב מכול, הציקדות נעלמו ועמן נעלם הרעש האיום שניסר בראש כל היום. השמים התבהרו מעט מהערפיח שישב על טוקיו במשך מרבית אוגוסט ואפשר היה לראות את קו הרקיע של גורדי השחקים מאזור העסקים של שינג'וקו ועד המגדל של טוקיו. ה"טוקיו טאואר" הוא העתק פחות מרשים של מגדל אייפל, אבל גבוה בכמה מטרים מהמקור, רק כדי שהיפנים יוכלו להתגאות ששלהם יותר גבוה. אפילו אצל היפנים הגודל כן קובע.

לא שלא עשיתי הכול כדי שהיום הזה יהיה יום מוצלח. עשיתי את כל הפעולות השגרתיות שאני עושה כל בוקר. פעולות שמטרתן למנוע מזל רע. אני אמנם אדם נאור, קורא ספרים, רואה טלוויזיה, פה ושם הצגה, אבל כמו שכתב יאיר גרבוז באחד הפרקים של ספרו "תמיד פולני": "הפולנים לא מאמינים באלוהים אבל מפחדים ממנו פחד מוות." זה נכון, לפחות מבחינתי, למרות שאני ממוצא עיראקי. האמונה באלוהים

היא לא הצד החזק שלי, ולמועצת גדולי התורה ובעצם, כשאני חושב על זה (ובדרך כלל אני לא), גם למועצת קטני התורה לא אכנס. זאת למגינת לבו של סבא שלי, אליהו, עליו השלום, שהיה גבאי בית הכנסת בבגדד. אבל מה, אני מאמין באמונות טפלות. לא ממש מאמין, אבל כמו שהאמונה היהודית מתבטאת בקיום מצוות, כך גם אצלי. אני מקיים את מצוות האמונות הטפלות, שחלקן תורה שבעל פה והועברו מדור לדור וחלקן כתובות במאמרים ובמחקרים על אמונות טפלות אצל יהודים וגם בקרב עמים אחרים. אני לא מפלה לרעה אף אמונה טפלה. מה שלא יועיל, לא יזיק! כך אימצתי לעצמי במשך השנים כמה וכמה אמונות טפלות ואולי אפילו המצאתי כמה.

באותו יום שלישי התחלתי את היום בצד ימין, כך לפחות חשבתי. אני מאמין שאם אתחיל את היום בצד ימין, היום יהיה מוצלח ודברים שרציתי יתגשמו וימנעו צרות ממני וממשפחתי. כמו יהודים רבים, גם אני נושא את צער העולם על כתפיי, ואני לא מסתפק רק בי ובמשפחתי, אלא בטוח שאם אתחיל הכול בצד ימין יימנעו אסונות וצרות בישראל ובעולם בכלל. מצד שני, אם בגלל שכחה או טעות לא אתחיל את היום בצד ימין, הכול ילך עקום. במקרה כזה יש לצפות לצרות ולפורענויות, וכדאי לשכוח מעליית מניות באותו יום, קידום בעבודה, הצלחה במבחן ובכלל, כדאי להיזהר. באמת נזהרתי. כמו בכל בוקר, הכנסתי קודם כל את רגל ימין לנעל הבית הימנית כשירדתי מהמיטה. התחלתי את צחצוח השיניים בצד ימין של הפה ושם גם סיימתי את הצחצוח. במקלחת סיבנתי קודם את צד ימין של הגוף וגילחתי את לחי ימין ראשונה. לא הקלתי ראש גם כשהתלבשתי ויד ימין נכנסה ראשונה לשרוול, רגל ימין ראשונה למכנסיים וגרב ונעל ימניים נגרבו וננעלו לפני השמאליים. אני חושב שהתנהגות הגיונית זו היא לא המצאה ייחודית שלי, ורבים נוהגים כך. בכל מקרה אני מקווה שזה המצב, כי לא הייתי רוצה להיות היחיד.

כנראה עשיתי את אחת הפעולות האלה באופן לא נכון ובהיסח הדעת, מכיוון שכבר בזמן ארוחת הבוקר אשתי, עופרה, הייתה באחד ממצבי הרוח של "הקרבתי את כל החיים למענך ולמען העבודה שלך. אני נוסעת אחריך לכל מקום בעולם ובמקום לפתח קריירה רצינית משל עצמי אני צריכה לעבוד בשגרירות בשביל יועץ התרבות, בוס עצלן, שהשכלתו נמוכה משלי הרבה. כל זאת תמורת משכורת מצחיקה, ונוסף לכך לארח בשבילך כל מיני אנשים, כמעט תמיד גברים, שלא מעניינים אותי ושאשכח אותם מיד אחרי שיעזבו את הבית". מצבי רוח אלה תוקפים אותה, למזלי, לא לעתים קרובות מדי, אלא תמיד לפני שאנחנו מארחים בבית אנשים מהעבודה לארוחת ערב או לקבלת פנים או מיד לאחר מכן. היום היא התכוונה לצאת לקניות ולהתחיל לבשל לקראת ארוחת הערב של מחר, שאליה הזמנתי חמישה ראשי אגפים משירותי הביטחון היפניים ושני אנשי משרד החוץ היפני ממחלקת המזרח התיכון.

ההתפרצות שלה התחילה כשהודעתי לה ש"הערב אני יוצא עם השגריר לארוחת ערב ואחזור מאוחר." "לא רק שאני נסחבת אחריך לכל מקום, אתה אפילו לא עוזר לי להכין את הארוחות המחורבנות שלך ונעלם לי לכל היום וגם בערב לא תחזור. מצדי שלא תהיה ארוחה. אני לא מתכוונת לעשות כלום ואם אתה רוצה לארח מחר את האנשים המשעממים שלך, תכין הכול לבד!"

כמעט בלי לקחת אוויר הוסיפה: "במקום לבשל, אני אלך לי עם חברה לקניות בכלבו איסטאן ואתה, תעשה מה שאתה רוצה!"

באותו רגע הבנתי למה כשהתעוררתי בבוקר נתקע לי בראש השיר של בן ארצי "אני אפס".

מה שרציתי לעשות היה לעזוב הכול, ומיד, ללכת לקנות את המצרכים ולעמוד ולבשל בעצמי את הארוחה, אבל במקום זה נגררתי בהרגשה עגמומית עם שני הילדים, תמר בת השבע ואורי בן השש מהבית, בדרך לתחנת ההסעה לבית הספר האמריקאי, שהייתה במרחק של חמש דקות הליכה מהבית.

אחרי שהילדים עלו על ההסעה ונפנפתי להם לשלום המשכתי ברכבת למשרדי.

במשרד, העוזר היפני שלי, איקֶדָה-קוּן, שהיה מופקד על רכישת אביזרי האלקטרוניקה הקטנים והחכמים הנחוצים כל כך לעבודה השקטה של סוכני ה"מכללה", כפי שמכונה מטה המוסד השוכן אֵי-שם במרכז הארץ, שוב איחר. אמנם הוא הגיע כל בוקר מביתו בעיר קמאקורה, מרחק של כשעתיים נסיעה ברכבת מטוקיו, אבל אחרי שנה שבה איחר יותר מאשר הגיע בזמן, נמאס לי ממנו. חוץ מזה, היה אטי בעבודה ופלגמט באופן כללי. נשבעתי בפעם האלף להעיף אותו וידעתי שלא אעשה את זה. תמיד אני מרחם עליו. רווק מזדקן, חסר ביטחון עצמי, שגר עם הוריו הזקנים ואין לו כלום בחייו חוץ מהעבודה שלו. לפעמים חשבתי שאולי כדאי לשלוח אותו לאחד מקורסי הטירונות המיועדים לעובדים עצלנים וחדלי אישים בחברות ובמפעלים יפניים. הקורסים האלה מיועדים להפיח בהם חריצות, יעילות וחדוות עבודה על ידי מסלול טירונות פיזי מפרך, הדומה לטירונות שלב ב׳ של עולים חדשים. במקביל, הם עוברים טירונות נפשית הכוללת התעללות בצעקות ומכות מצד המדריכים ועוד כל מיני משימות מוזרות המוטלות על החניכים, כמו, למשל, הפעם שבה ראיתי במו עיניי איך בצומת המרכזית של רובע גינזה, בפינת בית הכלבו וואקו, היקר בעיר ואולי בעולם, עומד בחור וצורח במלוא גרונו: "אני עצלן ואני מתחייב להשתפר." על החזה שלו היה תלוי שלט: "אני עובד שכיר בבנק מיצוּיִי סניף איקֶבּוּקוּרוֹ."

לא הספקתי למצות את הרוגז שלי על האיחור של איקדה, כשראיתי את תלוש המשכורת שלי מונח על שולחני. פתחתי אותו וראיתי שהורידו לי שוב, גם החודש, בטעות, אלף דולר מתשלום קצובת שכר הדירה. התוגה שליוותה אותי מהריב עם אשתי בבוקר והעצבים על איקדה הצטברו למועקה כבדה שליוותה אותי כל היום, ויצא לי כל החשק ללכת עם השגריר לארוחת הערב של אוגורה ולשמוע שוב את השטויות שלו על הקרן הקיסרית. לא האמנתי לאף מילה שלו וחשבתי שהערב יהיה בזבוז זמן מוחלט. טעיתי.

בשש בערב יצאנו יחד, השגריר ואני, ממשרדו ונכנסנו לרכב השרד של השגריר - טויוטה קראון מנהלים שחורה עם דגל ישראל מתנופף על מוט קטן בצד הקדמי-ימני של הרכב. השגריר נסע תמיד, אפילו לקניות, עם דגל ישראל מתנופף בגאון על רכבו. אין ספק שהוא היה פטריוט אמיתי. כולם ראו זאת. החל בשוטר היפני בקובאן (בוטקה קטנה של משטרה הנמצאת בפינות רחובות ביפן) הצמוד לכביש הגישה לשגרירות וכלה בירקן ברחוב היורד מהשגרירות לכיוון הכביש הראשי ובילדים העוברים ברחוב. נזכרתי באותו רגע בשגריר ישראל בתאילנד לפני שנים רבות, שהיה חולף ברכבו ברחובות בנגקוק בכל יום ג' בשמונה בערב, בדרך לבית הבושת החביב עליו והדגל מתנופף בגאון, כך שכולם ידעו שכוחו של שגריר ישראל, שהיה אז כבן שישים וארבע, עדיין במותניו. זה לא היה דבר של מה בכך לפני תקופת הוויאגרה, ואכן, הוא זכה להערכה רבה מאנשי הביטחון שליוו אותו ומעמיתיו, שגרירי המדינות האחרות בבנגקוק.

פגשנו את אוגורה בפתח מסעדה צרפתית יוקרתית בגינזה ובמשך שעה וחצי נהנינו מארוחה יוצאת מן הכלל. המנה הראשונה הייתה גלילות סלמון מעושן במלית גבינת שמנת וברוטב חמאה. אפילו אני, בתור עיוור צבעים, נהניתי משילוב צבעי האדום והלבן-קרם שעל הצלחת. היין הלבן היבש התאים למנה בדיוק, ובדומה לשכניי לשולחן נהניתי לטבול ברוטב את פרוסות הבאגט הפריכות. מרק קרם החסילונים בשמנת היה נהדר. לא ציפיתי לפחות מזה, אחרי שראיתי במטבח הפתוח לעיני הסועדים את הטבח משתמש להכנת המרק בקוניאק קורבואזייה. כמנה עיקרית קיבלנו ביף בורגיניון, ולא ניסיתי אפילו להילחם בדחף לנגב את הרוטב הסמיך בלחם השחור שהוגש לצד המנה. לצד הבשר הוגש יין בורדו אדום. טארט פירות היער האדומים בקרם פטיסייר הוגש כראוי עם כוסית ליקר קאסיס. עם עגלת הליקרים והברנדי שהגיעה לשולחננו, הופיע גם השף הראשי, יפני חייכן ועגלגל כבן חמישים, כדי לשאול אם נהנינו מהארוחה. לגמנו אִתו כוסית קוואנטרו ואספרסו כפול והמטרנו על ראשו מחמאות

רבות שהיה זכאי להן. השף סיפר שעבד ולמד לבשל בפריז במסעדת "מקסים", ואילו לאחר מכן עבד בביסטרו "שה רנה" בשדרות סאן ז'רמן. לדבריו המבחן החשוב ביותר לטבח צרפתי הוא הכנת חביתה, והוא הסביר לנו איך צריך לעשות אותה כהלכה. התביישתי. עד אז הייתי גאה מאוד במאכל היחיד שאני יודע להכין כמו שצריך, כך חשבתי. אני בדרך כלל מטגן קצת בצל, לפעמים מוסיף פטריות ושופך למחבת ביצים טרופות עם גבינה צהובה מגורדת, והופ, יש חביתה. אשתי והילדים אוהבים את זה כך. כשסיפרתי על כך לשף, הוא הציע לי להוסיף לביצים הטרופות חוץ מתבלינים, כמו מלח ופלפל, גם קצת קמח, שמנת ויין. הרגשתי שהיום, שהתחיל רע, מתחיל לגלות סימני התאוששות.

אחרי האוכל עברנו לבר קטן במרחק הליכה קצרה מהמסעדה בקומה שנייה של בניין שבקומתו הראשונה שכנה אחת הקונדיטוריות הטובות של טוקיו, "קוֹזי קוֹרנֶר" (הפינה הנוחה), לשם היינו באים ליהנות מעוגה וקפה טובים שקשה היה למצוא כמותם במקום אחר בעיר. לעוגת הנפוליאון-קרֶמשניט שלהם ולקפוצ'ינו יש מוניטין טוב בקרב האוכלוסייה הזרה של טוקיו, ובתוכה גם הצרפתים והאוסטרים המבינים דבר או שניים באוכל טוב ובעיקר בקינוחים. בקומה השנייה שכן הבר של אוגורה. אמנם לא ממש שייך לו, אבל הלבביות שהמאמא-סאן קיבלה אותו בה, ואותנו מרגע ששמעה שאנחנו אורחיו, ושלושת בקבוקי הוויסקי הסקוטי שיבס-ריגל בארון הזכוכית הגדול שעליהם תלויה שרשרת ועליה מדליון עם שמו של אוגורה המוטבע בו, שכנעו אותנו שהוא מוּכָּר כאן היטב. לא היה זה בר מארחות או מקום הומה עם טלוויזיות וקריוקי. היה זה מועדון פרטי קטן עם כורסאות עור עמוקות, מוזיקת ג'אז שקטה ברקע ואספקה בלתי פוסקת של מיזוּ-וָוארי (וויסקי עם מים וקרח), שהמאמא-סאן הכינה אותו בעצמה והגישה לנו. כשאמרתי לה שאני מעדיף בירה היא עיקמה את האף, אבל הביאה כוס גדולה מקוררת, עם שכבת כפור בחוץ, ועם חצי ליטר בירת ספורו מצוינת שהחליקה לגרון בהנאה גדולה. השגריר ישב ועל פניו הבעה של נינוחות כשעיניו

עצומות. אחרי כשעה בבר הודיע לנו אוגורה שהגיע הזמן לעבור לבר אחר והלכנו כשתי דקות לבניין קרוב. הצעדים שלנו כבר היו בטוחים פחות אחרי היין בארוחת הערב והאלכוהול בבר, אבל ההרגשה הייתה טובה, והאוויר הקריר של הערב ואורות הניאון שזהרו מבנייני הגינזה שיפרו את ההליכה הקצרה עוד יותר.

פרק ח'

טוקיו, יום שלישי בלילה

לאור הירח

הנשים קלות הדעת

הֶחצב ואני

אוגורה לחץ על פעמון הדלת, והיא נפתחה כמעט מיד. מעליה רשום היה בקליגרפיה יפָה שמו של המקום, "שיטה מאצ'י", העיר התחתית. הדלת נפתחה על ידי מי שהציגה עצמה אחר כך כמאמא-סאן של המקום. היא לא הייתה צעירה, ופניה היו לבנים כמעט לגמרי משכבה עבה של איפור. היא לבשה קימונו מרהיב, מכוסה בדוגמה של עלי מומיג'י אדומים בסתיו; עלים הדומים לעלי עץ המייפל, רק קטנים יותר. היא בירכה אותנו במאור פנים והובילה אותנו לאחת הפינות בבר האפלולי. המקום היה מעוצב בפינות ישיבה רבות מופרדות, דבר שנתן הרגשה של פרטיות. במרכז במה קטנה ותזמורת פיליפינית בת שלושה נגנים וזמר. אמנם המקום היה חשוך למדיי, אבל הצלחתי לראות שן זהב מנצנצת אליי מקדמת פיו של הזמר הפיליפיני כשחייך כששר "איבדתי את לבי בסן פרנסיסקו". דווקא שר היטב, גם אם לא כמו פרנק סינטרה. ליד כל אחד מאתנו התיישבה יפנית צעירה ונאה בחצאית שהכינוי "מיני" היה ארוך מדַי עבורה. היה נחמד כל זמן שמזגה לי מיזו-ווארי. אפילו לא התלוננתי כשיוקי, כך ביקשה ממני לקרוא לה, האכילה אותי באוסנבה

(פריכיות אורז) קטנטנות וחריפות. אבל כשאמרה לי בקול צפצפני: "זה נורא סקסי שיש לך שערות על החזה" וניסתה לדחוף את ידה לתוך החולצה כדי לבדוק אם השערות אמיתיות, הרחקתי את ידה וביקשתי שתפסיק. אי-נחת ואפילו מתח מסוים הורגשו באוויר, בניגוד לאווירה שהמאמא-סאן ניסתה לתת למקום שלה. לכן היא קמה מיד, לקחה את יוקי בידה והושיבה אותה בשולחן מרוחק בצד השני של המועדון, ליד יפני מבוגר שהיה שתוי כל כך, שלא התנגד כשיוקי התיישבה על ברכיו וליקקה את אוזנו.

אוגורה, במקביל, קם, ניגש לזמר ולחש משהו על אוזנו. הזמר חייך, ושוב סנוור אותי בשן הזהב, הסתובב לתזמורת, נתן כמה הוראות, חייך אלינו שנית, אמר "ויוה ישראל" והתחיל לשיר "הבה נגילה". הוא המשיך ב"א יידישֶע מאמע" וקינח בשיר האלמותי שלמילותיו משמעות פילוסופית עמוקה "אָבָּנִיבִּי". אוגורה מחא כפיים בהתלהבות, אם כי בלי קשר לקצב התזמורת. אני, כדי שלא לפגוע בו או להעליב את התזמורת, הצטרפתי בתיפוף על השולחן. השגריר, בחוסר פטריוטיות מופגן, התעלם לחלוטין ולא טרח אפילו להזיז את ידו שהקיפה את מותניה של קימיקו, כך נדמה לי שקראו לה, ולהפסיק להתמכר בעיניים חצי עצומות לליטופים של ידה, שהייתה עמוק בתוך חולצתו. לשמחתי הפסיק הזמר את ההתקף הציוני, והתזמורת חזרה לנגן ג'אז שקט, לא לפני שהחמאתי לזמר על כישרונו ועל זיכרונו המצוין ועל כך שכיבד אותנו בשירי מולדת. בהשפעת הוויסקי כנראה אף הרחקתי לכת ואמרתי לו ש"מחיתי דמעה כשהשירים הזכירו לי את בית אבא." ייתכן שהזמר חיכה לתודה מהשגריר, אבל ההוא היה עסוק מאוד, וידו חיפשה משהו במעלה רגלה של קימיקו היכן שהוא מתחת לחצאיתה.

בינתיים, במקומה של יוקי, האקסית שלי, הגיעה מחליפה בדמות עלמה יפנית חיננית שהציגה עצמה בשם שוֹ-קוֹ. שו-קו לא הייתה ילדונת בת תשע-עשרה או עשרים, כמו עמיתותיה למועדון, וגם לא לבשה מיני

קצרצר. עטף אותה בחינניות קימונו מהודר אך במעט פחות מזה של המאמא-סאן, דבר שהעיד על מעמדה הגבוה במועדון כמארחת. על כל העובדות והמסקנות המעמיקות האלה חשבתי רק אחר כך, בדיעבד. בהתאם לרמת האלכוהול בדם שלי כשהתיישבה לידי, כל שעניין אותי היה שהיא נעימה ועדינה מאוד, בעלת יופי שקט. העיקר שלא עשתה תנועות מהירות מדַי עם הידיים שלה לתוך החולצה שלי, שהפריעו לַאוות הנעימה שהתפשטה יותר ויותר בכל הגוף, עם כל לגימה נוספת של וויסקי. התחלנו לפטפט, ולמדתי כמה פרטים מאלפים על המארחת החמודה שלי. גם התאהבתי בה נואשות שתי דקות אחרי שהתיישבה לידי. כל זאת התרחש באשמת הוויסקי, וגם אם לא, זה היה תירוץ טוב שתכננתי לומר לאשתי אם העניינים ישתבשו ויֵצאו משליטה. כלומר, אם אגיע הביתה לפנות בוקר וריח בושם זר ינדוף ממני או תחתוני נשים יציצו מכיס המכנסיים.

שו-קו הייתה בגילי, ארבעים, רווקה וילידת טוקיו. האמת, לא מצאתי עניין רב בפרטים נוספים. כל שזכור לי הוא שיחה אטית שהתגלגלה לפה ולשם, לצלילי התזמורת שניגנה נעימות של בן וובסטר, שההגדרה היחידה שאני מכיר עבורן היא מוזיקת זיונים, במיוחד לקול הסקסופון הלוחש של וובסטר שנגן התזמורת חיקה לא רע כלל. פתאום היא קמה, אחזה בידי והובילה אותי מחוץ לדלת המועדון ולמטה לרחוב. שו-קו עצרה מונית ולאחר ששנינו נכנסנו, היא נתנה לנהג הוראות כיוון מהירוֹת. הרגשתי שההיכרות הקצרה הולכת להפוך לידידות מופלאה ומלמלתי באוזנה: "האם את רוצה להתחיל אִתי?" האמת לא היה זה הדבר המתוחכם ביותר לומר לבחורה, אבל לנוכח הנסיבות אפשר להבין. היא, מכל מקום, הניחה את אצבעה על שפתיי ושנינו שתקנו עד שהגענו לדירתה, שהייתה בבית דירות קטן ברובע יוֹיוֹגִי במערב העיר, אחד מרובעי המגורים היוקרתיים והשקטים.

במבואה, בכניסה לדירתה, כרעה שו-קו, חלצה את נעליי והנעילה לי במקומן נעלי בית. הפשיטה אותי מהז'קט ומהעניבה, לקחה את ידי והובילה אותי לכורסת מסז' מעור רך, לחצה על השַלָט, ומנגנון הכיסא עיסה אותי במחזוריות קבועה מכף רגל ועד צוואר. עצמתי את עיניי ותוך כדי שקיעה אטית לנמנום שמעתי קול של מים זורמים. לפני שנרדמתי, הקימה אותי שו-קו בעדינות ויחד הלכנו לחדר האמבטיה. שם הפשיטה אותי ללא כל התנגדות גלויה מצדי, הושיבה אותי על דרגש פלסטיק קטן, ובאמצעות צינור המקלחת, ספוג וסבון, רחצה אותי לאט בתנועות עדינות ומעגליות. אחרי שהייתי מקורצף למשעי, הכניסה אותי לאופוּרוֹ, אמבטיה יפנית עמוקה, שהיה מלא במים חמים מאוד עם מלחים בצבע תכלת שהומסו בתוכם. האופורו היה גדול מספיק לשניים, ושו-קו התפשטה, התקלחה ונכנסה לצדי. היה תענוג להביט בה. היא הייתה נמוכה, כמטר שישים, שערה, לאחר שהתירה את התסרוקת המסובכת, היה שחור, מבריק וארוך. מבנה גופה היה רזה, אבל לא רזה מדי. בטנה כמעט שטוחה, שדיה קטנים ומוצקים וירכיה מלאות מכדי להיחשב כבעלת גוף מושלם, אבל בעיניי נראתה סקסית ומושכת מאוד. את גבה לא ראיתי מכיוון שהיא לא סובבה אותו לעברי. זה לא הפריע לי ואני לא זוכר שחשבתי אז שיש בזה משהו מוזר.

ישבתי בתוך האופורו, והמים הגיעו עד לצווארי. אני זוכר במעומעם ששרתי בשכרותי את השיר "גִינְזָה-נוֹ-קוֹיִ-נוֹ-מוֹנוֹגאטארִי", סיפור האהבה מרובע הגינזה, השיר היחיד ביפנית שהכרתי היטב, מכיוון ששרתי אותו בכל פעם שנגררתי לבר קריאוקי בתום בילויי הערב שלי עם עמיתים יפניים. שו-קו התיישבה מאחוריי ועיסתה את כתפיי ואת צווארי. כשעברה לעיסוי הקרקפת הייתי בטוח שכך בדיוק מרגישים בגן עדן, אלא שאיש עוד לא שב משם וסיפר לי. אחרי חצי שעה, כשכבר הייתי רך וטעים מהמסז' ומהמים החמים, יצאנו מהאמבטיה. שו-קו ניגבה אותי, מסרה לי יוקטה (חלוק יפני) ויחד שתינו תה. ניסיתי לנשק אותה, אבל היא דחפה אותי בעדינות ממנה, חייכה ואמרה: "עוד לא." לא הבנתי למה

בדיוק היא מחכה אבל זרמתי אתה ולא התווכחתי. סיימנו לשתות, קמנו, ואז היא התקרבה אליי, נעמדה על קצות אצבעותיה ונישקה אותי נשיקה שמרוב צרפתיותה לא היה בה אפילו קמצוץ יפניות. ידיה נכנסו מתחת ליוקטה שלי וטיילו להן באופן חופשי לכאן ולשם ולשם ולכאן, וכשהייתי כבר מוכן ומזומן לשאת אותה לפוטון בחדר השינה הפכה פתאום לנזירה חסודה, אמרה שוב "עוד לא" וגם "אתה צריך לחזור הביתה." לפני שהספקתי לומר: "הביתה? על מה את מדברת, אישה?" היא הביאה לי את הבגדים, וכבר עמדנו ברחוב ליד ביתה וחיכינו למונית שהזמינה כדי לקחת אותי הביתה.

כשישבתי במונית חשבתי לעצמי שאני בטח הראשון בעולם שהיה עם מארחת יפנית בביתה, עירום אִתה באמבטיה, ולא שכב אִתה. לא הבנתי למה היא מתנהגת ככה, אבל גם לא התמדתי במחשבה עליה. בִּמקום זאת טרדה את ראשי הסוגיה המעיקה של מה לומר לאשתי כשאגיע. אמנם היא התרגלה שמדֵי פעם אני נעלם בלי אזהרה מראש לכמה ימים, למשימות כאלה ואחרות, ואפילו לא קיטרה. תמיד אמרה שהיה זה עדיף על מצבן של כמה מחברותיה, שבעליהן היו נציגי ה"שלוחה" במדינות שהמשפחה לא יכולה להצטרף אליהם. הפעם קשה היה לומר שהייתי במשימה סודית. בהחלט נראיתי כמישהו שנהנה יותר מדי. כשהגעתי הביתה וזחלתי בשקט אל מתחת לשמיכה, היא הייתה דווקא בסדר. כנראה חשבה על סמך סִרְחון האלכוהול והסיגריות שנדף ממני שאמנם בילִיתי יפה, אבל לא יפה מדי, הסתובבה לצד השני כדי לא להריח אותי ישירות ושבה ונרדמה. בבוקר הרגשתי כמו סמרטוט שמכים לו בראש מבפנים עם פטיש. פי היה יבש, וחשבתי שאני הולך להקיא בכל רגע.

לפני שיצאתי לעבודה, דחפה עופרה לידיי רשימת קניות שאותן עליי לעשות בדרך חזרה, לקראת ארוחת הערב. "לפחות תתרום גם אתה משהו לארוחה שאני מבשלת לאורחים שלך," סיננה בארסיות. הכנסתי את הרשימה לכיס בלי להקדיש לה מחשבה נוספת ויצאתי. אור השמש

החריף את כאב ראשי. אני זוכר שמחשבה חלפה בראשי למה מכל הימים בשנה, ובמיוחד בספטמבר, שמזג האוויר בהם אפור מכדי שניתן יהיה לראות שמים כחולים ושמש או שזיהום האוויר מונע מקרני השמש לחדור, למה דווקא היום השמים חייבים להיות כחולים והשמש מחייכת? הגעתי בקושי למשרד של השגריר וכשנכנסתי להגיד לו בוקר טוב הוא קם אליי במאור פנים, נתן לי צ'פחה על הכתף וקרץ. "לפי הפרצוף שלך נראה שעבדנו קשה בלילה, הא?" שאל. "מה לא עושים למען המדינה?" המשיך. התייחסתי לשאלות כאל שאלות רטוריות, המהמתי משהו בלתי מחייב ונגררתי למשרדי, כשבתוך כך התגברה תחושת הבחילה שלי. המזכירה הכינה לי קפה חזק והעברתי את היום בציפייה ללכת הביתה, להיכנס למיטה ולשכב לישון.

בשעה שלוש אחר הצהריים צלצלה אשתי, ועוד לפני שדיברה הרגשתי כעס מבעבע דרך השפופרת. "מתי אתה מתכוון לצאת מהעבודה? שכחת שאני צריכה את המצרכים שביקשתי ממך לקנות בדרך הביתה? שכחת שאני! צריכה לבשל, כדי שאתה! תארח הערב את האורחים המשעממים שלך!" בתשובה מלמלתי: "מה פתאום. לא שכחתי וכָפרה, נשמה, תפסת אותי בדיוק בדרך החוצה לקנות את מה שביקשת. אני תכף מגיע." איזו רשימה ואיזה נעליים. מובן ששכחתי, ועבר זמן עד שנזכרתי שרשימת הקניות בכיסי. נגררתי החוצה ותוך כדי דחיפת העגלה בסוּפֶר עלה בדעתי שעוד כמה ימים שוב אצטרך לערוך קניות גדולות לקראת ארוחת ראש השנה, שתהיה כתמיד אצלנו בבית. מאוגורה לא שמעתי דבר באותו יום וגם לא בשבוע שלאחר מכן וחשבתי שזהו, הבחור נעלם ואולי לא נשמע ממנו יותר.

פרק ט'

טוקיו, ארמון הקיסר, יום חמישי

אדוני המלך

אייך ומה מעשיך?

הארמון מחשיך

כל אותו שבוע היינו טרודים בהכנות לקראת ראש השנה. הזמנו עשרים וחמישה איש לביתנו לארוחת ערב החג, כולם חברים ישראלים מהשגרירות ונציגי חברות ישראליות שגרים בטוקיו. היו גם כמה אורחים ישראלים שאיש לא הכיר, אבל איש לא שאל יותר מדַי שאלות. התפקיד שלי היה לקחת את רשימת הקניות שהכינה אשתי, ללכת למרכולים המוֹכרים מצרכים תוצרת חוץ במחירים מטורפים, לקנות מה שצריך וגם לחזור לשם עוד כמה פעמים כדי להשלים את מה ששכחתי. עוד תפקיד חשוב, ואפילו אחראי מאוד קיבלתי: לקנות דגי קרפיון ולטחון אותם בשביל גפילטע-פיש. ידוע שזאת משימה רצינית, והתפלאתי שאשתי הטוענת תמיד, "אתה לא יוצלח גמור. איך זה יכול להיות שבעבודה אתה תמיד כל כך אחראי ולא שוכח דבר, ובבית אתה לא מקשיב, שוכח חצי מהדברים ולא עושה דברים בסיסיים נחוצים?" נותנת לי לקנות ולהכין את הדגים. חוץ מזה, אני לא סובל דגים ממולאים מתוקים בנוסח פולני. כל שנות נישואיי לאישה פולנייה לא הצליחו להטמיע בי חיבה כלשהי למאכל המוזר הזה. אשתי, בת יחידה להורים ניצולי שואה, לא הייתה מוכנה

לוותר על הגפילטע-פיש. מעולם לא הייתי בטוח אם היא באמת אוהבת לאכול את הדבר הזה, כפי שהיא טענה חזור וטעון בלהט, או שזה עניין של מסורת. אצלה במשפחה מסורת הייתה עניין רציני. לא אשכח כיצד בפעם הראשונה שעופרה הביאה אותי לפגוש את הוריה, אחרי שיצאנו כחצי שנה, אמא שלה בחנה אותי היטב. אחרי שהגיעה למסקנה שצבע עורי הכהה אינו תוצאה של שיזוף בלבד, שאלה אותי ברוב טקט: "איזו שפה מדברים אצלכם בבית?"

הלכתי לחנות הדגים בשכונה, והמוכר ניסה לשכנע אותי לקנות דגים אחרים, מטונה ועד צלופח, אפילו אמר שיוכל להשיג בשר לווייתן עבורי, והוסיף שיפנים לא אוכלים בדרך כלל קרפיון ושקשה להשיגו. שכנוע רב ואיום שאשלח אליו את אשתי עשו את שלהם, כמו גם מחיר מופקע לחלוטין, שעד היום אני מסתיר אותו מבני משפחתי הקרובים מדרגה ראשונה, והוא הבטיח שהדגים יגיעו למחרת. הסברתי למוכר שאני מבקש שינקה אותם מהאֵבָרים הפנימיים ומקשקשים, יפריד את האדרה והראש וישמור גם אותם יחד עם הדגים. יצאתי מהחנות מודאג ומוטרד במידת מה. המבט האטום שנעץ בי לאורך ההסבר שלי גרם לי לחשוב שמשום מה הוא אינו מבין מה אני רוצה ממנו. למחרת באתי לחנות והדג חיכה לי נקי ומצוחצח בתוך שקיות ניילון. בדקתי את תוכן השקיות ומיד ראיתי שמשהו חסר. "היכן הראשים והאדרות של הדגים?" שאלתי את המוכר בקול רועד. בעיני רוחי ראיתי חיזיון קשה שלי מגיע הביתה, אשתי מוצאת את הדגים ושופכת על ראשי את כל מה שהיא חושבת עליי ולא הספיקה לומר לי קודם. "זרקתי," ענה בנונשלנטיות וחזר לעבודתו. על סף היסטריה קלה שאלתי אותו: "מתי זרקת?" "לפני חצי שעה," ענה. "איפה זה?" גמגמתי. "כאן, בפח?!" ענה במבט שואל. מזל שהיפנים נקיים, ושהפח היה נקי והכיל רק את הגועל נפש מהדגים שלי. לקחתי את הפח לנוכח מבטו הנדהם של המוכר, הוצאתי את החלקים שאני צריך, שמתי אותם עם הדגים שלי, שילמתי והלכתי. אין פלא אפוא שאוגורה יצא לי מהראש.

כנראה אנחנו לא יצאנו מראשו של אוגורה, מכיוון שהוא יצא מגדרו כדי לשכנע אותנו שאינו רמאי או שרלטן המנסה לעבוד עלינו עם סיפור דמיוני. יומיים אחרי ראש השנה, פתאום קיבלנו השגריר ואני הזמנה מראש "חצר הקיסר" של קיסר יפן. מטרת ההזמנה הייתה לפגוש את הקיסר בתוך שבוע לשיחה, כדי לתדרך אותו על המתרחש במזרח התיכון ובמיוחד על הסיכוי להשגת הֶסדר בין ישראל לפלסטינים. הרגשנו שמשהו מוזר קורה. אמנם התקשורת דיווחה על התקדמות רבה במשא ומתן בין ממשלת ישראל לרשות הפלסטינית, אולם מה זה נוגע לקיסר? הוא אינו נפגש עם זרים, אלא אם כן הם מלכים ממדינות אחרות, והוא גם לא עוסק בפוליטיקה. עם שגרירים הוא נפגש רק פעם אחת, כשהם מגיעים ליפן ומגישים לו את כתב האמנה שלהם. פגישה אישית עם הקיסר, צאצאה של אלת השמש אמאטֶרָאסוּ אוֹמִיקאמי וצאצאו של הירוהיטו, קיסרה של יפן במלחמת העולם השנייה, היא אירוע נדיר ביותר, והרגשתי שמשהו יוצא דופן מתרחש. שושלת קיסרי יפן, השייכים כולם לאותה משפחה, היא השושלת העתיקה בעולם. האגדה מספרת שהקיסר הראשון ממשפחה זו שלט לפני יותר מאלפיים ושש-מאות שנה. הקיסר הראשון שיש הוכחות היסטוריות לקיומו, שלט לפני כאלף וחמש-מאות שנה. הפגישה אמורה הייתה להיות בארמון הקיסר בלב טוקיו, ארמון שנבנה בשנת 1968 על בסיסו של הארמון שהוקם כבר במאה השבע-עשרה, כמצודתו של השוגון לבית טוקוגאווה. זמנו של הקיסר מוכתב על ידי ראש הטקס של הארמון, ואין מקום לשינויים ולחלטורות כמו הפגישה הפתאומית אתנו. תהיתי מה קורה כאן.

למחרת ההזמנה קיבלנו במשלוח מיוחד מעטפה גדולה, ובה ספר הדרכה מפואר המכיל הוראות מפורטות על מהלך הפגישה, כיצד להתלבש ולהתנהג במהלכה. אשר לבגדים, ההוראות היו ללבוש חליפה רשמית הכוללת מעיל כנפות או ז'קט זנבות בדומה ללבוש של מנצח תזמורת, מטפחת לבנה התחובה בכיס הז'קט בקיפול מיוחד, ומכנסיים אפורים עם פסים כהים לאורכם, בדומה לבגדי מלצר במסעדה צרפתית או לשוער

במלון מפואר. חולצה לבנה, חגורה מבד קטיפה כהה שכורכים מסביב למותניים, עניבה אפורה עם פסים שחורים, נעליים שחורות מבריקות, מגבעת צילינדר שחורה ומקל שחור עם ראש אחיזה מכסף.

עוד היה כתוב ששלושה ימים לפני הפגישה יגיע ראש הטקס של החצר לשגרירות כדי להדריך אותנו בכללי ההתנהגות הנאותה המצופה מאתנו והיו רשומים אף הם בספר ההוראות. לקראת האימון היינו צריכים ללמוד את ההוראות ולהשיג את כל הביגוד הדרוש. הלכנו יחד, השגריר ואני, לחנות מיוחדת המשכירה בגדים לאירועים כאלה. כמו כל דבר ביפן גם השכרת הבגדים הייתה עסק יקר למדיי, ונפרדתי משלוש-מאות דולר תמורת בגדים שאלבש לא יותר משעתיים. מילא. מה לא עושים כדי להרגיש שנוגעים ברגע היסטורי?

התאמנו בְּמֶרֶץ על כללי ההתנהגות לקראת הבדיקה של ראש הטקס. אני התאמנתי בבית בפני עופרה והילדים, שנהנו הנאה גדולה מכל ההשתחוויות וההסתובבויות שלי, מבגדיי ומהאביזרים הנלווים. לפי הכללים היינו אמורים להיכנס יחד לאולם הקבלה של הקיסר, כשהשגריר ראשון. אחשדרפן קיסרי יקרא לנו, ועד אז עלינו להמתין בחדר המתנה מיוחד. לאחר שֶׁיְּזַמְּנוּ אותנו, על הדיפלומט הלבוש במיטב מחלצותיו, ללכת אחרי השליח הקיסרי ולהיכנס לאולם הקבלה הקיסרי. בכניסה יש לעמוד בפתח האולם, עם הפנים לקיסר הניצב באמצע האולם, ולקוד שלוש קידות של חצי גובה. כלומר, לכופף את פלג הגוף העליון מהמותניים ומעלה בזווית של ארבעים וחמש מעלות. אחר כך מתקדמים, עוצרים כשלושה צעדים לפני הקיסר וקדים שוב, אבל הפעם רק פעם אחת.

הקיסר ינוד קלות בראשו, ואיש חצר הקיסר, הניצב בסמוך, יציג אותנו בקצרה לפניו. הקיסר יאמר: "ברוך הבא ומה שלומך", ועלינו לומר: "תודה" ו"לכבוד לנו להיות כאן". אחר כך תתחיל השיחה ובסיומה עלינו לקוד לקיסר שוב, והוא, בתשובה, ינוד קלות בראשו. או-אז, עלינו לצעוד

שלושה צעדים עם הפנים לקיסר, לקוד שנית, להסתובב, לצעוד אחורה עד לפתח האולם ואז להסתובב, לעמוד עם הפנים לקיסר ולקוד שוב שלוש פעמים. לבסוף שוב להסתובב ולצאת מהאולם לחדר ההמתנה. לא מסובך במיוחד.

ראש הטקס הגיע לשגרירות לפני האירוע כמתוכנן, העמיד אותנו ובדק בפנים קפואות את התלבושת. השבענו את רצונו. לא שאמר את זה, אלא פשוט המשיך הלאה בבדיקה ללא הבעה כך שהנחנו שהוא מרוצה מהבגדים ושכל אחד מאתנו יוכל להתקבל בעתיד לעבודה כשוער במלון או כקרופּיֶה בקזינו. התחלנו באימונים לקראת הפגישה עם הקיסר. ראש הטקס שיחק את תפקיד הקיסר. הוא חזר ואמר שהוא לא מרגיש בנוח להתחזות לקיסר, אפילו שזה רק אימון. דבריו קצת הפתיעו אותנו, מכיוון שהוא ודאי מאמן את אנשי השגרירויות השונות לעתים קרובות אז מה פתאום הוא לא מרגיש נוח בעשותו כן. האמת הייתה שהוא נראה די מרוצה להיות קיסר לשעתיים. תרגלנו פעמים רבות את הטקס עד שנחה דעתו וקבענו להתראות שוב כשהוא יבוא לקחת אותנו לפגישה.

בבוקר האירוע התעוררתי לקול של רעמים וגשם שוטף. הטייפון החזק ביותר בעשרים השנים האחרונות פקד את אזור טוקיו. מסכים עבים של גשם עפו ברוח החזקה ונחלי מים עזים זרמו בכבישים לכיוון בורות הניקוז שכבר עלו על גדותיהם. ידענו שהפגישה עם הקיסר תתקיים בכל מזג אוויר, ואכן, לימוזינה שחורה של חצר הקיסר, ועל צדה מצויר סמל פרח הכריזנטמה הקיסרי בעל שישה-עשר עלי הכותרת, המתינה לנו. נסענו לאט בתוך הסערה לכיוון הארמון הנמצא במרכז העיר. הארמון היה מוקף, לצורך הגנה, בחומה, במגדלי שמירה ובחפיר מלא מים. כשהגענו לפינת הַחפיר גילינו שהוא עלה על גדותיו, ושהמים הציפו את הכבישים מסביב, נשפכו לפתחי הרכבת התחתית בתחנת הסמוכה, הציפו את הפסים ושכל תנועת הרכבות התחתיות בעיר שותקה.

גלגליו של הרכב שנסענו בו שקעו לגמרי במים. בצד הכביש הצמוד לחפיר ראינו מראה סוריאליסטי של צלם רשמי של חצר הקיסר שעמד לבוש במכנסי דייגים מגומי המשוכים עד לחזהו והמים מגיעים עד למותניו. הוא צילם אותנו עוברים ואפילו נופף לנו לשלום. עברנו מעל גשר ה"ניג'ובאשי", גשר בעל שתי קשתות המתוח מעל לחפיר, ונכנסנו בכניסה הראשית לחצר הארמון. שם המתין לנו שר הטקס שהוביל את השגריר ואותי על שטיח אדום לתוך הארמון. הוכנסנו לחדר המתנה, שאחד מקירותיו עשוי כולו זכוכית ומשקיף לחלק מהגן המקיף את הארמון. במרכז הגן זרם נחל בין עצים, ומפל מים קטן נפל לבריכה צמודה לחלון החדר.

בחצי השעה שבה המתנו לגמנו תה ירוק ונהנינו הנאה רבה מהנוף המרגיע בחוץ, אבל הייתי לחוץ, ולפי שפת גופו של השגריר, גם הוא. ניצלנו את הזמן לחזרה מהירה על הנקודות העיקריות בדבריו של השגריר לקיסר, על המצב בישראל ובשיחות עם הרשות הפלסטינית. בדקות האחרונות, לפני שהובלנו לחדר הפגישות הרשמיות של הקיסר, השתרר שקט מתוח. מי היה מאמין, חשבתי לעצמי, שאפרים, בנם של עזרא המורה ומזל עקרת הבית, שגידלה בשכונת הקטמונים חמש בנות ושני בנים, יוזמן לפגישה אצל קיסר יפן בכבודו ובעצמו. הרגשתי גאווה על הדרך הארוכה שעשיתי מחדרי הקטן בדירתנו בירושלים שחלקתי אותו עם עוד שלושה אחים ואחיות. ידעתי שהגעתי לכאן רק בזכות הוריי שהשקיעו בי ובְאַחיי הכול כדי שנתחנך כראוי ושלפחות אנחנו נצליח. עבורם זה כבר היה מאוחר מדי. בקפיצת מחשבה, כפי שהדבר קורה לפעמים, נזכרתי במארבים בלילות החורף הקרים והרטובים כאשר שכבתי בהם יחד עם החוליה שלי בסיירת גולני, בדרום לבנון. "הגעת רחוק יא אֶפי," שמעתי קול קטן בראשי. את המחשבות קטע איש הטקס של הארמון שהוביל אותנו לפגישה.

כשנכנסנו, הקיסר עמד באמצע האולם הריק כמעט לחלוטין, חוץ מכיסאות אחדים, לבוש בחליפה אפורה שחלקה העליון, הז'קט, מכופתר בכל ארבעת הכפתורים שלאורכו. אותי לימדו שסוגרים רק כפתור אחד ושלאנשים נמוכים מוטב ללבוש ז'קט בעל שני כפתורים, אחרת ייראו נמוכים מכפי שהם באמת. הופתעתי עד כמה נראֶה הקיסר מרשים, למרות קומתו הנמוכה. ניתן היה לחוש בהדרת החשיבות ובאצילות הקורנת ממנו. הידיעה שהוא נצר ישיר לשושלת הקיסרית העתיקה בעולם גרמה לגל התרגשות שעלה בתוכי. ייתכן שגם התנהגותו הקפואה והמרוחקת גרמה לו להיראות אצילי. נוסף על כך, ההתרגשות שלי, מעמידה פנים מול פנים מול קיסר חי וקיים, הציגה אותו בעיניי כאדם מרשים. ודאי היה במעמד המיוחד שילובם של כל הדברים. קדנו את כל הקידות הראויות, וקיוויתי שאיש לא ראה את החיוך הקל שחייכתי בעל כורחי כשעלה בראשי המשפט האלמותי, "שלום אדוני המלך, איפה היית ומה עשית?" ממשחק הילדים הידוע.

הקיסר, בפנים קפואות, הניד בראשו והוביל אותנו לַכיסאות שניצבו בסמוך. התיישבנו כשהשגריר לימינו של הקיסר ואני, לפי סימן של איש הטקס, לשמאלו. בין הקיסר לביני ניצב כיסא נוסף, ריק. משרת במדים, שלמרבה הפתעתנו דמו למדי משרתים בארמון אנגלי ולא לקימונו מסורתי, הגיש מיד לכל אחד מאתנו כוס תה ירוק, על שולחנון קטן שניצב לצדו של כל כיסא. לאחר שהוגש התה להפתעתי התיישב באטיות בכיסא שמשמאלו של הקיסר אדם נמוך קומה כבן שמונים, שערו לבן לחלוטין, פניו קמוטות ולבוש בקימונו שחור המעוטר בפרחי כריזנטמה זהובים. פניו נראו לי מוכרים, כאילו נפגשנו בעבר היכן שהוא, אבל ייחסתי זאת לדמיון הברור בינו לבין הקיסר, דמיון שהיה ניכר, למרות הפרש השנים הרב ביניהם. כשנכנסתי לאולם לא שמתי לב שהוא נמצא שם, ותהיתי מהיכן צץ. הזקן הביט בי ובשגריר, הניד ראשו קלות לשלום ולא אמר מילה. במשך כשעה השבנו לשאלותיו של הקיסר על המתרחש במזרח התיכון והופתענו מהידע שהפגין. תמיד חשבתי, על סמך מה שפורסם

בתקשורת, שהוא לא מתעניין בפוליטיקה עכשווית. השיחה התנהלה באנגלית, והאנגלית בפיו של הקיסר, שלמד בצעירותו באנגליה, הייתה טובה משלנו. לקראת סיום, לסימן של איש הטקס שעמד לימינו של הקיסר, הודה לנו הקיסר, לחץ את ידינו, הסתובב ויצא מהאולם ללא מילה נוספת, כשהוא מלווה באיש הטקס ובזקן שישב לידי.

לא הבנו מה קורה כאן. הקיסר לא אמר מילה מדוע חשוב לו לשמוע על המצב באזור שבאנו ממנו, והנה אנחנו כבר יוצאים. הבטנו זה בזה במבט תמה, אבל לא אמרנו כלום. איש טקס אחר ניגש אלינו והוביל אותנו החוצה, ללימוזינה השחורה שהמתינה לנו. הוא נפרד מאתנו בקידה ולפני שנכנסתי לרכב הושיט ידו ללחיצה. רק כשיצאנו מהרכב ונכנסנו לשגרירות, הוצאתי מכיסי את הפתק שהניח איש הטקס בכף ידי כשלחץ אותה. יישרתי אותו ותרגמתי לאט את הכתוב בו בכתב יד עכבישי. הפתק היה למעשה דף מכתבים קטן שסמל פרח הכריזנטמה הקיסרי מתנוסס בראשו, והיה כתוב בו: "הנני לאשר שאדון אוגורה הוא מנהל ואוצֵר הקרן הקיסרית, ושהוא מוסמך לתרום לישראל סכום של חמישים מיליארד ין". לא הייתה כל חתימה. השגריר בן זאב ואני הסכמנו שנוספה מנת אמינות רצינית לאוגורה, אולם נותרו בכל זאת סימני שאלה. השגריר סיכם אותם יפה: "מדוע הקיסר לא אמר מילה על העניין? האם ייתכן שמישהו מאנשיו תחמן אותו להיפגש אתנו, כדי שיוכל לדחוף לנו את הפתק? אם יש לאדם כזה השפעה ויכולת לתמרן את הקיסר כרצונו, אז מדובר בוודאי באדם רציני ובכיר, ואולי באמת העסק עם אוגורה אמיתי? אם מנסים לעבוד עלינו, אז מה המניע?" שנינו ניסינו לשווא להיזכר מיהו הזקן שישב לשמאלו של קיסר כל זמן הפגישה ולא הוציא הגה מפיו. הוא נראה מוכר לשנינו, אולם לא הצלחנו להיזכר מהיכן. "בכל מקרה, אין מה לעשות כרגע, אלא להמתין ולראות איך העסק יתגלגל," סיכם בן זאב.

כשחזרתי הביתה בערב, המתינו לי עופרה והילדים, נרגשים לשמוע איך היה אצל הקיסר. הם שימשו לי קהל נאמן לאימונים לכל כללי ההתנהגות לקראת הביקור אצל הקיסר, והיו ראויים לשמוע על כל הפרטים. אכלנו יחד ארוחת ערב ובמהלכה סיפרתי כל פרט ופרט. כשהגענו למנה העיקרית, פסטה ברוטב בשר, שהייתה המנה האהובה על הילדים ולכן אכלנו אותה לעתים קרובות הגיע סיפורי לשלב שבו התיישבנו, השגריר ואני, לצדו של הקיסר לשיחה. בשנייה שבה סיפרתי על הזקן שישב ביני לבין הקיסר, נזכרתי מיהו. לא פלא שעבר זמן עד שנזכרתי במי מדובר. ראיתי אותו פעם אחת, וגם אז לפני כשנה ובחטף. היה זה באוניברסיטת קיוטו, בכנס השנתי של האגודה האקדמית היפנית לחקר התנ"ך. הגעתי לשם כדי לבדוק מי הם האנשים באקדמיה, ובארגונים נוצריים בעיקר, המתעניינים בנושא. זכרתי יום חורף קר במיוחד, אולם הרצאות לא מחומם. התכרבלתי במעילי בכיסא באחת השורות האחוריות, סמוך למכר, פרופסור אוקובו, מרצה להיסטוריה של הנצרות באוניברסיטת צקובה הסמוכה לטוקיו.

בהפסקת תה, בין שתי הרצאות משמימות, האחת על המרכיבים הדומים ביהדות ובשינטו, והשנייה על נבואות החורבן והגאולה בספרי הנביאים, עמדתי ליד השגריר בן זאב, שנכח בכנס כאורח כבוד, וליד מאבטחו היפני והחזקתי כוס תה חמה בשתי ידיי הקפואות, בציפייה לחממן מעט. לפתע הצביע המאבטח היפני לכיוון אדם זקן, רזה מאוד, קירח כמעט לגמרי ונמוך קומה, הלבוש חליפת פסים כהה ומיושנת, שעמד בין האנשים בתור ליד שולחן שעמדו עליו מיחם גדול, כוסות קלקר ושקיות תה ירוק. "אתם יודעים מי זה?" שאל המאבטח. כשהנדנו ראשנו לשלילה, הוסיף בקול נמוך: "זהו הנסיך מוראקאמי, אחיו הצעיר של הקיסר המנוח מיקוטו. הוא חוקר תנ"ך רציני ולמד לצורך תחביבו לטינית, יוונית ואף עברית. אני מציע שלא תיגשו אליו, מכיוון שהוא מתרחק מקשר עם ישראלים, ואתם תביכו אותו אם תתחילו לשוחח אִתו." לשאלתנו מדוע הוא מתרחק מקשר עם ישראלים השיב המאבטח: "לפי מה ששמעתי

מחבריי ביחידה לאבטחת אישים של המשטרה היפנית, כמה שגרירים ערבים נהגו למתוח ביקורת על כל סממן של קשר בין יפן לישראל, ובין היתר ביקרו את העובדה שאחיו של הקיסר לומד תנ"ך ויודע עברית. מאז, למרות כל השנים שעברו, הוא נמנע מכל קשר עם ישראלים בכלל, ועם נציגי שגרירות ישראל ביפן בפרט." זמן קצר אחרי הפסקת התה עזב הנסיך מוראקאמי את המקום ומאז לא ראיתי אותו. נוכחותו בפגישה עם בן אחיו הקיסר הוסיפה לסימני השאלה שהטרידו את מחשבותיי באותו ערב, ולמרות בטני מלאת הפסטה התקשיתי להירדם. קצת לפני שנרדמתי, אחרי שהפכתי והפכתי בעניין במוחי, החלטתי שהגיוני שהנסיך מוראקאמי נכח בפגישה, מכיוון שהוא מתעניין במתרחש בישראל וסקרן להקשיב לדברי השגריר. סביר להניח שלא היה בכך יותר מסתם סקרנות של אדם קשיש, שהקדיש את חייו לחקר המקורות של עמם של אורחי הקיסר ותו לא. עם מחשבה מרגיעה זו בראשי נרדמתי.

למחרת בבוקר החלטתי שהגיע הזמן לעדכן את איתמר, הממונה עליי במוסד, בסיפור הקרן הקיסרית. הייתי צריך את אישורו כדי להמשיך לעסוק בעניין. התקשרתי אליו מחדרי בשגרירות. למרות רעשי מערבל הקול שהצפין את שיחת הטלפון שלנו, שמעתי בצדה השני של השפופרת את קולו נשנק, כשעיכל באיזה סכום מדובר.

"אני מאשר לך להמשיך אבל בשני תנאים..."

עבדתי אִתו מספיק זמן כדי לדעת למה הוא מתכוון, ואמרתי במקומו: "שאטפל בכל לבדי, בלי מעורבות השגריר ואחרים בשגרירות, ושהכסף יועבר דרך חשבון השלוחה בטוקיו, שאני מורשה החתימה בו ולא דרך חשבון השגרירות." איתמר צחק.

"ממתי אני מערב את השגרירות בענייניי וממתי אני כל כך נדיב שאחלוק אִתם את הקרדיט על הישג כזה, אם יהיה הישג?" שאלתי.

"דווח לי אם יהיה משהו דרמטי," חתם איתמר וניתק. מילות שלום וברכה מעולם לא היו הצד החזק שלו.

פרק י'

טוקיו, מסעדת יקיטורי, יום שלישי

צל ילדים
על גזעי העצים
הולך ודוהה

ביום שישי, למחרת הפגישה עם הקיסר, התקשר אוגורה אל השגריר וביקש לראותו בדחיפות, כי יש לו משהו חשוב להציג בפניו. השגריר, שאמנם זכר לטובה את הבילוי במועדון בגינזה ואת הפגישה אצל הקיסר אבל עדיין היה ספקן באשר לאוגורה, קרא לי לחדרו וביקש שאני אפגוש אותו. זה התאים לי. "בכל מקרה נראה לי שעדיף שאני אהיה זה שאמשיך ואעמוד עמו בקשר. אם הכול יתברר כעסק לא רציני, אתה לא תהיה קשור אליו ולא תסתבך או תובך," אמרתי לשגריר. "בסדר," השיב בן זאב, אולם שמעתי נימת היסוס בקולו. "אל תדאג," הוספתי. "אם שוב נוזמן לבר ההוא בגינזה, אני אודיע לך." "זה כבר נשמע יותר טוב," נהם השגריר ושב לעיין בניירות שעל שולחנו.

בבוקר יום שלישי הגיע אוגורה למשרדי והגיש לי מכתב הכתוב על נייר מכתבים רשמי של ה"אוקוּראשוֹ", משרד האוצר היפני הכל-יכול. במכתב החתום על ידי סגן המנהל הכללי לענייני אמרכלות של המשרד, אוקוּני יאסוּהירו, היה כתוב בקצרה שהם מתכבדים לאשר שאוגורה, הוא

ולא אחר, הוא המנהל והאוצר של הקרן הקיסרית היפנית. התרשמתי אמנם, אבל רק במידה הראויה. בכל זאת יש לי ניסיון מסוים עם רמאים מדופלמים. יותר מפעם אחת גיליתי שהילדים שלי הדפיסו מאתר מסוים באינטרנט טופסי שחרור מהלימודים מסיבות רפואיות, חתומים על ידי רופא, שנראו אמיתיים לגמרי. לא אשכח את הפעם ההיא שצלצלו אליי מבית הספר בהיסטריה כדי שאקח מיד את הילד לבידוד בבית חולים, מכיוון שהביא פתק מהרופא שכתוב בו כי לילד יש אבעבועות שחורות. את המחלה מצא הילד באינטרנט, וזה נראה לו מתאים ומשכנע דיו לשחרור מבית הספר.

אוגורה, מצדו, הציע שאצלצל למשרד האוצר ואבדוק בעצמי שאכן קיים שם אדם כזה. ביקשתי ממזכירתי שתתקשר ותברר את העניין ובינתיים לחץ אוגורה שאבטיח לו שנצא יחד לשתות משהו בערב, אם אמצא שהוא דובר אמת. הבטחתי. מקץ כמה דקות אמרה לי מזכירתי שאישרו לה שהכול אותנטי וקבענו להיפגש בשש לארוחת ערב. בשעה עשר בלילה, לאחר ארוחה ושתייה בשני ברים שונים, מצאנו עצמנו יושבים בפינת בר-מסעדה קטן ליד תחנת הרכבת של אביסו, שמתמחה ביקיטורי, אותם שיפודוני עוף צלויים. אוגורה, שהיה כבר די שיכור, הכה לפתע על השולחן הנמוך שלפניו בכף ידו הפתוחה. המכה הקפיצה את צלוחיות השיפודונים וכמעט הפכה את כוסות הבירה שעמדו לפנינו. האורחים האחרים הפנו אלינו מבטם ומיד הביטו בכיוון ההפוך כשראו שהכול בסדר. אחרי הכול, שיכור בבר אינו מחזה נדיר כלל וכלל. אני הבטתי עליו בפליאה מסוימת וראיתי להפתעתי שעיניו דומעות. אמנם כבר נתקלתי ברגשנותו קודם לכן, אולם לא ציפיתי שיתחיל להתייפח, והייתי די נבוך מהמעמד המשונה. הוא, מצדו, לא הפסיק לבכות והכה שוב בשולחן, לפני שהחל לדבר בשטף ולספר לי בקול נמוך ומייבב, לפחות בתחילת דבריו, את סיפור חייו:

"מאסאו-קון, צא מהאופורו, תתנגב ולך לישון. מחר אתה צריך לקום מוקדם וללכת להויקואן - גן הילדים." "עוד לא, אמא, עוד כמה דקות אני יוצא." בדרך כלל, אחרי חמש פעמים, אמי הייתה נכנסת, מושכת אותי החוצה מהאמבטיה, מנגבת ומלבישה אותי ביוקטה, החלוק הביתי, מלטפת בחיבה את לחיי ומשכיבה אותי על הפוטון שכבר היה פתוח ומסודר על הטאטאמי מתחת לחלון חדר השינה הקטנטן שבבית. ביום, חדר השינה הפך לסלון ולחדר אוכל ובלילה שולחן האוכל הנמוך הוזז הצדה, מזרני הפוטון גולגלו החוצה מארון הקיר והחדר הפך לחדר שינה."

כאן מחט אוגורה את אפו בממחטה בקול תרועה, ניגב את עיניו, קולו התייצב קמעה והוא המשיך:

"המקום הקבוע שלי היה מתחת לחלון, ואפילו בימי הקיץ החמים והלחים ביותר רוח קלה ונעימה ליטפה את פניי. רוח שהחלה את מסעה בערבות מונגוליה - שם גרים שבטי הברברים שלפני שמונה-מאות שנה ניסו לפלוש ליפן, והסמוראים האמיצים בסיוע הטייפון - הרוח הגדולה, הדפו אותם - והמשיכה לחצי האי קוריאה שתמיד היה שייך ליפן!..."
אוגורה נשא מבטו אליי כדי להבטיח שקלטתי את דבריו. כשראה שאני מקשיב בעניין, המשיך:
"...הרוח עברה את ים יפן וחלפה על פני נוטו-האנטו, הוא חצי האי נוטו, עד שהגיעה לכפר אוג'ירו, לביתי, ודרך החלון נכנסה וליטפה את פניי. את סיפורה של הרוח שמעתי לא פעם מאבי, אוגירה-סאן, כשלא היה תשוש מדַי אחרי יום עבודה מפרך במפעל התחמושת בפרברי העיר קאנאזאוָוה. אבי תמיד היה חולני. לבו היה חלש, והוא נטה להתעייף מהר. זאת הייתה הסיבה שלא גייסו אותו לצבא הקיסרי, אבל נתנו לו הזדמנות לשרת את המולדת כמנהל עבודה בקו ייצור של כדורי רובה שבהם השתמשו כוחות חיל הרגלים היפניים."

נזכרתי, תוך כדי סיפורו, שקראתי באיזה מקום (מדהים כמה מידע לא חשוב נאגר במוח) שהיפנים המציאו רובה בעל קוטר זעיר של 5.56 מילימטר, מכיוון שבדקו ומצאו שהקליעים בקוטר זה בעיקר פוצעים אך לא הורגים. כך, כל חייל אויב שנפגע משבית יחד אתו עוד שלושה-ארבעה חיילים שסוחבים אותו ומטפלים בו, ואילו בחייל הרוג איש לא מטפל בשעת קרב.

"העבודה במפעל," המשיך אוגורה, "הייתה במשמרות, וכל משמרת נמשכה שמונה שעות. אחרי סבב של שלושה ימי משמרות בוקר, שלושה ימי משמרות צהריים ושלושה ימים של משמרות לילה, היה זכאי אבי ליום חופש. למעשה, רק לעתים רחוקות לא תרם את יום החופש שלו למאמץ הפטריוטי הגדול והגיע גם לעבודה." "בטח," חשבתי, "הוא מיהר לעבודתו כדי לייצר עוד משלוח של כדורים שניקבו חורים בקוטר 5.56 מילימטר בראשיהם, בטנם, גבם או רגליהם של סינים, אמריקאים או בריטים, שמזלם לא שפר עליהם, וקנה הרובה היפני כוּון אליהם."

בנקודה זו משך אוגורה באפו. חשבתי לחרדתי שהנה הוא מתחיל עוד פעם ליילל, ושכל האנשים היושבים בקרבתנו יביטו לעברנו. כבר הבטתי לעברם במבט מתנצל, אבל לא, הוא הוציא שוב את ממחטתו, קירבה לחוטמו, תקע תקיעה שהזכירה לי תקיעת שופר ביום הכיפורים ואז המשיך:

"אמי, לעומת זאת, הייתה מספרת לי סיפורים בתדירות גבוהה יותר. אחרי שהוציאה אותי מהאופורו והשכיבה אותי על הפוטון, כיסתה אותי וסיפרה לי סיפורים על אוֹנִי, שדים; אוֹבּאקֶה, רוחות. אחרי ששמעתי סיפורים על נזירים שנתקלו ביער במכשפות אוכלות אדם או על עולי רגל בודהיסטים שפגשו בשביל נידח בהרים רוחות שניסו לגנוב את נשמותיהם, כיסיתי את ראשי בשמיכה, עצמתי את עיניי בחוזקה והתקשיתי להירדם. סיפורים על שועלים ודביבונים שהפכו לבני אדם ועשו תעלולים שונים

ומשונים הצחיקו אותי, ואת הסיפור על הילד שנולד מתוך האפרסק מומו-טארו, שנלחם וניצח את השדים האדומים והכחולים באי השדים, ביקשתי לחזור ולשמוע מיד כשאמי הייתה מסיימת לספר אותו. לפעמים, כשהיא עצמה לא חזרה תשושה מעבודתה באותו מפעל תחמושת שעבד בו אבי, הייתה נעתרת וחוזרת שוב על הסיפור או שרה לי את השיר על 'אקה אוני צ'אן ואאו אוני צ'אן', השד האדום והכחול."

כאן אוגורה המסכן כבר לא הצליח להתאפק ועיניו החלו לזלוג חופשי לתוך ממחטתו, שלדעתי הגיע הזמן לסחוט אותה ולתת לו ממחטה חדשה ויבשה. רק אחרי כמה טפיחות מרגיעות על גבו, והחלפת כוס הבירה שלפניו לכוס מים על ידי הברמן, נרגע ולגם מעט מהמים, תוך שהעווה את פניו מטעמם המשונה, כנראה משום שלא היה רגיל למים אלא אם הם מכילים מספיק אלכוהול, וגרר הלאה את סיפורו:

"היא לא עבדה במשמרות, אלא עבדה רק שמונה שעות ביום כפקידת המשלוחים של ארגזי התחמושת. עבודתה לא הייתה פיזית, לכן המשיכה בה גם כשנולדה אחותי ונהגה ללכת לעבודה עם התינוקת קשורה על גבה. הייתי אז בן ארבע וחצי ולא אהבתי את התוספת הצווחנית למשפחה, שחילקה את הפוטון בלילה עם אמי והתחרתה עמי על תשומת לבה. כל חיי רובצת הקנאה הזאת על מצפוני ומטרידה את חלומותיי, למרות שאני לא זוכר אפילו את תווי פניה. את כל הדברים האחרים אני זוכר דווקא בבירור ובחדות. במיוחד אני זוכר, למרות שהייתי אז רק בן חמש, את היום שבו התעוררתי משנת הצהריים בגן הילדים של עובדי מפעל התחמושת לקול פיצוץ שהיה חזק מאוד. אמנם מוקד הפיצוץ עצמו היה מרוחק למעלה מעשרה קילומטר מהכפר. פצצה שמשקלה כחצי טון הוטלה ממפציץ בי-24 אמריקאי ופגעה במרכזו של מפעל התחמושת. אי-אפשר היה לזהות את שלושת גושי הפחם השרוף שנותרו מהוריי ומאחותי, וכך גם לא נותר זכר מכל הורי ילדי הגן האחרים."

בנקודה זו של דבריו דווקא ציפיתי שיתחיל שוב לבכות וכבר התחלתי להוציא מכיסי ממחטה משומשת במצב טוב, אולם הוא התגבר ובקול מרוחק וקצת אוטומטי סיפר הלאה:

"באותו יום עברו הסנסיי (הגננת) ועוזרתה וכמה שכנים בבתי הילדים, אספו כמה בגדים וכלי רחצה, הביאו הכול לגן, שם נשארו הילדים היתומים, ואני בתוכם, לגור עד סוף המלחמה. גדוד של חיילים, שהיו מבוגרים מדַי מכדי להילחם והוצבו כחיל משמר בעיר קאנאזאוָוה, ניקה את שטח המפעל המופצץ. עם כמה נזירים בודהיסטים ממקדש באזור הם אספו את שרידי העובדים שיכלו למצוא וטמנו אותם בכדי ברונזה כהים. את הכדים קברו באדמה בפינת המגרש שעמד בו המפעל, והקימו מעליהם מקדש עץ קטן ובו שני פסלי אבן. האחד של קאנון - הבודהה המרחם, המופיע בדמות אישה ותפקידו לעזור לסובלים, והשני של ג'יזו, הבודהה הילד, הלבוש סינר של ילד ומחזיק אבן יקרה ומקל, שתפקידו להוביל את נשמות הילדים שמתו אל גן העדן, שישמור על נשמות הילדים שנספו בפיצוץ.

"למרות התנאים הקשים והמחסור במזון בזמן המלחמה הייתי ילד בריא, חזק וגבוה מכל ילדי הגן. 'את זריזות המחשבה ירש מאביו, ואת הבריאות מאמו,' הייתה הגננת חוזרת ואומרת כשהוכחתי את עצמי כראשון בגן בהכרת הקאנג'י, שהן סימניות הכתב הסיני שבו השתמשו ביפן, או כראשון באוּנְדוֹ-קאִי - יום הספורט. נראה שגם נפשית הייתי חזק (אני פקפקתי בכך, אבל לא אמרתי כלום) ואחרי כחודשיים הפסקתי לבכות בלילות מגעגועים להוריי, בזמן שרבים מהילדים האחרים לא רק שהמשיכו לבכות אלא גם חזרו להרטיב.

"תכונותיי אלה הגיעו גם לאוזניהם של אחרים, וכחצי שנה אחרי שהגעתי ל'גן היתומים', כפי שהמקום כונה בפי כול, לקחה אותי הגננת לחדרה בזמן שהילדים האחרים אכלו ארוחת צהריים. כשהגעתי לחדרה, ראיתי בו שני אנשים זרים שנראו לי מבוגרים מאוד, למרות שלמעשה היו רק בשנות השלושים המאוחרות לחייהם. הם נראו קצת כמו הוריי." כאן

חייך אוגורה חיוך של זיכרון נעים תוך שהוא נועץ מבטו בחלל וכנראה ראה בעיני רוחו את הזוג האהוב. "האישה הייתה נמוכה ורזה ומלאת אנרגיה ואילו הגבר היה חיוור, צלע ונשען על מקל. אוגורה-סאמה, אוגורה המכובד, כפי שהציגה הגננת את האיש בפניי, וכך המשכתי וקראתי לו כל חייו, היה נכה מלחמה. הוא שירת כקצין בחיל המשמר בעיר שנגחאי שבסין ונפצע מכדור של רובה קראבין שהאמריקאים סיפקו לכוחות גרילה סיניים שנלחמו נגד הכיבוש היפני. הכדור פגע בירכו וחדר גם לאזור חלציו. בגלל הפציעה הוא צלע, וגרוע מכך, איבד את כוח הגברא. הוצאתם להורג של שלושים ושבעת הגברים הסינים, כמניין שנותיו של אוגורה, שחברי יחידתו אספו בסביבה וירו בהם על גשר נהר סוג'ו, במקום שהוא נשפך לנהר ההואנג-פו, הביאה נחמה מסוימת לאוגורה, אולם לא החזירה לו את כוח הגברא." חיוכו של אוגורה הפך למר יותר והוא המשיך בסיפורו:

"בפגישתם אִתי לבשו בני הזוג אוגורה קימונו, שגם אם היו ישנים ומהוהים מעט, עדיין ניכר בהם שהיו יקרים ויוקרתיים מאוד. הם שוחחו כמה דקות עם הגננת ושאלו אותי כמה שאלות. האישה לקחה בידה את חפציי, שהיו כבר צרורים בחבילה אחת בפינת החדר, ובלי טקסים מיותרים אחזו בידי ויצאו עמי מהגן. אחרי כמה ימים הזוג, שהיה חשוך ילדים, אימץ אותי רשמית כבנם. כך הפכתי לבן משפחת אוגורה וליורשם הרשמי של צאצאי הדאימיו, שהוא השליט המקומי והווסל של השוגון החשוב ביותר של מזרח יפן." גאווה רבה הייתה בקולו כשאמר זאת, ובגאווה גדולה עוד יותר אמר: "אתה יודע, משפחתי הייתה 'טוזאמה', כלומר דאימיו חיצוניים, אלו שהיו במחנה שנלחם והפסיד בקרב סקיגהרה בשנת 1600, נגד צבאו של האב והמייסד של שושלת השוגונים של בית טוקוגווה. שושלת זו משלה ביפן למעלה ממאתיים וחמישים שנה, עד מחצית המאה התשע-עשרה. אבותיי הפכו לאחר ההפסד לנאמני השוגון החדש, אולם לא שותפו במשך שנים רבות במועצה השלטת. בסופו של דבר, דווקא אנחנו נשארנו נאמנים לשוגון האחרון של משפחת טוקוגווה. נלחמנו לצדו במלחמתו האבודה למניעת נפילת שושלתו.

נלחמנו לצדו נגד כוחותיו של הקיסר מייג'י. הם ניצחו ואנחנו הובסנו. אתה יודע איזה כבוד בשביל משפחתנו היה זה שלמרות זאת, סבא-רבא שלי זכה באמון הקיסר והתמנה לנאמן הקרן הקיסרית? אני חייב הרבה להוריי המאמצים שלא חסכו ממני דבר, גם אם היו נוקשים בכל הקשור לחינוך." בנקודה זו שוב החלו עיניו של אוגורה לדמוע. הוא עצר את שטף דבריו, הביט בי מבעד לדמעותיו והציע: "למה שלא נסיים את הערב במועדון בגינזה שבו היינו יחד עם השגריר?" "באמת למה לא?" השבתי בעיניים מצועפות כשנזכרתי בבת אחת בשו-קו המתוקה ובמה שאולי מצפה לי אִתה בהמשך הערב.

כל הנורות האדומות, ששוכללו באימוניי הקשים ובשנות עבודתי כסוכן שטח, נדלקו במוחי והודיעו לי בלי סנטימנטים שיש סיכוי שהאיש רמאי ושהוא מנסה לטמון לי מלכודת דבש בדמותה של אישה יפנית חמודה. אבל החלטתי במודע להתעלם ולקחת סיכון, דבר שבמקצוע שלי הוא מרשם בדוק לאסון.

פרק י"א

טוקיו, ארמון האהבה, יום שלישי בלילה

בושם אישה
מסתחרר בנחיריים
עם ריח הגשם

יצאנו מהמסעדה ונכנסנו ליגואר הנהדר של אוגורה. הוא הכניס את המפתח, הביט בי ולפתע אמר: "אני שיכור מדַי (תיאור יפה למדיי של מצבו, אם כי ממעיט במידה מסוימת) ולא מרגיש כל כך טוב, אני אקח מונית הביתה ואתה, למה שלא תעשה לי טובה, תנהג במכונית למועדון, שו-קו עומדת בחוץ ומחכה וחבל שתמתין שם לשווא." "לא. אני אקח אותך הביתה באוטו שלך ומשם אקח מונית הביתה," השבתי.

היה ויכוח קצר. הוא ניצח. האמת, לא התאמצתי יותר מדַי מהסיבה הפשוטה שרציתי מאוד לנהוג במכונית הזאת, ולא רציתי לוותר על ההזדמנות שנפלה בחיקי כפרי בשל. הוא יצא מהמכונית ואני עברתי למושב הנהג. בחרדת קודש סובבתי את המפתח ושמעתי את נהמת המנוע. ניתן להשוות אותה רק לגרגור שעולה מעומק גרונו של נמר גדול לפני שהוא עומד לזנק על טרפו. נהגתי בתחילה לאט ובעדינות ונתתי כבוד למכונית, אבל בהדרגה קיבלתי ביטחון והתחלתי להחליף הילוכים בקלות. ידי האחת לא מרפה מידית ההילוכים הקצרה שבראשה כדור העשוי מעץ רוזווד מלוטש, והשנייה אוחזת בהגה שגם הוא עשוי מעץ כהה.

היה קריר בחוץ ומעונן ונראה היה שכל רגע יטפטף גשם דק וקר, אבל לי לא היה אכפת. רמת האלכוהול בדמי, יחד עם ההתרגשות של הנהיגה והציפייה לפגישה עם שו-קו, חיממו אותי. למרות מזג האוויר, פתחתי את גג המכונית. כשהגעתי למועדון שבו שו-קו עובדת, וראיתי אותה ממתינה לי על המדרכה, הרגשתי על גג העולם. היא נכנסה והתיישבה לצדי תוך שעיניה צוחקות, והיא מחביאה צחקוק קטן מאחורי כף ידה. לא הייתי צריך לשאול למה היא צוחקת. לנהוג במכונית ספורט פתוחה בלילה קר זה בהחלט מגוחך למדיי. הצטרפתי לצחוקה. בלי לומר מילה, היא שחררה את שערה הארוך שהתנפנף בחינניות ברוח.

היא הניחה יד אחת על ברכי, והרגשתי איך נעשה לי חם ונעים שם. "גנקי? בריא? או הכול בסדר?" שאלה. "בטח," גיחכתי. ואז כיוונה אותי בהוראות קצרות ימינה ושמאלה בסמטאות הצרות המחברות בין הגינזה לרובע נינגְיוֹ-צ'וֹ בואכה שִׁיטָה-מאצ'י, מה שנשאר מ"העיר התחתית" העתיקה של טוקיו אחרי שהפצצות האמריקאים במלחמת העולם השנייה הרסו את מרבית הבתים. עצרנו ליד בניין קטן עם אורות אדומים עמומים בחזית. היא נכנסה בלי לדפוק ואני אחריה. לא היה שוער או שומר, אלא מסדרון קצר ואחריו דלת נוספת, מכוסה עור חום כהה שנראה מכובד ויקר כמו כניסה לחדר הספרייה בטירה של אציל בריטי. קול נשי נעים דיבר אלינו מרמקול נסתר ושאל, "מה רצונכם?"

"את המלכותי," השיבה שו-קו בקצרה.

נשמע קליק רך מכיוון הדלת. שו-קו דחפה אותה ונכנסנו למעלית קטנה שהתחילה לעלות בלי שלחצנו על כפתור של קומה מסוימת. גם לא היו שם כפתורים כלל. המעלית נעצרה כמעט מיד ויצאנו לתוך חדר. חדר זו מילה פשוטה וגסה, שאין לה ולא כלום עם מה שראיתי לפניי ומסביבי.

היה זה אולם קטן המעוצב כחדר בארמון ורסאי, שהצבע השולט בו הוא אדום וזהב. היו בו חלונות ארוכים, שמחלקם נשקף נוף יפהפה של גן יפני בשלכת. כשהבטתי מקרוב ראיתי שזו הקרנה של צילום. חלונות אחרים היו מראות וגם התקרה הייתה מכוסה מראות גדולות. דוגמאות

מגבס של עלים ופרחים בצבעי זהב עיטרו את התקרה בין המראות וגם לאורך פינות התקרה. שני פסלים, האחד של ונוס והשני של ארוס, עמדו בפינות מנוגדות של החדר. במרכז הייתה מיטת אפריון גדולה מכוסה בבד עבה בצבעי אדום וזהב. בפינתו הרחוקה של החדר היה ג'קוזי זוגי, שנרות דולקים מונחים על שפתו, ואור אדמדם ומעומעם מאיר מנורות השקועות בקרקעית. למרות שכבר כשנכנסנו לחדר החלה שו-קו לפתוח לאטה את הקימונו, הרגשתי כשראיתי את דמותנו נשקפת מכל עבר במראות שבתקרה ובקירות, ושהביצים שלי מצטמקות לגודל של צימוקים.

שו-קו הבחינה באי השקט שלי, לקחה את ידי בידה והובילה אותי לצדו השני של החדר, לחדר נוסף, קטן יותר. לרווחתי לא היו שם מראות בכל מקום אלא רק ג'קוזי זוגי, גם הוא מואר באור אדום ולידו מיטה זוגית נורמלית. זה כבר היה טוב יותר, ונרגעתי מספיק כדי לעזור לה להיפטר מהקימונו כמה שיותר מהר. היא, מצדה, החזירה לי טובה תחת טובה וקילפה את בגדיי מעליי. לפני שנכנסנו לג'קוזי, התקלחנו יחד. אז גם ראיתי את כתמי שטפי הדם הכחולים-סגולים שעל גבה ונרתעתי לאחור.
היא חשה את הרתיעה ולחשה בעיניים מושפלות:
"זה כלום, אל תשים לב. הוא אוהב את זה קשוח."
"מי?" לחשתי, עדיין מזועזע.
"אוגורה-סאמה, האדון שלי. הוא קנה אותי לפני שנתיים מהמאמא-סאן במועדון בגינזה שבו אני עובדת, ומאז אני לרשותו בכל עת שיחפוץ. הוא אוהב משחק קשוח. ממעט מכות לא מתים. תירגע," פקדה שו-קו וקרצפה את גופי בליפה עד שעורי האדים. נרגעתי, אם כי לא לגמרי. הזדיינו בפעם הראשונה בג'קוזי, כשהיא יושבת עליי ונעה בתנועות מעגליות בעדינות. התקלחנו שוב ונכנסנו למיטה. ליטפתי ברכות את גבה והיא הצטמררה, עצמה את עיניה וגרגרה בתענוג כמו חתולה.

לרגע לא חשבתי שהיא עושה אִתי את מה שהיא עושה כי התאהבה בי במבט ראשון. במקצוע שלה אין זה סביר, ולא היו לי אשליות, אם

כי מצדי הייתי מוקסם ממנה, והתעורר בי זעם נגד הבן זונה שהכניס לה מכות וגרם לה לשטפי דם. המשכתי ללטף את גבה ולא הצלחתי להתאפק מלשאול את השאלה הבנאלית ביותר: "איך הגעת לעסוק במה שאת עוסקת?"

פרק י"ב

עדיין בארמון האהבה, ביום שלישי בלילה

כאב ועצב
תחת אותו גג
ישנים

היא לא ענתה. מה כבר יכלה להשיב? ההנאה שלה מידו המלטפת את גבה בעדינות הקהתה רק במעט את תחושת הכאב שתמיד מלווה אותה. היא חשה שאפי-סאן הוא אדם טוב וקיוותה שאכן הוא כזה. כמה אנשים טובים באמת הכירה בחייה? "לא רבים," חשבה במרירות. לא המחסור בביתה היווה בעיה. היה קשה, נכון. כשנולדה, חמש-עשרה שנים לאחר תום המלחמה הפסיפית הגדולה, לכולם היה קשה. בדירתם הזעירה ברובע נישי-ניפורי בפרבריה הצפוניים של טוקיו התקיימו ימים רבים רק ממעט אורז מאודה ומירקות מבושלים. אִמהּ עבדה בעבודות ניקיון מזדמנות, ואביה פועל בניין קשה יום שהועסק על ידי קבלן בתנאים הקרובים לעבדות. אביה היה חוזר מותש בערב הביתה ומשקיע את עייפותו ועצביו בשתיית הסאקה הזול ביותר שנמצא למכירה. את אשתו הכה באכזריות ואת בתו אנס מאז הייתה בת שבע, על הפוטון, כשאשתו מקופלת בפינת החדר מוכה ומייבבת מכאבים, השפלה וזעם. ביפן השמרנית לא מוציאים לכלוך כזה החוצה. השכנים אולי חשדו שאִמהּ היא אישה מוכה כשראו את סימני המכות על ראשה ועל פניה, אבל היא

לא סיפרה כלום. קצת מכות לאישה לא נחשבו לדבר יוצא דופן. לעתים נחשבו אפילו כדבר מועיל להעמיד אישה במקומה.

כשהייתה שו-קו בת עשר, הכול נגמר. ערב אחד, ערב חורף בהיר ויפה להפליא, כשאפשר היה לראות מהגבעה ליד ביתה את הר פוג'י המושלג, כאשר שו-קו ייבבה מכאב כשאביה חדר לתוכה, קמה אִמהּ בצליעה מפינת החדר, דידתה לפינת המטבח, לקחה את הסכין המשמשת לחיתוך הדגים והכניסה את הסכין שלוש פעמים בגבו של בעלה. בפעם השלישית השאירה את הסכין תקועה בגבו, הביטה בבִתה ומבעד לדמעותיה אמרה בשקט: "גומן נסאי" (סליחה). היא יצאה מביתה, ניגשה לתחנת הרכבת הקרובה, קנתה כרטיס, נכנסה לרציף וזרקה את עצמה על הפסים, שניות לפני שהרכבת נכנסה לתחנה.

שו-קו המזועזעת ניסתה בכוחותיה הדלים לדחוף את אביה המחרחר מעליה. לרווחתה הוא עצמו, בהתקף שיעול ויריקת דם, התגלגל הצדה ונשאר שוכב. השכנים מצאו אותה מסתובבת עירומה ליד הבית, כמעט כחולה מקור. הם ניסו להבין ממנה מה קרה, אולם היא לא הוציאה הגה. רק כשנתיים לאחר מכן החלה שוב לדבר. את אביה לקחו השכנים לבית חולים קרוב ושם, צחוק הגורל, הצילו אותו הרופאים, והוא חזר הביתה אחרי חודש אשפוז והחלמה. ביום שחזר, לקחה בתו את מעט חפציה וברחה לתחנת הרכבת הגדולה של שינג'וקו. שם מצא אותה אחד מהחיילים הזוטרים של ימאגוצ'י-גומי, כנופיית היאקוזה (המאפיה היפנית) ששלטה ברובע השעשועים של טוקיו, ובחלק גדול מחיי הלילה של טוקיו. תפקידו היה לאתר נערות צעירות שברחו מהבית ולהביאן כמתלמדות לבתי הזונות השונים בעיר. שפר מזלה של שו-קו והיא נשלחה למיזוקמי-סאן בגינזה, המאמא-סאן הצעירה ביותר, שידעה להסתדר טוב מכולם עם המגויסות החדשות הצעירות ביותר. את אביה לא ראתה יותר. היא שמעה רק שאחרי שאיבד את דירתם הקטנה בהימורים ובשתייה, הסתובב חסר בית ושיכור בסאניה - רובע החלכאים והנדכאים. שם מצאו אותו קפוא למוות בבוקר חורפי אחד אחרי שנתיים.

אז מה? את כל זה תספר לו בתשובה לשאלתו? ההוראה שקיבלה הייתה לשמח את הישראלי, שמשונה הדבר שהעדיף אותה, בת גילו, על צעירות ממנה. הוא נראה טוב לגילו. אין סימן ללובן בשערו השחור ולקמטים בפניו. ניכר בו שהוא מתעמל סדיר וכמעט שאין לו כרס. בזכות גובהו - מטר שמונים וחמישה סנטימטרים - ומראהו הצעיר לגילו, יכול היה בקלות למצוא נערה יפנית באחד הברים או המועדונים האופנתיים ברובע רוֹפּוֹנְגִי. החמיא לה הרוך שראתה בעיניו כשהביט בה. החמיא לה גם שהוא שם לב ששאלתו הפכה אותה למהורהרת ועצובה, והוא אמר: "זה בסדר. את לא חייבת לספר לי את סיפור חייך אם זה מקלקל את מצב רוחך."

פרק י"ג

רחובות טוקיו, יום רביעי לפנות בוקר

בענן סתיו
שמש בוגדנית
נחבאת

ראיתי שמצב רוחה התענן במהירות, וזה היה הדבר האחרון שרציתי. חשבתי מהר איך אפשר לשפר את המצב ובלי יותר מדַי עניינים אמרתי לה: "תתלבשי. אנחנו הולכים לאכול משהו. נראה לי ששנינו צריכים את זה." הכרתי מסעדת סושי קטנה הצמודה לשוק הדגים בצוקיג'י ופתוחה גם בשעה מוזרה כזאת לפנות בוקר, לפני הזריחה. המסעדה משרתת את סוחרי הדגים המגיעים למכירות הפומביות של הדגים בשוק, ואין דגים טריים יותר באף מסעדה אחרת בעיר. שמחתי כשראיתי אותה מחייכת חיוך קטן. היא הוציאה מתיק הבד הגדול שהביאה אִתה מכנסי ג'ינס, חולצה וז'קט אופנתיים וארזה בזהירות את הקימונו בתוך התיק. גם את קבקבי העץ הכניסה לתיקה ונעלה במקומם נעלי התעמלות לבנות. את שערה הארוך ארזה לקוקו סטייל אורה נמיר. היא שילבה את ידה בידי כדוגמת הדודים המבוגרים ההולכים לטייל ביחד בטיילת או בפארק וכך יצאנו מהמלון. "אידיוט," שמעתי קול בראשי, "מה אתה עושה? כל אחד שמביט בכם רואה שאתם זוג. איזה חוסר אחריות, איזה מין סיכון מטומטם אתה לוקח." הכרתי את קול ההיגיון הזה ובדרך כלל סמכתי עליו, ובתמורה הוא עזר לי להימנע משטויות. לא הפעם.

בזמן שהקול בראשי התנגן לו, סרקתי אוטומטית את הרחוב שיצאנו אליו ממלון האהבה. הסריקה האקראית כאילו של הסביבה המיידית, תוך הזזה מדודה של העיניים והראש, הייתה אחד הדברים שאותם חזרנו ושיננו לכל אורך הקורס המתקדם, כשהייתי עוד צעיר ויפה, והיו לי כושר וכוח לדברים האלה. אפילו בחלקים שנגעו לקרב מגע ולקורס הטרור, שמהם יצאתי עם שתי צלעות שבורות, עצם אף שבורה וסימנים כחולים בכל הגוף, דאג ניר, המדריך להתנהגות בשטח, למצוא את הזמן כדי לשנן שוב ושוב את הכללים הבסיסיים לאתר את יוצא הדופן, את האויב או את המכונית החשודה. "אפי, יא חדל אישים מסופלס, כמה פעמים צריך להכניס לך לראש שאֵלה בדיוק הדברים שיכולים להציל אותך. לא שאכפת לי אם תינצל בכלל או לא," נזכרתי בחיבה בדבריו.

האוויר היה קר. עדיין היה חשוך, אם כי לא לחלוטין, ואור אפרפר עלה. הזריחה הייתה בעיצומה, אבל מבעד לאובך אי-אפשר היה לראות את השמש. הרחוב היה ריק ממכוניות נוסעות ומהולכי רגל. בצדי הכביש חנו מכוניות בשורה ארוכה. החנויות בחזית הבתים הנמוכים היו סגורות כולן, רק במסעדת הסוֹבָּה הזערורית שמעבר לכביש ניתן היה לראות דרך החלון, התחלה של הכנות שעשה בעל הבית הזקן להאכלת הסועדים הראשונים של הבוקר שיגיעו בקרוב. בפעם הראשונה שסקרתי בחטף את המכוניות החונות, כולן נראו חשוכות וריקות. אולם דבר מה שלא יכולתי להצביע עליו בתחילה בכל זאת הפריע לי כשסקרתי את המכוניות שחנו מעבר לכביש בצד שמאל, ממול לדלת יציאת המלון שיצאנו ממנה. תוך כדי פתיחת דלת היגואר, שחיכתה לי בנאמנות ליד פתח המלון, העפתי מבט מהיר נוסף לכיוון המכוניות האלה, ואז ראיתי את זה. חלון המושב הקדמי שליד מושב הנהג של טויוטה קאמרי אפורה ורגילה לגמרי, שחנתה מעבר לרחוב במרחק חמש מכוניות אחרינו, היה פתוח מעט. למרות חשכת טרם זריחה, והרכב החשוך, ראיתי לשבריר שנייה נצנוץ מתכת בעד לפתח בחלון. לא הייתי צריך להתקרב כדי לראות במה מדובר. זכרתי את עצמי יושב לא פעם ברחובות שונים בערים שונות

בעולם ומכוון עדשת מצלמה למטרת המעקב שלי. נכנסתי בטבעיות למושב הנהג של היגואר, ליטפתי את ברכה של שו-קו והתחלתי בנהיגה אטית, אבל לא אטית מדי, כדי לא ליצור חשד אצל הצלם, לכיוון הכביש הראשי של רובע גינזה המוביל לשוק הדגים בצוקיג'י. בלי להזיז את המראה הראשית או את מראות הצד, פעולה העלולה לעורר תשומת לב מיותרת, במיוחד אם היא נעשית ביגואר עם גג פתוח, לכסנתי מבטים מהירים במראות וראיתי את הטויוטה יוצאת מהחניה ונוסעת אחרינו.

במהלך הנהיגה ביצעתי מה שמכונה "עיקוב אחורי". נהגתי תוך כדי מבטים חטופים במראה, כדי להיות בטוח שאני לא מאבד את הרכב העוקב. אפילו שהייתי בטוח שהוא עוקב אחריי ואינו נוסע לתומו בכיוון נסיעתי, בכל זאת פניתי לרחובות צדדיים כמה פעמים תוך נהיגה מתונה, ולא התפלאתי שהוא אחריי. התחלתי להיות מודאג במקצת, שמא הוא מתכנן דברים אחרים מלבד לעקוב ולצלם וליטפתי בהיסח הדעת את מותן ימין שלי, שם היה אמור להיות אקדח הברטה. הצטערתי שהשארתי אותו בכספת בבית לפני שיצאתי לבילוי עם אוגורה. חניתי ליד מסעדת הסושי וכשירדנו מהרכב ראיתי את הטויוטה חונה במרחק רב למדיי מאחור ובצדו השני של הכביש. כשנכנסנו למסעדה ביקשתי מהמלצר שצרח לכיווננו "הירשאימסה" עיפרון, ורשמתי על מפית את מספרו של הרכב העוקב, כפי ששיננתי אותו. החלטתי שהגיע הזמן להחליף הילוך ולהתייחס לעסק של אוגורה ברצינות.

רצינות היא המילה המתאימה, כי מהרגע שראיתי את הרכב העוקב ואת הצלם, לא הפסקתי לחשוב מה תהיה התוצאה אם עופרה תקבל את התמונות. מה זה אומר מבחינת המשך החיים אִתה, שלא לדבר על הילדים. ראיתי אותה בעיני רוחי נעמדת על קצות אצבעותיה. היא הייתה נמוכה ממני בכעשרים סנטימטרים אבל כשכעסה עליי ניסתה תמיד להתקרב לאוזניי, כדי שאשמע טוב את מה שיש לה לומר. שמעתי אותה בדמיוני אומרת לי: "זבדי, יא מניאק..." כשהיא כעסה ממש, היא

קראה לי בשם משפחתנו. מעולם לא "אפי". "אפי" נראה לה כקרבה גדולה בשעת כעס גדול. "...אכלתי מספיק חרא ממך." עוד סימן לכך שהיא ממש כועסת הוא ניבול הפה שלה. לפעמים הצליחה להפתיע אותי בסדרה ארוכה שאף קללה אחת מהן לא חזרה על עצמה. לא רע בשביל הפולנייה הבלונדינית שהתחתנתי אִתה. "את כל החיים המחורבנים שלי בזבזתי עליך. נגמר. אני אורזת ולוקחת את הילדים אִתי. מצדי, תחיה עם היפנית הזונה שלך, אבל בעוני, כי אני אקח ממך כל גרוש שאוכל ואשאיר אותך רק עם הכבל המאריך." לא רציתי אפילו להתחיל לחשוב על ההשלכות שיהיו לכך על המשך העבודה שלי במוסד, כסוכן שרוף וטיפש. בטח שנים יצחקו עליי שם, כשיספרו למגויסים החדשים על האידיוט שנפל בפח בטריק הישן בעולם.

פרק י"ד

הכפר האקובה, יום רביעי בבוקר

פסגת ההר
לאנשים נמוכים
גבוהה

אוגורה בקושי הצליח לפקוח את עיניו, גנח כשעווית חזקה של כאב חלפה בראשו ומיד עצם אותן שוב. בפעם האלף נשבע שלא ישתה יותר כמויות גדולות כל כך, ובאותו זמן ידע שלא יוכל לעמוד בהבטחתו. "לפחות," כך אמר לעצמו בקול רם ומיד העווה פניו מהרעש שעשה קולו, "הכול משרת מטרה טובה וגדולה שכדי להשיגה, כאב ראש הוא דבר של מה בכך. אני מוכן להקרבה גדולה הרבה יותר למען מטרה נעלה זו." הוא הושיט יד וניסה לשתות מכוס המים שעמדה על השידה ליד מיטתו, אבל מיד לאחר הלגימה הראשונה רץ לשירותים והקיא את נשמתו. ההקאה וכדור נגד כאב הראש שלקח מיד לאחריה השפיעו לטובה. בתוך כמה דקות הצליח להסתכל קצת מסביב, עדיין בעיניים חצי פקוחות, ולהיווכח שהדבר שהעיר אותו לא היה השעון המעורר, שאותו כיוון לשעה שבע בבוקר, אלא הנקישות החזקות בדלת.

"אוגורה קון, אוגורה קון," שמע את קולו הרועד של קיטמורה הזקן. באטיות ניגש ופתח את הדלת.

"אנחנו מאחרים לרכבת. איפה הראש שלך? איך יכולת לשכוח מהנסיעה שלנו?" אמר בנימת תוכחה.
אוגורה לא אמר דבר. במהירות הבָּזק התלבש והתרחץ, זרק כמה דברים לתיקו ורץ החוצה. נהג המונית שקיטמורה הגיע בה לחץ לבקשתם על דוושת הגז חזק מהרגיל, והם הספיקו ברגע האחרון לעלות בתחנת טוקיו לרכבת השינקנסן שלקחה אותם דרומה, לעיר נאגויה.

ברכבת הצליח להירגע קצת. לקח נשימה עמוקה, הסיט את כיסאו הנוח לאחור והזמין מהנערה שעברה עם העגלה בין הנוסעים תה ואובנטו, קופסת אוכל של אורז עם פרוסת דג וירקות מוחמצים. לעצמו חשב שדווקא הוא יודע היטב מדוע שכח מהנסיעה. הכוהנת הגדולה, שחיכתה לו בכיליון עיניים, כך ידע, החלה להימאס עליו. כמובן, לא המטרה שהיא מייצגת אותה, אלא הדרישות שלה ממנו שרק מתגברות עם הזמן. גילה המתקדם, שאותותיו ניכרו בה היטב, דיכאו את החשק שלו עד עפר.
"תתעודד, אוגורה קון," שמע את קיטמורה היושב לצדו. "תחשוב על ההנאות והחשיבות של הנסיעה שלנו."
הוא לא השיב אבל במוחו עלתה דמותה של הירוקו, המתלמדת החדשה של הכת, ומיד לאחר מכן (המוח עושה טריקים משונים לפעמים) חשב על האידיוט הישראלי המאמין לכל דבר שהוא, אוגורה הכל-יכול, מפמפם לו. מחשבות אלו העלו חיוך על פניו.
"נו, זה כבר יותר טוב," שמע את קיטמורה אומר. בתחנת נאגויה החליפו לרכבת אטית יותר שלקחה אותם לכיוון הרי האלפים היפניים, לעיירה הקטנה והקסומה האקובה.

כשהרכבת עצרה, מיהרו אל מחוץ לתחנה, שם המתינה להם מכונית טויוטה קראון שחורה ונהג לבוש כפפות לבנות וכובע שחור שהמתין מחוץ לה. הנהג פתח עבורם את הדלתות, הניח את תיקיהם בתא המטען ולפני שהחל לנסוע סובב את ראשו ושאל: "לאן תרצו לנסוע קודם? הכוהנת מצפה לכם רק בעוד כמה שעות לארוחת הערב."

אחרי שנכנסו ונהנו מהחימום הנעים שאפף אותם במכונית, חשב אוגורה רגע, אחר כך חייך ואמר לקיטמורה: "קיטמורה-סאן, למרות הקור, מה דעתך שנבקר קודם בהר הקדוש, נתפלל ואחר כך ניסע לבית הכת בעיירה לטיפול קצר?"

קיטמורה ידע היטב מדוע אוגורה רוצה להגיע לבית הכת בעיירה, וספק אם הרעיון מצא חן בעיניו, אבל הוא לא אמר דבר אלא משך בכתפיו. התנהגותו של אוגורה, למען האמת, לא ממש מצאה חן בעיניו. אוגורה, שאמור להתחתן עוד כחצי שנה, במהלך ה"גולדן וִויק", שבוע הזהב של סוף אפריל-תחילת מאי, עם אחיינית הקיסר, גילה חוסר זהירות. אם לא יהיה זהיר יותר בקשריו עם נשים, בלשי אגף הטקס הקיסרי יגלו את מעלליו וחסל סדר חתונה. כל המבצע שתכננו בקפידה עלול לרדת בשל כך לטִמְיון. קיטמורה המשיך לשתוק, ורק הקמטים בפניו, ובעיקר במצחו, הפכו לעמוקים וזועפים יותר. לאחר נסיעה של כחצי שעה יצאו מחוץ לעיירה והחלו לטפס בכביש מתפתל במעלה ההר. בערך באמצע הדרך למעלה הגיעו לגשר מעל נקיק שבתחתיתו, כמאה מטר מתחתם, זרם בשצף נחל קטן. מימיו דילגו מסלע לסלע ומסביבם השתרע יער מרהיב של עצי אורן, אלון ומומיג'י. לפני שעברו את הגשר נעצרו במחסום ולצדו שלט גדול נושא כתובת: "האקובה-יאמה (הר האקובה), שטח פרטי, אין מעבר." ליד המחסום היה ביתן קטן ושומר לבוש מדים יצא ממנו. על חזה מעילו רקום היה סמל הכת - פירמידה בצבע זהב שבמרכזה עין בצבע כחול ומעליה שמש צהובה שקרניה יוצאות לכל עבר. השומר היה מנומנם, ואפשר היה להבין אותו, מכיוון שלא רבים הגיעו ביום קר זה להר. אולם ברגע שראה את המכונית הצדיע ופתח בלא אומר את המחסום. המכונית עברה את הגשר והמשיכה לטפס בכביש הצר המתפתל במעלה ההר. לאחר כמה דקות הגיעו סמוך לפסגת ההר ושם נעצרו ברחבה המרוצפת במרצפות שיש גדולות.

הם יצאו מהמכונית ופסעו לכיוון הקצה הרחוק של הרחבה, שגג עץ הנתמך על ידי ארבעה עמודי עץ ניצב מעליה. מתחת לגג העץ עמדו קיטמורה ואוגורה ופניהם לכיוון פסגת ההר המחודדת שניצבה כחמישים מטרים מעליהם. מדרגות תלולות נמתחו מסמוך למקום שעמדו בו ועד לפסגה. לרגלי המדרגות היה שער ברזל נעול. השניים ידעו היטב שרק הכוהנת הגדולה עוברת בשער הזה, ורק פעם אחת בשנה, בבוקר היום הראשון מתוך שלושת ימי חגיגות הסתיו. החגיגות חלות ביום ראשון, שני ושלישי האחרונים באוקטובר, בכל שנה. אז מטפסת הכוהנת במדרגות עד לפסגת ההר, שם ניצבת הפירמידה הקטנה הבנויה מלבנים בצבע זהב שבמרכזה מצוירת עין כחולה. מול הפירמידה הכוהנת קדה ומבצעת טקס סודי שאותו לא ניתן לראות מלמטה, ואחרי כחצי שעה היא מסתובבת ויורדת חזרה. השניים הרימו מבטם והביטו בפירמידה שבראש המדרגות, כרעו על ברכיהם והניחו את מצחם על רצפת השיש הקרה. באטיות ובקול רם אמרו וחזרו ואמרו מאה ושתים-עשרה פעמים, בכוונה גדולה את נוסח התפילה הקבועה "נאמוּ מיוֹהוֹ רֶן גֶה קְיוֹ," אני נאמן לסוטרת הלוטוס הקדושה. מספר החזרות על המנטרה היו כמניין שנותיו של מייסד הכת, קצואו-סאמא הקדוש, שגם אם עלה השמימה לפני עשרים שנה, עדיין נחשב לקדוש החי בלבבותיהם.

אחר כך קמו, קדו קידה קלה לכיוון הפירמידה שבתוכה, לצדו של פסל זהב של הבודהה, טמון כד הברונזה עם אפרו של הקדוש, וחזרו למכונית. קיטמורה לכסן מבטו לעבר אוגורה ותהה, לא בפעם הראשונה, עד כמה עמוקה אמונתו של אוגורה ואם הכול רק חלק ממשחק מרושע מצדו כדי להשיג עוד כסף ועוד כוח. אוגורה, שחש בפקפוקו של הזקן, גיחך בלבו וחשב "אילו רק ידע את האמת."

הם הגיעו למרכז האקובה, מרחק של כחצי שעה נסיעה מההר, ונכנסו לבניין לא גדול שגובהו שלוש קומות, הבנוי מִלְבנים אדומות. על דלת הכניסה הגדולה מעץ היה מוטבע סמל הכת. הבניין היה יוצא דופן בעיירה

שמרבית בתיה היו בנויים עץ עם גגות רעפים, כיאה למקום שמרבית תושביו עוסקים בתיירות פנים של סקי בחורף ושל טיולים רגליים בקיץ. בכניסה חלצו השניים את נעליהם ונעלו כפכפים שהונחו ליד ארון העץ שנראה כמו תיבת דואר, מכיוון שבחזיתו היה חריץ להכנסת מעטפות. המאמינים, עולי הרגל מרחבי יפן המגיעים לבניין לטיפול ברייקי לפני שהם הולכים לטקסים במקדש הכת, מכניסים לחריץ מעטפות עם תשלום לטיפול. התשלום אינו קבוע מראש, וכל מטופל שם במעטפה סכום כסף כאוות נפשו. במשך השנים הרבות מאז נפתח הבניין, לא נמצאה בארון העץ מעטפה שבה פחות מעשרת אלפים ין (כמאה דולר).

השניים עלו לקומה השנייה, למלתחה, החליפו את בגדיהם ליוקטה ונכנסו לאולם הטיפול הגדול, שגודלו כגודל אולם כדורסל ורצפתו מכוסה כולה פרקט. על הרצפה היו מונחים, בשורות מסודרות, מזרנים דקים ולצדם ישבו מטפלים בכריעה כשרגליהם מקופלות והמתינו למטופליהם. אוגורה עמד בכניסה לאולם וחיפש בעיניו את המטפלת החביבה עליו. היא טיפלה באישה מבוגרת בצדו השמאלי של האולם ואוגורה המתין עד שהרימה ראשה ואז נפנף לה בידו. היא הנידה קלות בראשה וחזרה לאישה שלמרגלותיה. אוגורה התיישב על כורסת עיסוי מחוץ לאולם והמתין שהירוקו תקרא לו. קיטמורה בינתיים כבר שכב על גבו על מזרן כשעיניו עצומות, קרוב לכניסה לאולם, ומטפלת נמוכה בגיל העמידה העבירה ידיה על גופו. על פניו הייתה הבעה שלֵווה, למרות שעברו רק כשתי דקות מתחילת הטיפול.

אחרי המתנה של כעשר דקות הופיעה הירוקו. היא הרכינה ראשה לפני אוגורה ופסעה בחינניות בצעדים קטנים לעבר המזרן שלה, כשאוגורה אחריה. כמעט ברגע שנשכב על המזרן הרגיש אוגורה את החום הקורן מידיה של הירוקו, כשהעבירה אותן באטיות לאורך גופו בלי שידיה ייגעו בו. תמיד אמר לעצמו, אחרי טיפול כזה, שינסה לברר אצל רופאים או מדענים את סוד קרינת החום ברייקי, אולם עד כה לא עשה זאת. גם

הפעם, עם תחילת הרגשת החמימות, עלתה שוב המחשבה בלבו, אבל נעלמה כמעט מיד לאחר שהופיעה, ומוחו התמכר ונכנע להנאה ולרוגע. בתום שעת הטיפול הרגיש אוגורה שגופו קל כנוצה ושהוא כמעט מרחף. הוא קם ולחש על אוזנה של הירוקו, בזמן שדחף את ידו לתוך היוקטה שלה וחפן את שדה בלי שאף אדם מהנוכחים יראה, "ניפגש הערב בשעה עשר במקום הקבוע." היא הנהנה קלות תוך שלכסנה מבטה לצדדים כדי להיות בטוחה שאיש לא ראה מה הוא עשה. הוא יצא ואסף בדרכו את קיטמורה, שכבר המתין בחוץ על הכורסה. הם ירדו לקומה הראשונה, קומת המשרדים של הכת, שם נכנסו למשרד קטן שהעמידה הכוהנת הגדולה לשימושו של אוגורה. הוא הדליק את המחשב, תקתק במהירות את כתובת האי-מייל שלו וחייך כשראה בקובץ הנכנס את הצילומים הלוהטים של אפי ושו-קו, מהמצלמה הנסתרת שהציבו בחדרם במלון האהבה. הצילומים היו באיכות מעולה וכך גם היו צילומי הזוג כשיצאו יחד מהמלון. הוא הדפיס את הצילומים במדפסת האפסון פוטו המחוברת למחשב והניח את הצילומים בתיקו. הנהג המתין בחוץ והסיע אותם למקדש. כשהגיעו, הלך קיטמורה להתפלל באולם תפילה קטן הצמוד לאולם הכניסה העצום, ואילו אוגורה שם פעמיו הישר לחדרה של הכוהנת.

פרק ט"ו

הכפר האקובה, יום רביעי

נפלאות האל
בחיפושית זבל
מתגלים

הכוהנת הגדולה, או בשמה הרגיל מאצוּאוֹ שִינְקוֹ, ישבה בחדרה וחשבה על אוגורה העושה דרכו אליה מטוקיו הרחוקה. היא לא אהבה אותו. למרות שהיה נצר לאחת ממשפחות האצולה העתיקות והחשובות ביפן, לא היה בו עידון. הוא היה גס ואלים אם כי, הודתה בינה לבין עצמה בחיוך קל, הוא מאהב טוב. וחוץ מזה הוא יביא תועלת עצומה לכת ובעצם יציל אותה מכליה, לא פחות. או-אז נזכרה באביה, וכמו תמיד מילאו דמעות את עיניה, כשחשבה על האיש הכריזמטי שידע גם להיות אב מסור, אם כי הוא מעולם לא היה שייך רק לה. במיוחד לא לאחר ההתגלות האלוהית שהראתה לו את הדרך, ומתוך הריסותיה של יפן, אחרי מלחמת העולם השנייה, ייסד דת חדשה. הדת החדשה שנתנה תקווה למאות אלפי המאמינים שהלכו אחריו. לאביה הייתה חנות קטנה סמוך לרובע השעשועים גיון בעיר הבירה העתיקה קיוטו. בחנות מכרה משפחתו אוסנבה (עוגיות אורז), שנאפו במטבח ביתם הצמוד לאחורי החנות מזה ארבעה דורות. הודות למיקומה הטוב של החנות, פקדו אותה קונים אמידים רבים שעלו לרגל כל ימות השנה לזרועותיהן של

הגיישות בבתי העץ הצבועים שחור ברובע גיון, וגם אלה בעלי האמצעים המוגבלים יותר, שהסתפקו בזרועותיהן ובחיקן של הזונות הרגילות.

יחד עם היותו סוחר, היה אחד המאמינים המסורים ביותר של הכת הבודהיסטית הגדולה ביפן – כת ה"שינגון". בדומה לחבריו לכת, תמיד החזיק בידו את חרוזי התפילה ובכל דקה פנויה מילמל את המנטרה הקבועה, "נאמו מיוהו רן גה קיו", בתקווה להגיע בדרך זו להארה. לכבודו של הבודהה עלה לרגל מצואו-סאמא, והוא רק בן שמונה-עשרה, להר היאיי הקדוש שליד קיוטו ובדרך, שנמשכה שלושה חודשים, עבר גם בכל שמונים ושמונה התחנות שעוברים אותן עולי הרגל האדוקים ביותר באי שיקוקו. כמותם, הלך לבוש לבן, לרגליו סנדלים ובידו מקל שסייע להליכתו. בראש המקל חרוטה הייתה דמותו של הבודהה. כבודהיסט אדוק לא היה אמור לתמוך במשטר המיליטריסטי ששטף את יפן לפני מלחמת העולם השנייה ובמהלכה, או כפי שהיפנים קראו לה "המערכה הפסיפית הגדולה", אולם הפטריוטיות סחפה גם אותו. אמנם היה בן שלושים וחמש ומבוגר מכדי להישלח לחזית ולהילחם, אבל הוא עבר קורס עזרה ראשונה והתנדב לעזור לצוותי האמבולנסים בבית החולים המקומי "ניסקי" (הצלב האדום). בגלל המלחמה, לא הגיעו לקוחות רבים לחנותו והיה לו זמן רב פנוי. גם מרבית הזונות עברו מרובע השעשועים לקרבת מחנות הצבא. למזלו ולמזלם של תושבי קיוטו, נמנעו האמריקאים מלהפציץ את העיר העתיקה הזאת והתמקדו באוסקה הסמוכה, בהירושימה ובערים אחרות, שם היו מפעלי הנשק הגדולים ומנמליהן יצאו ספינות המלחמה היפניות לרחבי האוקיינוס השקט.

מצואו היה חרוץ והפך במהרה לחובש מצוין. זאת הייתה הסיבה שהיה בין הראשונים שנשלחו לסייע לקבוצת הרופאים שנסעה בחיפזון מקיוטו להירושימה לטפל בנפגעי פצצת האטום "ילד קטן", שהטיל על הירושימה צוות המטוס האמריקאי "אנולה גיי". במשך חודש כמעט לא ישן. הוא חטף תנומות קצרות בין משמרת אחת לשנייה, שבהן חבש את

הכוויות האיומות באבריהם השרופים והמעוותים של תושבי הירושימה. הוא מרח משחות, השקה וניסה להאכיל את הפצועים שמתו מול עיניו בקצב הולך וגובר. אחרי חודש נעלם. הוא לא יכול היה לשאת יותר את הסיוטים שרדפו אותו. ארז בצרור קטן את חפציו המעטים ויצא ברגל למקום השליו היחיד שהכיר - מקדש שינגון בהר היאיי. הנזירים, שהכירו אותו מביקוריו התכופים במקדש לפני המלחמה, זיהו אותו רק אחרי זמן מה, מכיוון ששערו הלבין וקמטים חרשו את פניו. הם הבחינו במצוקתו הנפשית והניחו לו. אמנם הוא קם אִתם כל יום בחמש בבוקר, קרצף את רצפת העץ של המקדש, אכל את קערת האורז עם הירקות המבושלים ומלמל ללא הרף את המנטרה "נאמו מיוהו רן גה קיו", אולם מלבד התפילה כמעט לא הוציא הגה מפיו. הוא האריך במדיטציה ובקריאת סוטרת הלוטוס וחשב שנפשו הולכת ונרפאת, עד אותו יום שהצטרף בו לחבריו הנזירים שהתגודדו מסביב למכשיר הרדיו בחדר של ראש המנזר ושמע את נאומו של הקיסר הירוהיטו, שהודיע בו על כניעתה של יפן ועל כך שאינו אל יותר אלא אדם בשר ודם. מצוואו התפרק לגמרי. הוא התעלף והנזירים נשאו אותו והשכיבו אותו על המחצלת שלו. שלושה ימים שכב על המחצלת בלי שאכל או שתה, והנזירים המודאגים באו לעתים תכופות לבדוק את מצבו והרטיבו מדֵי פעם את שפתיו.

ביום השלישי קם, אכל, לרווחתם של הנזירים, קערת אורז וירקות, שתה כוס תה, הודה על שאירחו אותו וטיפלו בו, לקח את צרורו והלך. אחרי חודש הופיע בחנותו בקיוטו והבהיל את בני משפחתו. שערו הלבן הארוך היה מלוכלך ומלא עלים, ענפים וחתיכות אדמה. לסנטרו צימח זקנקן תיש, רגליו היחפות היו שחורות ובגדיו קרועים ומזוהמים. היכן היה ואיך התקיים בחודש זה, לא סיפר לאיש. אחרי שהתרחץ, אסף את משפחתו ולהפתעתם אמר להם בקול שקט, קול שליו שעמד בסתירה לדברים הדרמטיים ששינו את מהלך חייהם:

"ארצנו האהובה זקוקה לדרך חדשה. ראיתי את כישלון הדרך הישנה ואת הזוועות שהיא הביאה עלינו. הקיסר עצמו ציווה עלינו להשתנות, וכך עלינו לעשות. אינני יודע מדוע, אבל אני הקטן נבחרתי להראות לכולם את הדרך החדשה ולהוביל אותם אליה. הבודהה התגלה בפניי מספר פעמים בדרכי לכאן והדריך אותי במסתורי האמת העליונה. הוא הראה לי את מה שהיה חסר בדרך כת השינגון, כדי להגיע להארה וכדי לסחוף את כולם אחריה. מה שחסר הוא להפוך אותה לכת עולמית שתדבר אל לבם של מאמינים בכל מקום. אלה יוכלו למצוא בה מרכיבים המוכרים להם בדתם שלהם." הוא הביט במשפחתו וראה פרצופים המומים.

"האמינו לי," המשיך, "אני יודע את הדרך, ואתם תובילו את כולם אליה, יחד אִתי. אני עומד לבנות מקדש בכפר האקובה כפי שהורה לי הבודהה. במקדש נאחד את הדתות האחרות שבכל אחת מהן נמצאת גם כן חלק מהאמת האלוהית. שער הכניסה יהיה שער טוריי של דת השינטו, צלב גדול יקשט את דלת הכניסה, הגג יהיה בצורת סהר המייצג את האסלאם ובמרכז אולם הכניסה יוטבע ברצפה מגן דוד. בחצר המקדש נציב פירמידה קטנה שבצדה האחד תצויר שמש ובצדה האחר עין כחולה ולידה תבער אש-תמיד לציון הדתות העתיקות של מצרים, פרס ודרום אמריקה. בתוך הפירמידה יהיה פסל זהב של הבודהה. סוטרת הלוטוס תאחד את כולם."

בתחילה השתמש מצואו בחנותו כמקדש וכמרכז הכת החדשה, שלה קרא "כת האמת האלוהית העולמית". את תורתו הפיץ בדרשות שערך בפארקים, בפתחי מקומות ציבוריים כמו מסעדות, באולמות שבהם הציגו הצגות קבוקי ונו ובאולמות קולנוע. הכריזמה שלו משכה אל דרשותיו קהל רב, ורבים מהם הצטרפו כחברים. המצב הכלכלי הקשה ביפן של אחרי המלחמה והשבר הדתי והפוליטי שנוצר בחברה ובלבותיהם של האנשים אחרי התבוסה, הכניעה והכיבוש האמריקאי, גרמו להם לחפש מזור לנפשם המעונה. אלה שהיה להם כסף, תרמו לכת כמה שיכלו.

האחרים הביאו כתרומה אוכל או חפצים שונים, חלקם ישנים, שהיו בביתם. בעזרת הכישרון העסקי שלו השקיע מצואו את הכסף בחוכמה בעסקים שונים ובנכסי דלא ניידי והצליח, תוך כמה שנים, להגדיל את הונה של הכת כך שיכול היה לפתוח סניפים ברחבי יפן. הכת משכה אליה בעיקר עקרות בית, חקלאים, בעלי עסקים קטנים, פועלים קשי יום ומובטלים. אלה ביקשו להשתייך למסגרת כלשהי אחרי התפרקות המסגרות האחרות. סיפורים על מעשי נסים, ריפוי פְּלאי של חולי סרטן סופניים, מרותקים לכיסאות גלגלים שלפתע קמו והחלו ללכת וכיוצא באלה החלו להתגלגל מפה לאוזן. אחרי עשר שנים כבר מנתה הכת שני מיליון מאמינים ומצואו הצליח לאסוף מספיק אמצעים שאפשרו לו להתחיל לבנות את המקדש שחלם עליו, בכפר האקובה. הבנייה ארכה יותר מחמש שנים ועוררה התלהבות רבה בקרב המאמינים, חברי הכת, שבאו בהמוניהם לבנות במו ידיהם. כשמת, ירשה בטבעיות שינקו, בתו הבכורה, את מקומו כמנהיגת הכת.

פרק ט"ז

טוקיו, עדיין יום רביעי

סגריר,
גם ארוחת הבוקר
מעוננת

תענוג היה לראות את שו-קו זוללת סושי. היא הייתה מורעבת. גם אני. שתינו תה חם וטרפנו סושי אחד אחרי השני. אבי-חסילון, אונאגי-צלופח, איקה-דיונון, מאגורו-טונה היקר מכולם וכמובן אוני-הפנים של קיפוד הים, הגועל נפש הצהוב-ירוק, שנראה כמו משהו שמוציאים מהפה ולא כמו משהו שאוכלים, אבל מה לעשות שאני אוהב את זה יותר מכל סוגי הסושי האחרים. הכול היה טרי לגמרי. עדיין עם ריח הים. בשעת הארוחה ראינו דרך חלון המסעדה הפונה לרחוב את השחר מפציע. לאט-לאט גברה תנועת האנשים והמכוניות בחוץ. בשש וחצי בבוקר יצאנו מהמסעדה. עדיין היה קר, והשמים היו מעוננים. מזג אוויר די מדכא, בסך הכול. היפנית הקטנה שלי עלתה על מונית ונסעה לביתה.

אני נסעתי לביתי. מכונית הצלמים נסעה אחריי וחנתה מעבר לפינת הרחוב שאני גר בו. הגעתי בדיוק בזמן ההכנות של הילדים לבית הספר ושל אשתי לעבודה. בכניסה לבית חלצתי את הנעליים ושמתי אותן בארונית הקטנה ליד דלת הכניסה. נעלתי את נעלי הבית ואמרתי בקול

גבוה ובשמחה מעושה משהו: "בוקר טוב לכולם. מה העניינים?" נכנסתי למטבח וניסיתי לתת נשיקה לעופרה. היא סובבה את פניה ממני ויצא לי רק להחליק מן רפרוף על לחייה. אחר כך הביטה בעיניי ושאלה: "זבדי, יש משהו שאני צריכה לדעת עליו? נעלמת מאתמול בערב בלי לטלפן ולהודיע איפה אתה ומתי תחזור. גם כשאתה נעלם לכמה ימים בענייני עבודה, אתה תמיד מודיע." כשסובבה את פניה ממני השליתי את עצמי שעשתה זאת במקרה, אבל ברגע שקראה לי זבדי, ידעתי שהיא כועסת. בלי למצמץ עניתי את התשובה שחשבתי עליה בדרך הביתה: "יש איזה סיפור חדש שקשור לעבודה, ואני עכשיו באמצע הטיפול בו (זה לא היה שקר מוחלט). יכול להיות שאיעדר מדֵי פעם לכמה ימים בלי להודיע. העסק מסובך ויכול להיות גם מסוכן. אל תדאגי."

ראיתי דאגה בעיניה ולהפתעתי אפילו הדאגה שלה אליי לא גרמה לי ייסורי מצפון על שבגדתי בה עם שו-קו. כנראה במקום כלשהו האהבה הפכה להרגל נוח ולא יותר. אנחנו יחד מכיתה י"א, מימי התיכון ליד האוניברסיטה בירושלים. אפילו בצבא היינו יחד, כשעופרה הייתה סמלת תנאי שירות של סיירת גולני. תמיד הפליאה אותי העקשנות שלה. למרות האסטמה שלקתה בה בגיל שנתיים, הצליחה לשכנע את רופאי לשכת הגיוס לא להוריד לה פרופיל. אחר כך, בבקו"ם, לא הרפתה עד שהגיעה לאותה יחידה ששירתִי בה. מצד שני, שו-קו סביר להניח היא סתם סטוץ נהדר שלא יהיה לו המשך. נחיה ונראה. בכל אופן, ידעתי שהצלמים שצילמו אותי ואת שו-קו יחד לא ירפו, ושאם הצילומים יגיעו לאשתי - טוב לא יֵצא מזה. תמיד חלמתי להיות כמו אותו דיפלומט צרפתי שהסובייטים צילמו בתנוחות לוהטות עם רוסייה צעירה ואיימו לשלוח את הצילומים לאשתו אם לא יסכים לרגל למענם. תשובתו הנון-שלנטית הייתה שיעשו מה שהם רוצים, אבל שישלחו לו עותק מהתמונות למזכרת. באמצע המחשבות המעוודדות האלה, שמעתי פתאום מחלון הסלון את הילדים צועקים בהתלהבות: "אבא, איזה אוטו יפה הבאת. תוכל להסיע אותנו לבית הספר באוטו החדש?" הבטחתי שאקח אותם לסיבוב, אם היגואר

יישאר ברשותי. לאשתי אמרתי, לפני שהספיקה לשאול, שגם המכונית היא חלק מהמשימה שאני עובד עליה עכשיו, ושאם אוכל אספר לה הכול אחרי שהיא תיגמר. נישקתי את תמר ואורי לשלום, ואשתי לקחה אותם לתחנת ההסעה לבית הספר והמשיכה משם לעבודה. ידעתי שבשיחות הטלפון שעליי לעשות אוכל להתחיל רק אחרי תשע בבוקר, ובינתיים נשכבתי לנוח. כיוונתי את השעון המעורר לתשע, במקרה שאירדם, וכמעט מיד נרדמתי. לא מפליא, לאחר לילה ארוך ללא שינה.

לאחר שהתעוררתי, התקלחתי ושתיתי כוס קפה חזק, פתחתי את ספר הטלפונים בפאלם פיילוט וחייגתי מאחד מהטלפונים הניידים שקיבלתי מהאגף הטכני שלנו. אחרי שני צלצולים ענה ג'ומוֹנְגִ'י-סאן: "מוֹשי מוֹשי אֶפי-סאן דֶסוּקָה?" ("הלו, האם זה אפי?") תיארתי לעצמי שהוא יודע שאני אחד הבודדים המטלפנים אליו ממספר טלפון לא מוכר. קבענו להיפגש באחת-עשרה, בבית הקפה שמול בניין משרד ההגנה שנמצא בו גם משרדו, ליד הכניסה הדרומית של תחנת הרכבת יוֹצוּיָה. על ג'ומונג'י ידעתי שאפשר לסמוך בעיניים עצומות. שמו הפרטי של ג'ומונג'י היה קצוהירו, אולם מעטים מחוץ למשפחתו הקרובה קראו לו בשם זה. הוא עמד בראש אחת היחידות הסודיות ביותר ב"כוחות להגנה עצמית" שהיוו בעצם את הצבא היפני. לאחר מלחמת העולם השנייה אסרה החוקה על יפן להחזיק צבא, אבל הגנרל האמריקאי מקארתור, בחוכמתו האינסופית, שכנע את היפנים להקים צבא משהחלה המלחמה הקרה. כדי לא להפר את החוקה נקרא הצבא "הכוחות להגנה עצמית". תמיד חשבתי שמשונה שלמדינה ללא צבא של ממש יש תקציב צבאי בין הגבוהים בעולם. למרות התקציב העצום, לא היו לכוחות להגנה עצמית כוחות מיוחדים למשימות סודיות של איסוף מודיעין או לתקיפה נקודתית מהירה. האמת שהכוחות המיוחדים לא היו נחוצים, מכיוון שהאמריקאים סיפקו להם מטריית הגנה נגד כל תוקפן אפשרי. הצורך ביחידת קומנדו קטנה התעורר במלחמת המפרץ הראשונה, כשהרודן סדאם חוסיין לקח בני לאומים שונים מעיראק, ובהם יפנים רבים, כבני

ערובה. היפנים, האטיים בדרך כלל, פעלו הפעם במהירות גדולה וצירפו ליחידת "דלתא" האמריקאית עשרה קצינים צעירים ומבטיחים מחיל הרגלים שלהם שבראשם עמד קפטן ג'ומונג'י.

אבי-סבו היה סמוראי וסבו היה קצין בחיל הים במלחמת העולם השנייה. אביו היה בין מקימי הכוחות להגנה עצמית ושימש פקיד בכיר בסוכנות להגנה עצמית, שהוא המקבילה למשרדי ההגנה במדינות אחרות. המסורת הצבאית של משפחתו, האידאולוגיה השמרנית שירש מאבותיו ושאפתנות גדולה, סייעו לג'ומונג'י הנבון להתקדם במהירות ולהיות מסומן כאחד הקצינים המיועדים להנהיג את הצבא בעתיד. קצוהירו ואנשיו סייעו לכוחות האמריקאים בשחרור בני הערובה היפנים בעיראק. בשנים שאחרי מלחמת המפרץ הם הקימו יחידת קומנדו למופת, בסיוע רב של כוחות מיוחדים ישראלים, ואף התאמנו במקומות שונים בעולם עם סיירת מטכ"ל. אני תיאמתי את הקשר ביניהם ועזרתי בייעוץ ובאביזרים טכניים למבצעים שונים של היחידה היפנית. עיקר מבצעיהם היו בצפון קוריאה, לשם חדרו בחשאי לצורך צילום אתרי טילים וכורים גרעיניים. קצוהירו לא זז בלי אקדח היריחו שעליו חרות שמו של מפקד סיירת מטכ"ל, שהענקתי לו אותו במתנה ביום הולדת השלושים וחמישה שלו. חיילי היחידה כינו אותה "יחידת הקאמיקאזה", כשמה של "רוח האלים" שהטביעה את אוניות המונגולים כשניסו לפלוש ליפן במאה השלוש-עשרה וכשמם של הטייסים המתאבדים במלחמת העולם השנייה. דבר קיומה של ה"קאמיקאזה" ידוע רק למעטים מאוד, והוא אסור בתכלית האיסור על פי החוקה. ככל שפחות אנשים יכירו אותה, כן ייטב.

הטלפון השני היה לחזי, הסגן שלי בחוליית המוסד ביפן. לשעבר איש הקומנדו הימי, ועכשיו מנהל רשת של מוכרי תמונות באזור טוקיו והערים שמסביבה. בעסקיו הוא מעסיק מאות צעירים וצעירות ישראלים בוגרי צבא המגיעים ליפן לאסוף כסף להמשך הטיול הגדול הנמשך לעתים יותר משנה בהודו ובמזרח הרחוק. הוא משכיר לחבר'ה כלי רכב מסחריים

להובלת התמונות ושולחנות לדוכנים שהם מציבים ליד תחנות רכבת ובאזורים הומי אדם אחרים. הוא גם עוזר להם להגיע להסדר עם אנשי היאקוזה השולטים באזור, שייתנו להם למכור את תמונותיהם שם. בדרך כלל מהות ההֶסדר היא תשלום של כעשרה אחוזים ממכירותיהם ליאקוזה. איש לא חושד בחזי שעבודתו היא כיסוי בלבד. גם אשתו קייקו לא חושדת בכלום. אפילו אנשי המאפיה הבת-ימית, שניסו להשתלט על עסקיו בכוח וחטפו מכות נמרצות עד שחלקם אושפזו בבית חולים לתקופות ארוכות, משוכנעים שחזי מקושר ליאקוזה (עובדה נכונה) וזוכה מהם להגנה. קבעתי אתו בבֵיתי בעשר. הוא לא שאל בטלפון למה, ואני לא אמרתי.

השיחה האחרונה שלי הייתה לעוזר שלי, איקדה-קון, שהפתיע לטובה ובתוך כרבע שעה הגיע אליי והביא את האביזרים שביקשתי ממנו: המצלמה והדיסק-און-קי שלי ומשקפיים שנראו כמו משקפי ראייה והכילו בתוכם מצלמה זעירה בלתי נראית. בעזרת מכשיר שגודלו כקופסת גפרורים המונח בכיסי, אפשר לצלם ולהקליט את כל מה שאני מביט בו.

הספקתי להתקלח ולהתגלח לפני שחזי הגיע, ויחד ירדנו לרכב, לא לפני שהוצאתי את הברטה שלי מהכספת והחלקתי את האקדח לנרתיק שחיברתי לחגורת המכנסיים. "שובב. הסתדרת לא רע," לכסן אליי מבטו, אחרי שסקר את היגואר. "אני אסביר לך הכול מאוחר יותר," השבתי קצרות. "מה שאני צריך עכשיו זאת התחמקות פשוטה ממעקב. אתה תנהג ברכב וכשאגיד לך, תעצור לשנייה, אני אצא, ואתה תמשיך לנסוע. הרעיון הוא שהעוקבים יחשבו שאני עדיין יושב לידך במכונית. תחנה את הרכב בפתח בניין בגינזה." נתתי לו את הכתובת של הבר שבו עובדת שו-קו, וחזי הביט בי ואמר: "שובב גדול. במה אתה מעורב הפעם? מכוניות יפות, ברים יוקרתיים, עוד מעט תתחיל לעשן ותצא עם בחורות," גיחך. לא עניתי. נכנסנו ליגואר, סגרנו את הגג מעלינו, וחזי התחיל לנסוע. כמעט מיד הבחין במכונית העוקבים וסימן לי להתחיל

לנפח. לא הייתי צריך את הסימן שלו. הוצאתי מתיקי את הבובה המתנפחת ובמהירות התחלתי לנפח אותה. חזי לא הצליח להתאפק וחזר על בדיחת הקרש החבוטה מקורס ההתחמקות ממעקב: "לפי איך שהשדיים שלה מתמלאים והפטמות נעמדות, אני חושב שהיא מה זה חמה עליך. לך על זה, מותק." לא עניתי, ואחרי שסיימתי לנפח חיכיתי שנפנה לרחוב אחר, כך שנהיה לרגע מוסתרים מהרכב העוקב. חזי האט ואני קפצתי מהרכב, לא לפני שזרקתי לו: "כולה שלך, תיהנה, יא חרמן." עוד הספקתי לראות אותו מיישר את הבובה בכיסא שבו ישבתי לפני רגע. נעמדתי מוסתר בפינת בניין וראיתי לשמחתי שהטויוטה המשיכה לנסוע אחרי היגואר. היו כמה עוברי אורח שהביטו בי במבט מוזר, אבל מיד סובבו את פניהם, מתעלמים מהאיש המוזר שקפץ מרכב נוסע ובכיסאו יושבת בובה מתנפחת. הם בטח חשבו לעצמם: "גאיג'ינים מוזרים וסוטים. לְמַה כבר אפשר לצפות מהם?"

נסעתי ברכבת העילית בקו סוֹבּוּ לתחנת יוצויה, וחיכיתי כחמש דקות בבית הקפה עד שג'ומונג'י הגיע. הוא היה מצונן וניגב כל הזמן בממחטה את אפו הדולף. לא פלא שהצטנן במזג האוויר הקר והלח הזה. נזכרתי באשתי, שתמיד אומרת לי להפסיק להשתמש בממחטת בד ולעבור לממחטות נייר. היא לא מבינה שממחטות זה עניין של גברים. כל גבר המכבד את עצמו מבין שאי-אפשר לקחת כל הזמן חבילה של טישואים בכיס. אחרי שהתעדכנו כל אחד בחדשות המשפחתיות אצל חברו, סיפרתי לו את כל הסיפור, גם את הקטע הקשור לשו-קו. החלטתי שכדאי לספר לו את כל הפרטים. במוקדם או במאוחר הוא יגלה אותם במילא.

"קרנות M, כפי שמכנים את סוג הקרן שעליה סיפר לך אוגורה..." אמר ג'ומונג'י, אחרי כמה דקות של הרהור ולגימת קפה, "...הן עוקץ ישן של רמאים מדופלמים. אתה לא הראשון, ובטח לא האחרון, שעליו מנסים לעבוד. לפי ההתקדמות הנאה שלך עם שו-קו, ייתכן שהם חושבים שאתה הם מצליחים." כשראה את פניי המתכרכמות המשיך, כנראה בניסיון לנחם אותי: "הם מאוד מוכשרים והצליחו להפיל ברשתם רבים וטובים.

בדרך כלל הם סומכים על תאוות הבצע של האנשים. השיטה שלהם היא שאחרי שהקורבן משתכנע בסיפור של הקרן, הרמאים מבקשים לקבל, עד שהעניין יסתדר, תפקיד כלשהו, בדרך כלל של יועץ, במקום העבודה או בארגון שאליו שייך קורבן העוקץ. עם כרטיס הביקור הם מצליחים להשיג קו אשראי בבנק ומפזרים כספים כדי להוכיח שהם בעלי אמצעים. כך אוגורה בטח קנה את היגואר ושילם לבר שבו עובדת שו-קו."

"לא מיניתי את אוגורה כיועץ אצלי וגם לא הוצאתי לו כרטיס ביקור של המשרד. משהו לא מסתדר לי כאן," אמרתי.

ג'ומונג'י השתתק וחשב במשך כמה דקות. "גם הנקודה הזאת שהעלית וגם, בכל זאת, משהו אחר מטריד אותי," אמר. "התרגיל עם הקיסר הוא לא דבר פשוט. אנשי החצר נבדקים היטב בבדיקות ביטחוניות קפדניות לפני שהם מועסקים שם ובדרך כלל זוהי עבודה העוברת בירושה מאב לבנו במשך דורות רבים. גם הסיבה לפגישה עם הקיסר, כל פגישה, נבדקת בקפדנות, ואני מתקשה להאמין שניתן היה להשיג ברמאות פגישה כזאת, רק כדי שתחשבו שאוגורה והסיפור שלו אמיתיים."

נתתי לו את כרטיס הביקור של אוגורה, שרק שמו ומספרי הטלפון שאפשר להשיגו בהם היו רשומים עליו. "תנסה לברר בשבילי עליו ועל כל העסק הזה," ביקשתי. "אני רוצה להתיישב על זנבו ולבדוק מה הסיפור האמיתי."

ג'ומונג'י הבטיח שיבדוק ויחזור אליי עם תשובות בתוך יום-יומיים.

אחרי שנפרדנו, נסעתי שוב ברכבת העילית מתחנת יוצויה בקו יאמאנוטֶה לתחנת איקֶבּוּקוּרוֹ, ומשם במונית לדירתו של קיטמורה הזקן, שהייתה בבית דירות קטן ברחוב צדדי ושקט, הנמצא מרחק הליכה ממרכז קניות וממועדון שו-גי (שח יפני). במועדון השו-גי, כך ידעתי, הוא מבלה את מרבית זמנו, ואולי הוא נמצא שם גם כעת. נסעתי, לא לפני שטלפנתי לביתו ווידאתי שהוא אינו בבית. קיוויתי שלא ישוב בְּמהרה. לפחות לא לפני שאסיים את מה שבאתי לעשות. עם סט מפתחות המאסטר שלי לא נתקלתי בבעיה מיוחדת לפתוח את דלת דירתו. תמיד הצחיקו

אותי הפורצים בסרטים שפותחים דלתות עם כרטיסי אשראי או עם מהדק ניירות. אין כמו סט מפתחות מאסטר של כמה מסוגי המנעולים הנפוצים ביותר. המנעול בביתו היה פשוט, ולא הייתה בדירה אזעקה, בדומה למרבית הדירות ביפן. הדירה הייתה קטנטנה. מעבר לדלת הייתה מבואה זעירה שבה חלצו נעליים שהונחו בארונית שבצד שמאל. מיד אחר כך מטבחון ובו כיריים של גז, די מזוהמים משאריות שומן שחלקן עתיקות למראה. היה גם מיקרוגל קטן, מכשיר חשמלי לאידוי אורז, מקרר בגודל של מיני-בר בחדרי בתי מלון, וכיור וכמה כלים מלוכלכים בו. דלת לצד ימין הובילה לחדרון שהיו בו שירותים, כיור ואופורו. בהמשך המטבח היה חדר מגורים לא גדול שהופך בלילה לחדר שינה, עם רצפת טאטאמי, ושולחן אוכל נמוך שמסביבו שלושה זאבּוּטוֹנים (כריות ישיבה עם משענת גב).

בפינה הימנית המרוחקת היה שולחן כתיבה קטן ומחשב נייד משוכלל ביותר מתוצרת חברת NEC מונח עליו, כמו גם המדפסת שהייתה מחוברת אליו. המחשב היה אחד הסימנים הבודדים בדירה שהזקן בעצם עשיר. ידעתי מהתיק שהיה במשרדי על קיטמורה, שבעבר הייתה לו חברה לנדל"ן. בימי ה"בועה" של המשק היפני, בשנות השמונים, כשמטר מרובע של קרקע באזורים היקרים של טוקיו עלה כשבעים אלף דולר, הרוויח הוא הון תועפות מעסקי קרקעות ובניין. שנים רבות ניסה, ללא הצלחה, לשכנע את בנו היחיד יוקיו ללמוד את עסקי הנדל"ן כדי שבבוא היום ינהל את החברה במקומו. הבן כלל לא התעניין בעסקי אביו ולא רצה לעסוק בכך. כנראה שהיה גם לא יוצלח בענייני עסקים.

את יוקיו פגשתי בעבר בכמה קונצרטים שאביו ארגן למענו. הוא ניגן בכינור, וכדי לקדם את הקריירה המוזיקלית שלו שכר אביו אולמות, שהזמין אליהם את מכריו הרבים ובהם גם אותי. לדעתי הבלתי משוחדת, אולם גם חסרת הידע המוזיקלי, הבן ניגן פשוט זוועה. איני אוהב כינור ובמיוחד לא כשהוא חורק, ויוקיו חרק הרבה. זכרתי אותו כבחור רזה,

באופן כמעט חולני, בעל שיער ארוך ולא מסודר, משקפי ראייה גדולים, ובגדים התלויים עליו כאילו הם גדולים בכמה מספרים ממידתו. הופעה משונה לבחור בן יותר מארבעים ועוד נשוי. לכן, בגיל שבעים, כשרצה קיטמורה לצאת לגמלאות, העדיף למכור תמורת סכום נאה את חברת התיווך שלו והקדיש את זמנו לליגת הידידות יפן-ישראל שבראשה עמד.

במהירות התחברתי לשקע ה-USB במחשב שלו והעתקתי בתוך כמה דקות את המידע שבזיכרונו למקל זיכרון הפלא שלי, כפי שקראתי לדיסק-און-קי בעל זיכרון השני ג'יגה, שקניתי כמה שבועות קודם לכן. את המסמכים המעטים, בעיקר תדפיסי חשבונות בנק, שמצאתי במגירה שמתחת למחשב ועל שולחן האוכל, צילמתי במצלמת הסוני הדיגיטלית הקטנה. בדקתי את המשיבון בטלפון שלו שהיה מונח ליד המחשב הנייד. הייתה שם רק הודעה אחת מהבן שלו, יוקיו, המבקש שאביו יטלפן חזרה לסלולרי שלו. כשחשבתי שאין יותר מה לבדוק או לחפש בדירה, סידרתי בקפידה חזרה הכול ויצאתי, לא לפני שהסרטתי את הדירה במסרטה הדיגיטלית שבמשקפיי. בדרך חזרה למרכז העיר עברתי ליד בית הקפה הקטן של רשת דוטור בתחנת הרכבת הגדולה של איקבוקורו. בדרך כלל הלקוחות עומדים שם ליד שולחנות גבוהים, לוגמים במהירות את כוס הקפה שלהם, קפה לא רע, תוך כדי נגיסות בעוגה או בכריך, וממשיכים בדרכם. שמתי לב שיש בקפה פינת אינטרנט בתשלום. נכנסתי, שילמתי מאתיים ין, התיישבתי ליד המחשב, חיברתי אליו את הדיסק-און-קי ושלחתי באי-מייל לג'ומונג'י-סאן את כל הקובץ שהורדתי ממחשבו של קיטמורה.

ניצלתי את ההזדמנות ושתיתי קפה חזק כדי להישאר עירני. בדיוק כשעמדתי לקום ולצאת מבית הקפה, צלצל הטלפון הנייד הרגיל שלי, זה שמספרו רשום על כרטיס הביקור שלי. "אפי זבדי-סאן..." נשמע קול נמוך וסדוק, מן הסתם משנים של עישון סיגריות, "...הצלחת להתחמק מהמעקב שלנו, אבל האמת שאין לנו צורך בינתיים לעקוב אחריך יותר.

יש לנו כמה צילומים שיכולים להיות מאוד מביכים עבורך. אני מציע שניפגש בקרוב. אהיה אתךְ בקשר," וניתק. דמיינתי את בעל הקול כאדם קירח, רחב, שחלקה העליון של זרת ידו השמאלית חסר וסיגריה מעלה עשן תלויה לו מזווית פיו. כנראה ראיתי יותר מדַי סרטי יאקוזה. ידעתי שהתשלום על חוסר האחריות שלי עם שו-קו יגיע, אולם לא ציפיתי שיגיע כל כך מהר. ידעתי גם שאֵלה שעקבו אחריי לא היו פפרצי שנדבקו אליי וצילמו אותי כי חשבו שאני כוכב קולנוע. עם זאת, החלטתי שהיות וזה לא בידיים שלי, אין טעם להקדיש לכך מחשבה רבה מדַי. בכל מקרה אצטרך להתמודד עם זה אחר כך.

היה לי זמן רב לחשוב על כך כי החלטתי לצלול ליום-יומיים ולא לחזור הביתה או למשרד. כשעוקבים אחריך, עדיף לא להיות קרוב מדַי לבית ומוטב להיעלם לזמן מה. לקחתי חדר במלון עסקים קטן ליד תחנת הרכבת של איקבוקורו, התקלחתי והלכתי לישון. הייתי צריך מנוחה והייתה לי הרגשה שלא צפויות לי שעות שינה רבות בקרוב.

פרק י"ז

הכפר האקובה, במקדש כת האמת האלוהית העולמית, יום רביעי בערב

אדי האונסן
מכסים חטאים
בערב סתיו

אוגורה פילס דרכו אל חדרה של הכוהנת, דרך קהל רב שכבר החל למלא את המקדש, והגיע לקראת חגיגות הסתיו שיתחילו למחרת בבוקר ויגיעו לשיאן עוד שלושה ימים, ביום ראשון. מחוץ לחדר, כמו תמיד בתקופה זו, עמדו כמה עשרות מאמינים בציפייה לגעת בידו של אחד מאורחי הכוהנת לאחר שהוא יוצא מפגישה עמה. באמצעות הנגיעה, כך הם מאמינים, עוברת אליהם חלק מקדושתה. אוגורה דפק בדלת אל מול מבטיהם הסקרנים של המאמינים והוכנס פנימה על ידי המזכיר הנאמן שלה אוקודה, המשמש יד ימינה יותר מעשר שנים. אוקודה היה מודע לטיב הקשר ביניהם וקשה היה שלא להבחין בסלידתו מאוגורה, שלא עורר בו אמון. הוא היה בטוח שגבירתו עוד תאכל מרורים מהטיפוס הזה. הוא עזב את החדר והשאיר את הכוהנת ואת אוגורה לבדם. שנייה לאחר שנסגרה הדלת מאחורי גבו של אוקודה, נעלה אותה שינקו והתנפלה בתאווה על אוגורה. הוא לא ניסה אפילו להיאבק ושגל אותה כך, בעמידה, כשהיא נשענת על שולחן הכתיבה שלה. היא נשכה את

שפתיה כמעט עד זוב דם, כדי שלא לצעוק מרוב תענוג. היא ידעה שאם תצעק, יפרצו מאמיניה מיד פנימה כדי להגן על גברתם הצועקת, בוודאי ממצוקה ואז, אוי לבושה, יתפסו אותה המאמינים עם מכנסיה למטה, תרתי משמע, ויבוא הקץ למנהיגותה. הם שטפו עצמם בחדר המקלחת הצמוד, התלבשו והתיישבו על הספה לדון בענייני עסקים.

"מתוקה שלי, נפלא לראות אותך וליהנות אִתךְ כפי שנהניתי כרגע. אנחנו צריכים לעשות את זה לעתים קרובות יותר. בינתיים רציתי לעדכן אותך שההוצאות האחרונות שלי היו גבוהות ושעד שאצליח לגייס את הכסף שהבטחתי לך, אני זקוק לעשרה מיליון ין. אני מצפה שמחר, כשאחזור לטוקיו, הכסף יהיה בחשבון שלי," לחש באוזנה אוגורה בקול מתוק מדבש. "בסדר, אכניס את הכסף לחשבונך, אבל קח בחשבון שהמצב קשה. בשלושת הימים הקרובים אהיה עסוקה בטקסי חגיגות הסתיו. אני מקווה שהתרומות של המאמינים שיגיעו לחגיגות יכסו לפחות חלק מהגירעון שלנו. התנפצות בועת מחירי הנדל"ן כמעט חיסלה אותנו. כל עסקאות הנדל"ן שעשיתי, הקרקעות והבניינים שקניתי מכספי הכת, ירדו לטמיון. חלק מהנכסים נקנו בהלוואות מהבנקים. הם, מצדם, נתנו את ההלוואות על סמך נכסים אחרים שהיו לי, ששימשו כערבות ומושכנו לטובת אותם בנקים. צניחת מחירי הקרקעות מוטטה את כל הבסיס של הנכסים שלנו ואנו לא מסוגלים לקבל יותר הלוואות כדי לשלם חובות. ההוצאות שלנו עצומות, ואני לא יודעת מה לעשות. אם זה יימשך כך, אצטרך להתחיל למכור את נכסי הכת. אני בטוחה שגם אחרי שאמכור הכול במחירי ההפסד של השוק היום, עדיין נהיה חייבים עשרות מיליוני ינים."

הקול הבכייני שלה, והקיטורים הבלתי נגמרים עצבנו את אוגורה. מצד שני, ההתייחסות שלה לכספי ולנכסי הכת כאל רכושה הפרטי והערבוב בין גוף ראשון לגוף שלישי רבים כשדיברה על נכסים אלה דווקא שעשעו אותו. "אחרי שאגמור אִתה, גם הנכסים שעדיין יש לה לא יישארו," חשב לעצמו ובקול רם אמר: "את יודעת טוב מאוד שאם לא היית מבזבזת כל

כך הרבה כסף על בגדים ותכשיטים של מעצבי צמרת, נסיעות בזבזניות לאירופה ולארצות הברית וקניית הבתים המטורפת שלך ברחבי העולם, בריביירה הצרפתית, בלונדון, במנהטן, והכול מכספי הכת, אולי לא היו לך חובות רבים כל כך. למרות אזהרותיי, היית מוכרחה לקנות גם בית נופש על צוק ליד הים באי קוסאמוי בתאילנד. אבל נשים את כל זה בצד. בקרוב מאוד יהיה לך ולכת מספיק כסף כדי לשלם את החובות וגם להמשיך ולבזבז כאוות נפשך." אוגורה ראה שדבריו על בזבזנותה מתחילים להרגיז אותה ובטרם תרים את קולה, הוציא מתיקו את הצילומים של אפי ושו-קו והציג אותם לפני הכוהנת. "עדיף שלא תדעי כיצד אני מתכנן את השגת הכסף עבורך, אבל את בטח תיהני לראות חלק מהעבודה." החיוך של הכוהנת יְראת השמים הפך במהירות למבט חרמני, ככל שצפתה ביותר תמונות. לפני שהיא תתנפל עליו שוב ותנסה לאנוס אותו, חטף אוגורה את התמונות מידה, הכניס אותן חזרה לתיקו ולפני שיצא בחופזה מהחדר אמר לה: "אל תדאגי, את תשמעי ממני בימים הקרובים." הוא יצא בטרם הספיקה לעצור בעדו וכרגיל נאלץ לעבור דרך הקהל הרב שניצב מחוץ לדלת. האנשים נגעו בבגדיו, בידיו ובראשו, כדי שתדבק גם בהם קדושתה של הכוהנת. "אילו היו יודעים, היו בוודאי מנסים לגעת אצלי גם במקום אחר. מזל שדלת חדרה עבה וחסינה לרעש", חשב אוגורה, ממהר לפגישתו הרומנטית עם הירוקו בריוקאן (מלון יפני), הנמצא באתר מעיינות חמים צפונית לכפר האקובה.

כשיצא, ראה את מכונית הטויוטה קראון מחכה לו בחוץ, מנועה דולק והנהג ישן בפנים כשהחימום עובד וכובעו שמוט לו על פניו. אוגורה ניגש לחלון הקרוב לנהג ודפק עליו בחוזקה. הוא נהנה לראות את הנהג מזנק משנתו והבעת בהלה ובלבול על פניו. כשראה את אוגורה קפץ ממקומו, פתח את הדלת וניגש לפתוח את דלת המושב האחורי לכבוד אוגורה. "אין צורך. אתה יכול לנסוע הביתה. אני אטייל לי קצת ברגל עד למלון שלי ואשכב לישון. היה לי יום ארוך," אמר לנהג. הנהג הודה לו, השתחווה קלות ונסע משם. אוגורה עצר מונית עוברת והורה לנהגה

לנסוע ל"ריוקאן מאדה אונסן". אונסן, מעיין חם, היה אחת ההנאות הגדולות ביותר של אוגורה. בכל מקום שהגיע אליו חיפש את האונסן הקרוב. במדינה שבה הפעילות הגעשית הייתה רבה, ניתן היה למצוא תמיד בית מלון או בית מרחץ ציבורי שבהם בריכות של מי מעיין חמים עשירים במינרלים שונים. באונסן אהב אוגורה לשטוף את עצמו מִטרדות היום ולקרצף עצמו היטב בספוג טבעי ובסבון עד שעורו האדים. אחר כך, עירום כביום היוולדו, נהנה להיכנס לאט, כדי שהגוף יתרגל בהדרגה למים הלוהטים של האונסן. תמיד בזמן שהסתבן נזכר כיצד לפני כמה שנים, באחד המלונות בחצי האי איזו, נכנסה יחד אתו משפחה אמריקאית רעשנית. זוג ההורים ושני ילדיהם הקטנים הצביעו עליו והחלו לצחוק בקול גדול כשראו אותו נכנס עירום לבריכת האונסן. בלי לרחוץ עצמם ראשית כול, כנהוג וכראוי, כשלגופם בגדי ים, קפצו כולם אל תוך הבריכה, ומיד זינקו החוצה בצעקות, מפני שלא הרגילו גופם לאט למים החמים, ועזבו את האונסן. אוגורה לא רצה להישאר במים שטונפו על ידי הזרים, שלא טרחו להתרחץ לפני כניסתם למים, ויצא גם כן. הוא חיפש ומצא את רכבם, טויוטה ספייס-ווגון חדשה בצבע כסף, וחתך בסכינו את כל ארבעת הצמיגים. כדי שלא יתהו מדוע מישהו עשה להם דבר כזה, השאיר על החלון הקדמי, מתחת למגב, פתק המסביר את הסיבה וקובע שבעלי הרכב הם "ברברים".

האמת שאונסן הייתה ברירת המחדל שלו. הוא תמיד העדיף, אם היה בסביבה, רוטנבורו. שלא כמו אונסן, שהיה בתוך בניין, רוטנבורו, בריכת המעיין החם, הייתה בחוץ, בטבע. זו הייתה אחת הסיבות העיקריות להעדפתו את "ריוקאן מאדה". סיבה נוספת לכך שאוגורה העדיף את "מאדה" הייתה כי היה זה הריוקאן היחיד בסביבתו, ברדיוס של חצי שעה של נסיעה לכל כיוון. המקום המבודד התאים לו גם כדי לנוח וגם לפגישות רומנטיות שעדיף להסתירן מהכוהנת. הוא לא רצה להסתכן בסצינות קנאה, מה גם שהיא, בינתיים, חשובה מדַי למטרותיו ולא היה טעם להרגיזה. אלה היו הימים האחרונים לפני שהריוקאן נסגר לקראת

החורף. הכביש המוביל אליו נחסם בכל שנה על ידי שלג שנערם לגובה רב כבר בתחילת נובמבר. בחורף, בעליו של הריוקאן, מתאבק סומו לשעבר בשם הוקוטו-נו-האנה, ואשתו, אישה קטנה ורזה שממנה פחד פחד מוות, הפעילו מסעדה במרכז אתר הסקי הסמוך להאקובה. בעליו של המלון התאבק בעבר באחת הקבוצות המובילות בליגת הסומו. קשריה של קבוצת סומו זו עם אחת מכנופיות היאקוזה של טוקיו, כנופיה שבראשה עומד מנהיג הכנופיה וידידו של אוגורה, בחור בשם אוקה אויאבון מכנופיית ימאגוצ'י-גומי של היאקוזה, היו קרובים. עוד סיבה טובה לכך שאוגורה העדיף את המקום.

בעלון הצבעוני, שניתן היה לקחתו מדלפק הקבלה בריוקאן, רואים את בית העץ הדו-קומתי ומסביבו, על טֶרסות במורד ההר, במרחק הליכה קצר מהריוקאן, שבע בריכות עץ פשוטות מלאות מי מעיינות חמים. עוד צוין בעלון, שבכל בריכה מים עם מינרלים שונים ומשונים העוזרים לרפא מכאובים ומחלות כמו כאבי גב, ראומטיזם, מתח נפשי, אנמיה וכאבי שרירים. הבריכות נמצאות בינות צמחיית עצי אורן ושיחים ונשקף מהן נוף מרהיב של הרי האלפים היפניים שמסביב. מה שלא ניתן היה לראות בעלון הוא בקתה קטנה, הנמצאת במרחק חמש דקות הליכה מאחורי הריוקאן, במעלה ההר. הבקתה, המצוידת במיטה זוגית, מקלחת, מקרר קטן, שולחן נמוך וכיסאות זאבוטון לארבעה אנשים, נועדה לאורחים חשובים ולחברים קרובים של בעל הבית. מהדלת האחורית של הבקתה יש יציאה לחצר המגודרת משני צדדיה ופתוחה רק לכיוון צפון, למעלֵה ההר, לשם אין שביל המוביל ואי-אפשר להגיע ברגל. את רוב שטח החצר, המוסתרת מעיני סקרנים, ממלאת בריכת מי מעיינות חמים. עומק הבריכה כמטר והסלעים בתוכה פזורים וחלקם העליון מסותת כך שהם נוחים לישיבה.

אוגורה ביקש מנהג המונית להיכנס בשביל העפר המוביל מהריוקאן לבקתה ולעצור בפתח הבקתה. הוא שילם לנהג ושלח אותו לדרכו.

כשעמד בפתח הבקתה, שאף מלוא ריאותיו מהאוויר הקר והצלול וכבר החל להרגיש טהור יותר. הוא נכנס, חייך לנוכח בקבוקי הסאקה והוויסקי שבעל הבית הכין עבורו והארוחה שהייתה מונחת על השולחן. המנות הרבות סודרו בשלל צבעים וצורות מרהיבים. היו שם סושי של טונה, צדפות, חסילונים, דיונונים, תמנונים, דג החרב וביצי סלמון. בסלסילת קש נחו להם חסילונים גדולים וירקות, כולם מטוגנים בבצק טמפורה. קערות מרק המיסו היו מכוסות כדי לשמור על חומן וסרטנים כחולים, מבושלים קלות, הונחו פרושי רגליים על צלחת חרס רחבה ובהירה. הוא ידע שבמקרר יש מספיק קרח כדי להוסיף לוויסקי שילגום אחר כך. ריוקו ישבה בצד הרחוק של השולחן והמתינה לבואו, לבושה ביוקאטה דקה. אוגורה התיישב לצדה והניח לה להגיש לו בכל פעם מעט מכל מנה ולחזור ולמלא בסאקה את ספלו שהתרוקן במהירות. ריוקו עצמה אכלה מעט ושתתה עוד פחות. כשסיים לאכול, נשען אוגורה לאחור על כרית הישיבה ואנחה של שביעות רצון נפלטה מפיו. הוא לגם לאטו מכוס הוויסקי בקרח שריוקו הניחה על השולחן לידו והביט בה בחיבה כשיצאה החוצה לכיוון המעיין החם שבחוץ. כשסיים את הוויסקי התפשט, התקלח במים רותחים ושפשף את גופו היטב בספוג הליפה, עד שעורו האדים. כך, עירום, הוא יצא לחצר בקור המקפיא והצורב של ערבו של יום סוף הסתיו.

הוא נכנס לאט למים ונתן לגופו להתרגל לחום איבר אחר איבר. חייך כשראה את ריוקו, עירומה כביום היוולדה, מחכה לו במים. כשנכנס היא התקרבה אליו, דוחפת מגש עץ הצף על המים ועליו קנקן סאקה ושני ספלים. חום המים, הסאקה, יופייה של ריוקו והנוף הפראי שמסביב גרמו ללאות נעימה להתפשט באיבריו. הוא ישב על סלע כשריוקו ישובה על ברכיו, עצם את עיניו וסיפר לה בקול שקט ורגוע דברים שחשב שלעולם לא תבין. סיפר לה על כך שהוא צאצא של המשפחה הקיסרית, שבאופן תיאורטי ובתנאים מסוימים יכול היה להתמנות לקיסר, סיפר על ארגון שהוא עומד בראשו בשם "לוחמי האמונה", שמטרתו להציל את יפן

מהשפעת הזרים ולהשיב לה את גדולתה ועוד כהנה וכהנה סיפורים לחש באוזנה כטוב לבו בסאקה. ריוקו, בחיוך נעים ומלטף, דאגה למלא את ספלו של אוגורה בכל פעם שהתרוקן, צחקקה כשידה על פיה בכל פעם שדבריו של אוגורה הצדיקו זאת ועודדה אותו בקולות תדהמה של "אוֹ" ו"אה, הונטוֹ?" ("באמת?") ו"נארוהודו" ("מה, באמת?") במקומות הנכונים. כששניהם כבר היו רכים וטעימים מהשהות הממושכת במים החמים, יצאו יחד עירומים מהמים ואוגורה רדף אחרי ריוקו תוך צחוק, החלקות ומעידות על הקרקע החלקה שמסביב לבריכה. מתנשמים ומתנשפים נכנסו לבקתה, שם נשכב אוגורה על ריוקו, חדר לתוכה ובתוך כמה שניות גמר ונרדם. ריוקו הסירה בעדינות את ידו שהייתה מונחת על חזה, קמה, התקלחה, וידאה שאוגורה אכן ישן שינה עמוקה ושלחה הודעת SMS לבוס שלה שהכירה אותו כג'ומונג'י-סאן.

פרק י"ח

טוקיו, עדיין יום רביעי

רוכל יושב
לצד הכביש, עטוף
בצינת הסתיו

חזי החנה את היגואר בחניה המסומנת הצמודה למדרכת הבר "שיטה מאצ'י" ויצא בחוסר חשק מהמכונית. הוא היה מוכן להמשיך ולנהוג בה במשך כל היום וגם ביום שלמחרת. כסף לא חסר לו שהרוויח משנים של רוכלות ישראלית ברחבי יפן. כשעשה את דרכו לתחנת הרכבת התחתית, ומשם חזרה לביתו, חשב לעצמו שעליו לרכוש לעצמו מכונית כזאת. לא היה לו צורך במכונית כדי להרשים בחורות. אשתו, קייקו, שהייתה גם שותפתו לעסקי מכירת התמונות, הייתה יפהפייה, והוא, עדיין, גם אחרי עשר שנות נישואים ושני ילדים, אהב אותה. הוא רצה את המכונית כדי שיוכל לקחת את קייקו, אחרי שהילדים יאופסנו אצל הוריה בדירתם ברובע נאקאנו, לטיולים. למשל צפונה, כמו פעם, כשהיו זוג צעיר, לטייל בכבישים הצרים בהרים המרהיבים המקיפים את ניקו. קייקו, ידע, עסוקה עכשיו בהשכרת ואן מיצובישי ישן לזוג ישראלים צעיר שהגיע לטוקיו לאחר טיול של שלושה חודשים בהודו ובתאילנד. הם בזבזו שם את כל חסכונותיהם שהביאו מישראל, וביקשו להרוויח קצת כסף ביפן כדי שיוכלו לחזור לתאילנד ולהמשיך ולטייל ובוודאי גם

להתמסטל כדבעי, לפני שיחזרו לישראל, למילואים וללימודים. הוא ידע שהזוג יצטרך לעבוד קשה ולמכור תמונות רבות ליפנים שיכורים ליד תחנות רכבת לפני שיוכלו לראות רווח מעמלם. הם יצטרכו לשלם לו את דמי השכירות על הרכב, את השווי הסיטונאי של התמונות שלקחו ממנו כדי למכור, וכל זאת עוד לפני שישלשלו מעשר לקופת כנופיית היאקוזה, השולטת באזור שיציבו בו את דוכנם.

הוא עצמו היה אמור לדאוג להשכרת הרכב, אולם כשאפי ביקש ממנו שיגיע מיד, נאלץ ברגע האחרון לבקש מאשתו שתתפנה מהטיפול בילדים ושתדאג היא להשכרה. הוא העריך את אפי וסמך עליו. הם עבדו יחד כבר שלוש שנים, מאז הוצב אפי בתחנת טוקיו. חזי, שנמצא ביפן כבר עשר שנים, מאז שנשלח על ידי המוסד כסוכן שטח קבוע בכיסוי של מנהל רשת ישראלית למכירת תמונות, שירת תחת ארבעה ראשי שלוחה. אפי היה המקצועי והטוב שבהם. הוא שלט בשפה היפנית ברמה טובה, למד את התרבות והמנהגים במהירות והיה אמן בקשירת קשרים. עד עתה חזי היה מרוצה מהממונה עליו אבל חשש שהמתח בין אפי לאשתו, עופרה, יחבל בעבודתו וישבש את שיקול דעתו. חזי ידע שיאלץ לדווח בהקדם לממונים עליו בארץ על הבעיות בחיי הזוג זבדי, אבל החליט להניח לכך בינתיים. "אולי," חשב לעצמו, "זה רק מתח זמני בין בני זוג נשוי, ובקרוב הכול ישוב למקומו בשלום." לא היה לו ניסיון רב במריבות עם בת זוגו. קייקו והוא מיעטו לריב ולהתווכח. גם כשהתאמץ, התקשה חזי להיזכר במריבה או בוויכוח רציני עם רעייתו. הוא ידע שאין זה דבר של מה בכך. לכאורה, הרקע הכל כך שונה וההתנגדות של הוריהם לחתונה היו סיבות מספיקות לסכסוכים, אבל אצלם, והוא מתחיל לחשוד שאולי הם במיעוט, הרומנטיקה ניצחה.

המסגרת המשפחתית המאושרת שלו וההצלחה בעסקיו, אמנם היו אמורים להיות לא יותר מכיסוי לעבודתו האמיתית, גרמו לו לחשוב ברצינות על שינוי כיוון. בשנה האחרונה, פרישה החלה להוות אופציה

קוסמת יותר ויותר עבורו. בינו לבין עצמו, החליט שימתין עד לתום שליחותו של אפי ביפן, עוד כשנה, ואז יפרוש. הוא ידע שמצפונו יכול להיות שקט מבחינת התרומה שתרם לביטחונה של ישראל. חמש שנים בשייטת, שלוש שנים בשגרירות כמאבטח ועשר שנים כסגן מנהל התחנה בטוקיו בהחלט מספיקות. רק העובדים היפנים הוותיקים בשגרירות זכרו את שירותו של חזי כמאבטח בשגרירות בטוקיו, כשהיה בחור צעיר, מיד לאחר שירותו הצבאי. איש מהם לא ידע שלאחר שסיים את עבודתו בשגרירות הוא גויס על ידי המוסד, עבר בישראל במשך כשנה את הקורסים וההכשרות הנחוצים והוחזר לטוקיו. הוא סיפר לכולם שאת ההון הראשוני להתחלת עסקיו קיבל מהוריו האמידים, הגרים בווילה בשכונת דניה בחיפה, אך למעשה קיבל את הכסף מהמוסד. מכריו היו משוכנעים שהוא שב ליפן בעקבות האהבה לקייקו, חברתו היפנית, שפגש באחד המועדונים האופנתיים ברופונגי, והוא מעולם לא טרח להעמיד אותם על טעותם. מה גם שהיא לא הייתה מופרכת.

כשהגיע חזי לביתו הנמצא בשכונת סנדאגאיה, מרחק הליכה קצרה ממקדש מייג'י במרכז טוקיו, ניגש הישר לחדר העבודה והדליק את המחשב המשוכלל, ששידרג רק לאחרונה בסיועו הנדיב של אפי. בלי קושי חדר למחשבי משרד התחבורה ובדק את מספרה של המכונית העוקבת עם הצלמים. חזי היווה שילוב מוצלח ונדיר של פריק טכנולוגי, תחביב שהחל בילדותו, זיכרון פנומנלי, כמעט צילומי, שסייע לו ללמוד במהירות את השפה היפנית, גם קריאה וכתיבה, ותעוזה, שבעזרתה הפך לאחד ההאקרים שהמוסד התברך בהם. בקובצי הנתונים של משרד התחבורה גילה חזי להפתעתו שהשם שמכונית הטויוטה שעקבה אחרי אפי רשומה עליו אינו זר לו. המכונית רשומה על שם משרד תיווך לעסקי דלא ניידי בעיר מצ'ידה, השייך לאחד בשם אוקה הידאו. השם הידאו לא אמר דבר לחזי, אבל אוקה צלצל מוכר. הוא יצא מקבצי הנתונים של משרד התחבורה ונכנס לפנקס הכתובות שלו, שם מצא תוך שניות את שמו של אוקה ואת מספר הטלפון של משרדו. אלא שברשימתו של חזי

היה רשום ליד שמו של אוקה תוארו: אויאבון בכנופיית יאמאגוצ'י-גומי ביאקוזה. אוקה היה שותפו של חזי לעסקי רוכלות התמונות והתכשיטים הזולים. לא שותף של ממש בעסק, אלא נותן החסות העיקרי לדוכנים המאוישים במיטב הנוער הישראלי. חוץ מעשרת האחוזים ממכירות הדוכנים המוצבים ליד תחנות הרכבת וברובעי השעשועים המרכזיים ברחבי טוקיו שקיבלו אנשיו של אוקה ממפעילי הדוכנים, לא שכח חזי לשלוח למשרדו של אוקה פעמיים בשנה, לקראת השנה החדשה בסוף דצמבר ובקיץ לפני חופשת האובון, ארגז של בקבוקי וויסקי סקוטי מתוצרת שיוואס-ריגל. מחווה זו נועדה לשמן את גלגלי יחסיהם וליצור אווירת עסקים נוחה ששחררה את עובדיו הצעירים של חזי מטרדות שוטרים מציקים או פרחי פשע מתחילים.

העניין שגילה אוקה באפי הטריד את חזי. הוא חשב על היגואר ועל הבר שבפתחו השאיר את המכונית שאפי נתן לו. אוקה, ידע חזי, לא שלח את אנשיו שיעקבו אחרי אפי מתוך דאגה לשלומו. או שהוא מנסה לסחוט את אפי, או שאפי הסתבך באיזה עסק מפוקפק. לא מצא חן בעיניו שאפי מידר אותו. הוא החליט לתת הזדמנות לאפי ולשאול ולברר אתו מה קורה. אם הוא ינסה להתחמק מתשובה, היו לחזי דרכים אחרות לבדוק את המתרחש. הקשר שלו עם אוקה היה חשוב מדַי לעתיד עסקיו, לפני שיפרוש ויהיה לגמלאי של המוסד ובמיוחד לאחר מכן.

פרק י"ט

מצ'ידה, יום חמישי

ליל סתיו
תנשמת אורבת בדממה
לטרף

איצ'ו קוּן, כפי שכולם כינו את איצ'ירוֹ, לא היה מוטרד כלל מהמבטים העוינים של הנוסעים בקרון הרכבת שנסע בו. הוא היה בדרכו מטוקיו לעיר מצ'ידה הסמוכה בהוראתו של ראש כנופיית היאקוזה שלו, "אויאבון", כפי שחייליו ומכריו ואפילו המשטרה פנו אליו. מעולם לא העזו לקרוא לו בשמו האמיתי, אוקה. איצ'ו ידע שהם נועצים מבטים בשערו הארוך המשוך לאחור והמבריק מכמות נדיבה של ג'ל לשיער, בחליפתו השחורה ובמשקפי השמש, שאותם חבש הגם שהיה די חשוך ברכבת. הוא הרגיש מיוחד ובאמת היה כזה. כבר בגיל שש-עשרה עזב את ביתו בכפר הקטן ב"ארץ השלג" במחוז גונמה בצפון מערב יפן, שם הרגו הוריו את עצמם בעבודת פרך בחוותם הקטנה. הוא הוציא את כל חסכונותיו הדלים על כרטיס נסיעה ברכבת לטוקיו והגיע לתחנת הרכבת ההומה ברובע אואנו ללא פרוטה. מזלו הטוב של הנער המחוצ'קן התחיל דווקא מאגרוף שחטף מהמוכר בקיוסק שעל רציף הרכבת, שממנו ניסה לגנוב כריך ופחית מיץ תפוחים. בלי לחשוב, התנפל איצ'ו על המוכר ושניהם התגלגלו על הרציף מכים ונושכים אחד את חברו. לפתע נשמע

קול נמוך וחזק: "ימרו-נא," הפסיקו! ומישהו תפס את שניהם בצווארון חולצתם והפריד ביניהם. כשהמוכר ראה את פניו של האיש שהפריד ביניהם החוויר, השתחווה כמעט עד הרצפה, אמר בקול רועד "סליחה" ובעיניים מושפלות חזר למקומו הקבוע, אל מאחורי דוכן המכירה בקיוסק. איצ'ו נאבק לשווא בניסיון להשתחרר מאחיזת הברזל וכשהזר שחרר אותו לבסוף, הוא הסתובב וניסה להתנפל עליו ואז ראה אותו ועצר.

מולו עמד אחד הגברים המכוערים והמפחידים שראה בחייו. ראשו היה מרובע ותספורתו קצוצה כל כך, עד שההבדל בינה ובין קרחת היה קטן מאוד. עיניו הקטנות חייכו, אבל החיוך לא הגיע לפיו שהיה מעוקם מצלקת שהחלה באמצע לחיו השמאלית והסתיימה בפינת פיו. משרוולי חליפתו השחורה אפשר היה לראות, מציצים מעל פרקי ידיו, את קצותיהם של ציורי קעקועים. ראש דרקון ביד ימין ולהבת אש הפורצת מפיו של אל מפחיד, ביד שמאל. על קמיצת ידו השמאלית הייתה טבעת זהב גדולה והפרק העליון של זרת ידו השמאלית חסר. הוא היה גבוה בראש מאיצ'ו ורחב מאוד. שריריו בלטו דרך החליפה ואיצ'ו העריך את גילו בחמישים, דבר שהיה די קרוב לאמת. "בוא," אמר ואיצ'ו הלך אחריו. הם יצאו מהתחנה ביציאה שמול הפארק של אואנו ונכנסו לפארק שרצפתו חצץ ועצי דובדבן רבים צומחים בו. הפארק היה כמעט ריק מאנשים, אבל למרות הקור הנושך של סופו של הסתיו ראה איצ'ו ארגזי קרטון גדולים בפינות שונות של הפארק, מתחת לשיחים, שמתוכם מציצים ראשים עם שיער ארוך ומזוהם וגוף העטוף בסמרטוטים שחורים. חלקם ישנו וחלקם בהו באוויר בעיניים שיכורות ולידם מונחת צנצנת זכוכית עם סאקה זול, שאותו קנו חסרי הבית במאתיים ין במכונות השתייה האוטומטיות המוצבות בכל פינה בטוקיו.

"רבים מאלה הגיעו לעיר הגדולה בדיוק כמוך. אתה רוצה להיות כמותם או לעבוד אצלי ולהצליח בחיים?" איצ'ו לא התלבט לרגע, וחמש השנים שחלפו מאז היו טובות אליו. הוא הפך ל"קובו", אחד מחייליו הזוטרים

של אוקה אויאבון, ראש כנופיית היאקוזה השולטת על ה"מיזו שובאי", עסקי השעשועים, חיי הלילה וההימורים ברובע אואנו. כנופייתו של אוקה שייכת ליאמאגוצ'י-גומי, משפחת הפשע הגדולה והאכזרית ביפן, ועובדה זו הוסיפה לביטחונו העצמי ולשחצנותו של איצ'ו מרגע שהצטרף אליהם בטקס הסאקאזוקי, טקס ההשבעה שבו הוכרז כבנו של האויאבון. איצ'ו ידע שהברית שנכרתה בטקס היא ברית עולם שאותה לא יוכל להפר, ולא הייתה לו כל כוונה כזאת. הוא מצא את מקומו בחיים. איצ'ו הוכיח עצמו, הן בתבונתו הטבעית והן באכזריותו, כתוספת רבת ערך לארגונו של אוקה אויאבון. לאחר זמן מה, הרגיש אוקה שהוא יכול לסמוך עליו ולהכניס אותו בסוד החלק האחר של פעילותו.

איצ'ו עשה דרכו ברכבת למשרדו של אוקה במצ'ידה. על השלט ליד דלת המשרד נכתב: "חברת הנדל"ן של אוקה". על דלת הזכוכית עצמה היו מודבקות עשרות מודעות של דירות ובתים להשכרה ולמכירה. העסק היה אמיתי, רשום על שמו של אוקה, וניהל אותו אחיינו. למעשה היה העסק חזית כשרה לעסקיו האפלים של אוקה. באמצעות המשרד הוא הלבין כספים ושילם מסים כמו כל אזרח מהוגן. איצ'ו נכנס וחייך אל יומיקו, פקידת הקבלה החמודה. הוא הקפיד לא לחייך חיוך רחב מדי, כדי שלא ליצור רושם שהוא מחזר אחריה, אם כי לא היה מתנגד להיכנס עמה למיטה. מכיוון שהיא הייתה אחת מפילגשיו של אוקה, היה מוטב למען בריאותו הפיזית ושלמות אבריו של איצ'ו שלא לרמוז אפילו רמז דק בכיוון זה. הוא עבר את יומיקו ונכנס לחדר ישיבות לא גדול. בחדר, למרבה פליאתו, הוא ראה שכל הכיסאות, למעט אחד, תפוסים על ידי כמה מהחברים הבכירים ביותר בכנופיה שלהם ועוד בכמה טיפוסים שנראו מהוגנים לגמרי ולא שייכים. למעשה הם הזכירו לו פקידי ממשלה.

"שב, איצ'ו קון," הצביע אוקה ממקומו בראש השולחן על הכיסא הריק היחיד שליד השולחן. "בוא ואכיר לך את הנוכחים." מלבד האנשים מכנופייתו שהכיר אותם, הופתע איצ'ו לגלות שאֵלה שנראו כפקידי ממשלה

אכן היו כאלה. אחד היה מנהל מחלקה ממשרד האוצר, שני ראש אגף במשרד המשטרה, שלישי קצין גבוה בחיל היבשה שלבש בגדים אזרחיים והרביעי פקיד בכיר במשרד החוץ. "מה לאלה ולכנופיה," תהה איצו, "הגיוני יותר שיהיה לאוקה אויאבון קשר עם פקידים ממשרד התחבורה, התעשייה והמסחר או השיכון כדי שיוכל לשחדם תמורת אישורי בנייה ואישורים אחרים לעסקיו המגוונים." מהר מאוד הבין את הסיבה. "בואו נקבל את החבר הצעיר ביותר באחווה החשאית שלנו לשלמות המולדת המקודשת, אחוות לוחמי האמונה," אמר אוקה אויאבון בקול רם וטקסי. הוא הביא קערית חרסינה יפהפייה, שאפילו חסר חינוך פורמלי כמו איצ'ו ידע שהיא מעשה ידיו של אומן החרסינה הנודע קאקיאמון. כל אחד מהנוכחים השתמש באולרו והקיז כמה טיפות דם מאגודל יד ימינו אל תוך הקערה. לבסוף התבקש גם איצ'ו לעשות כמותם והוא עשה זאת ללא היסוס, למרות שעדיין לא הבין במה העניין.

אוקה, שראה את הבעת השאלה על פניו של איצ'ו, שאל מיד: "איצ'ו קון, אתה אוהב את המולדת הקיסרית?" איצ'ו הנהן בחיוב בלי להבין את השאלה. הרי אוקה יודע היטב שאחד מתפקידיו של איצ'ו הוא לארגן את צעירי כנופייתם למצעד השנתי של ותיקי המלחמה וקבוצות הימין הקיצוני במקדש יאסוקוני בטוקיו בחודש אוגוסט, לציון המלחמה הפסיפית הגדולה. הם צועדים אחרי ותיקי המלחמה הזקנים והמצומקים שלובשים את מדיהם הישנים, עוברים מתחת לטוריי - שער השינטו של המקדש, פוסעים על החצץ הדק כשנעליהם חורקות ונעמדים בתורם מול המקדש, שנבנה לזכר נשמותיהם של הנופלים במלחמות. כשפניהם מופנות למקדש, הם צורחים קריאות נגד הממשלה התבוסתנית, נגד רוסיה שגזלה את האיים היפניים הצפוניים ובעד הקיסר. הם עושים זאת, ואילו ותיקי המלחמה מביטים עליהם בבוז וחושבים בוודאי שאיש מהפושטקים האלה לא היה נמצא מתאים לגיוס לצבא. אזרחים רגילים מביטים עליהם בפחד וברתיעה משילוב של יאקוזה וימין קיצוני. הזיכרון של המלחמה והתקופה הקשה שאחריה עדיין חרות במוחם. את איצ'ו

לא הטרידה העובדה שבמקדש מונצחים גם פושעי המלחמה היפנים, שביצעו בזמן מלחמת העולם השנייה כמה מהפשעים הדוחים בתולדות האנושות כנגד קוריאנים, סינים ושבויי מלחמה בריטים, אוסטרלים ואחרים.

"אנחנו ניתן לך הזדמנות להוכיח עד כמה אתה נאמן ליפן ולקיסר. אתה הצטרפת היום ל'לוחמי האמונה'. כאן מסביב לשולחן אתה רואה את כל שאר חברי האגודה הסודית ביותר שלנו. עד לפני שבוע היה לנו חבר נוסף שעבד גם הוא במשרד המשטרה, כמו אחינו שנמצא אתנו כאן היום, אבל הוא עמד לגלות לשלטונות על מעשינו. לא נותרה לנו ברירה אלא לערבב אותו עם הבטון של מגרש החניה החדש שאני בונה ליד תחנת הרכבת של אואנו." איצ'ו הביט וראה מסביבו כמה פרצופים חיוורים ובלע את רוקו. לא שהיה צמחוני, הוא כבר רצח אדם בעבר, צ'ימפירה - בריון מכנופיה יריבה. אבל בכל זאת, כששמע את הטון האגבי של אוקה, הרגיש צמרמורת קלה בעורפו. "זאת אגודה קטנה אבל מיוחדת במטרותיה ובמעשיה," המשיך אוקה. "אנחנו השומרים האחרונים של המסורת והאמונה. אנחנו השומרים האמיתיים של האימפריה הקיסרית של יפן. לא כמו אותם אפסים, חדלי אישים שהפסידו במלחמה, מכרו את המולדת לאמריקאים וויתרו על איי אדמתנו הקדושה לרוסים. הם אפילו לא יכולים לבנות צבא אמיתי ולתת לנוער תחושת שליחות אמיתית במקום הריקנות שבה הוא נמצא." אוקה קצת נסחף, הרים את קולו ודפק באגרופו על השולחן, להפתעת כולם, שלא הבינו את מי הוא מנסה כל כך לשכנע. כולם בחדר היו משוכנעים ממילא, ואלה שאולי לא, עדיף היה שלא יראו זאת. "מאבקנו הוא להחזיר עטרה ליושנה. להשיב ליפן את גדולתה כמנהיגת העמים האסיאתיים. לקחת את הכוח מממשלת הפקידונים ולהשיבו לקיסר." בנקודה זו השתתק אוקה וניגב את מצחו ואת פניו המיוזעים במטלית לחה המונחת על השולחן לפניו.

"תודה, אוקה קון, על המילים החמות, וברכות לאיצ'ו קון על הצטרפותך אלינו." איצ'ו הביט בסקרנות רבה לכיוונו של בעל הקול השקט, שהעז

לפנות לראש כנופייתו כאל זוטר ממנו. הוא ראה לפניו אדם כבן חמישים וחמש, רזה וגבוה יחסית ליפני הממוצע, שערו שחור, מבריק ומסורק לאחור, פניו חדים ולבוש בבגדים יקרים. איצ'ו, שהשיל מעליו מזמן את הפשטות הכפרית שבא ממנה, זיהה מיד חליפה של ארמני, עניבה של לואי ויטון וחפתי זהב בחולצתו. הוא זכר שאוקה הציג אותו קודם לכן כמר אוגורה ולא הרחיב על עיסוקו. אוגורה המשיך לדבר בקול שקט, כך שהאנשים בחדר נאלצו להתאמץ כדי לשומעו. "איצ'ו קון, אני רוצה לתאר בפניך את מטרתנו. לסלק מבסיסיהם ביפן את עשרות אלפי החיילים האמריקאים המטנפים את אדמתנו חזרה לארצם. לגרום לרוסים לחשוש מכוחה של יפן עד כדי כך שיחזירו לנו את האיים הצפוניים שלנו ללא כל תמורה או תנאי, ולהכריח את הממשלה הכלומניקית שלנו, להעביר את סמכויותיה לקיסר. זוהי יומרה לא קטנה, אני יודע," גיחך אוגורה במרירות, "אבל אני חושב שמצאנו דרך לעשות זאת."

איצ'ו הביט סביב וראה שכל האנשים מקשיבים בריכוז רב. "האם ייתכן שגם הם כמוהו, שומעים זאת בפעם הראשונה?" תהה בלבו. "אנחנו לא כמו ה'אָאוּם שִׁינְרִיקְיוֹ' המטורללים האלה שפיזרו רעל סארין ברכבת התחתית של טוקיו. אנחנו רציניים והולכים על גדול. רק פעולה בקנה מידה עצום תוכל להביא לתוצאה המיוחלת. להשגת מטרתנו אנחנו זקוקים לסכומי כסף גדולים ולסמל שיסחוף אחרינו המונים. באשר לכסף, אני פעלתי וטוויתי בימים אלה ממש את רשת הקורים שתפיל היום לחיקנו את הסכום הנאה של חמישים מיליארד ין (חצי מיליארד דולר)." איצ'ו בחן את פניהם של שכניו לשולחן וראה קשת של הבעות החל בתדהמה וכלה בחוסר אמון. הוא עצמו לא ידע מה לחשוב. הסכום הזה נראה לו דמיוני לגמרי, וחוץ מזה שוב תהה מי האיש הזה. "באשר לסֶמל..." המשיך אוגורה, "...אני רוצה להראות לכם משהו." הוא הסתובב לאחור, לקח בידו גליל פלסטיק ארוך עם מכסה מסתובב המשמש בדרך כלל ארכיטקטים לשמירת שרטוטיהם, פתח את המכסה, הוציא שני ניירות מגולגלים האחד בתוך השני בגודל של פוסטר ופרש אותם בפניהם. "אלה,

רבותיי, הם שלושת סמלי הקיסר המקוריים שאותם קיבלה יפן מאלת השמש אָמָטֶרָסוּ אוֹמִיקָמִי. בקרוב שלושתם יהיו ברשותנו."

פרק כ'

טוקיו, יום שישי בערב/ שבת

עולי רגל
ראשיהם מורכנים
מול הרוח

עמדתי להיכנס למקלחת אחרי שעתיים של אימון משקולות וריצה במועדון כושר, כשצלצל הטלפון הנייד בצליל הרגיל של "אינתה עומרי", השיר של אום כולתום. השיר תמיד מזכיר לי את הוריי. הם היו שומעים בסוף השבוע, בדירתנו הקטנה בקומה הרביעית בלי מעלית בקטמונים, את תקליטיה של הזמרת המצרייה הגדולה מכולם. "ימי מנוחה חגיגיים הם הימים המתאימים להאזין לשיריה," היה אבי, עזרא זבדי, המורה הידוע למתמטיקה מבית הספר בבגדד, אומר בעיניים מצועפות מתענוג ומגעגועים לעבר שאיננו עוד. על הקו היה ג'ומונג'י שאמר: "תהיה בתחנת טוקיו בשלוש אחר הצהריים ברציף השינקנסן - הרכבת המהירה לנגויה. אנחנו נוסעים. תביא תיק עם בגדים להחלפה וכלי רחצה ליומיים-שלושה." הוא ניתק לפני שהספקתי לשאול אותו לאן ולמה. הודעתי לחזי שאיעלם לכמה ימים ושלא ידאג. הוא לא נשמע מודאג אם כי שאל בלי שום טאקט: "אתה נוסע עם היפנית שלך? אתה לא חושב מה יהיה עם עופרה?" "יהיה בסדר," עניתי וניתקתי. לא העליתי בדעתי שאכפת לו מה קורה אצלי בבית. מה אשיב לו? שאני לא עובר בבית

לקחת בגדים וכלי רחצה לנסיעה כי אני לא רוצה להתעמת עם שאלותיה של עופרה? גם כך היא כבר חושדת שמשהו לא בסדר. הגעתי לאזור תחנת הרכבת שעתיים מוקדם יותר, ואת הזמן שנותר לי עד לפגישה עם ג'ומונג'י ביליתי בחנות הכלבו הגדולה "דאימרו" הצמודה לתחנה. קניתי תיק נסיעות ומילאתי אותו בפריטים הדרושים לי לכמה ימים. שילמתי בכרטיס האשראי המבצעי שלי. החשבון של הכרטיס התנהל בבנק בישראל ורק לי ולראש האגף האחראי עליי הייתה גישה לחשבון.

פגשתי את ג'ומונג'י בשעה היעודה, והתיישבנו ברכבת. כמעט מיד לאחר שהחלה הרכבת בנסיעתה, נעצמו עיניי ושקעתי בנמנום. באכזריות רבה דחף ג'ומונג'י מרפק לצלעותיי, ניער אותי ואמר ביובש: "תישן כשנגיע. עכשיו זמן לתדרוך." חשבתי לנמנם קצת תוך כדי דבריו, אבל ככל שהמשיך כך התעוררה סקרנותי, גם אם לא הייתי בטוח שאני מאמין לכל הסיפור שסיפר.

"אפי-סאן, קודם כול כדאי שתדע שעלית על עסק מורכב ובעייתי, ועדיין לא הצלחתי לפענח את כל חלקי הפאזל המרכיבים אותו. מה שכבר הצלחתי לברר מדיר שינה מעיניי." למרות הדרמטיות שבדבריו, ובניגוד לדרישתו של ג'ומונג'י, עיניי דווקא חישבו להיעצם, אבל הסתפקתי בפיהוקים גדולים והמשכתי להקשיב.

"האוגורה שלך אותנטי. הוא באמת יורש משפחתו, משפחת האצולה העתיקה מהעיר קאנאזאוָוה. יותר מכך, הוא באמת אוצֵר הקרן הקיסרית, קרן שאכן קיימת ופעילה. בזמן הקצר שהיה לי כדי לחקור את העניין, לא הצלחתי לאמת את הסיפור ההיסטורי העומד ברקע של הקרן, אבל האיש לא רמאי. לפחות לא בחלק הזה של סיפורו."

לא שאלתי אותו כיצד גילה זאת. ידעתי שעומדים לרשותו משאבים רבים וכוח אדם מיומן ובעל גישה למאגרי המידע במשרדי הממשלה ובמשטרה. מניסיוני אתו, הוא זוכֶה להערכה ולשיתוף פעולה טוב מצד רבים במשרדי הממשלה. במקום זאת שאלתי אותו: "אולי תהיה נחמד ותספר לי לאן אנחנו נוסעים?"

"אם תבטיח שלא תירדם שוב, אספר לך. אנחנו נוסעים להאקובה."

"האקובה? זה לא כפר באלפים היפניים עם בתי עץ נחמדים כמו בשווייץ שמשמש אתר סקי בחורף?"

"בדיוק," השיב ג'ומונג'י, "אם כי אנחנו לא בדיוק נוסעים להחליק בשלג." תוך כדי דיבורו נזכרתי בטיול הנפלא שעשינו לפני שנה, עופרה, אני והילדים, לאלפים היפניים. ישנו שני לילות בבקתת עץ בהאקובה ואמרנו שזה בהחלט מקום נחמד לצאת בו לפנסיה. עופרה ניצלה את החופשה לסדרת צילומי טבע במצלמת האולימפוס החדשה שלה. צילום, שלמדה ב"קאמרה אובסקורה" לאחר שירותה הצבאי, היה התחביב העיקרי שלה, והיא הייתה טובה, אפילו טובה מאוד. טובה מספיק כדי שמנהלי גלריית חברת הצילום אולימפוס ברובע שינג'וקו בטוקיו יסכימו להציג תערוכה מצילומי הטבע שלה. התערוכה הייתה אמורה להיפתח עוד כחודשיים, והיא עבדה קשה על הכנתה. להפתעתי, חשתי דקירה של עצב ונקיפות מצפון בגלל עופרה. החלטתי לנסות ולבחון את ההרגשה הזאת אחר כך והמשכתי להקשיב לדברי ג'ומונג'י.

"בהאקובה נמצא המרכז של אחת מהדתות החדשות שצצו אחרי מלחמת העולם השנייה כמו פטריות אחרי הגשם, כת האמת האלוהית העולמית. איזה שם, אה? הכת אולי תמצא חן בעיניך. אין להם כלום נגד יהודים. להפך. הם לקחו סמלים ורעיונות מכל הדתות בעולם וגם מהיהדות. הגג של המקדש שלהם מעוצב כדוגמת תיבת נח. אולי תתקשה להבחין בכך כשתראה אותו, אבל אני מבטיח לך שזו הייתה כוונתם כשהם בנו את המקדש. גם על שער הכניסה, המעוצב כטוריי - שער כניסה למקדש שינטו, מוטבעים במספר מקומות סמלי מגן דוד. יעניין אותך גם לדעת שלמצואו, מייסד הכת, הייתה חיבה מיוחדת ליהדות. הסיבה לכך נמצאת בכתביו, שבהם הוא מפרט את הפילוסופיה המשונה שלו. על היהדות מצואו המנוח, אביה של הכוהנת הגדולה של הכת כיום, כותב שיש קשר מיסטי בין היהדות ליפנים. הוא האמין שהיפנים הם בעצם צאצאי עשרת השבטים האבודים. בספריו הוא תיאר בהרחבה עד כמה התרגש לראות

בדרכו למקדש השינטו של אלת השמש באיסה את העמודים בצדי הדרך המובילה למקדש וסמל המגן דוד מוטבע בחלקם העליון. הוא גם האמין באמונה שלמה שבגבה של מראת הברונזה הקדושה, אחת משלושת סמלי הקיסר, השמורה מכל משמר במקדש איסה, מוטבע סמל מגן דוד."

"או קיי. מכל הממבו ג'מבו הזה עוד לא הבנתי למה אנחנו נוסעים להאקובה," הטחתי בג'ומונג'י קצת בגסות רבה מדי שייחסתי אותה לעייפותי.

ג'ומונג'י לא נרתע והמשיך לפטפט בעליזות: "אוגורה שלנו חבר בכת ואפילו מקורב מאוד לכוהנת, בתו של מצואו המייסד. אומרים שיש לו השפעה גדולה עליה ושהיא לא זזה בלעדיו. המודיע שלי, וכמו שאתה מתאר לעצמך יש לי מודיעים בכל הכתות הגדולות, כדי שהמקרה של הפסיכים שפיזרו רעל סארין ברכבת התחתית בטוקיו לא יחזור על עצמו, מספר לי שהיא לא זזה בלעדיו. הוא הוסיף שלא רק שהיא לא זזה בלעדיו, אלא שלעתים קרובות היא אפילו זזה יחד אתו, ובמיטה, אם אתה מבין למה אני מתכוון," אמר בחוסר טעם וגיחך. ממש קשה היה להבין למה הוא מתכוון, אם כי קצת התפלאתי, מכיוון שאוגורה לא נראה כמו איזה קזנובה. "נו, טוב," חשבתי לעצמי, "אי-אפשר לשפוט אדם לפי היכרות שטחית כמו שלנו," ועצמתי שוב את עיניי. ג'ומונג'י ניער את כתפיי ואמר באורך רוח: "אתה עייף וחסר סבלנות. זה מובן, אבל אתה חייב להניח לי להסביר לך הכול לאט ובצורה מסודרת, אחרת יהיה חסר לך הרקע."

הכרתי את ההסברים המסודרים של ג'ומונג'י והכנתי את עצמי להקשבה ארוכה.

"כמו שאמרתי, המרכז של הכת נמצא בהאקובה ושם נמצא עכשיו גם ידידנו אוגורה." לפני שהספקתי לשאול איך הוא יודע על זה, המשיך ג'ומונג'י ואמר: "גילינו, לפי הרישומים של התשלום לכרטיס הרכבת שבה נסע אוגורה להאקובה אתמול, שהוא שם. הוא עשה לנו חיים קלים

אצל קיטָמוּרָה הזקן

ושילם בכרטיס אשראי. מעניין שהכרטיס על שמו, אבל החשבון רשום על שם הכת. אין ספק שהם מאוד נדיבים אתו. אוגורה נמצא שם מכיוון שטקסי הסתיו, הטקסים החשובים ביותר של הכת, נערכים עכשיו. שלושת ימי האירועים התחילו אתמול, ושיאם יגיע מחר. אלפי מאמינים כבר נאספו בהאקובה. מחר יגיעו עוד רבים. אנחנו נהיה חלק מאותם עולי הרגל מאמיני הכת שלוקחים חלק בטקסים." ג'ומונג'י הביט בי במבט אלכסוני וסיכם: "אני אשמור את הפרטים לאחר כך. אתה נראה עייף אז תעצום קצת את עיניך ונמשיך אחר כך, בתקווה שתתעורר מספיק זמן לפני שהרכבת תגיע ליעדה." ג'ומונג'י ידע שאני כבר סקרן מדַי ולא אירדם בקרוב. לא אכזבתי אותו. "תמשיך," אמרתי, "תמשיך בסיפור. לא נראה לי שאירדם בקרוב." ג'ומונג'י חייך חיוך קל של ניצחון והמשיך.

"טוב, אם אתה מתעקש, אמשיך בהסברים. אנחנו נהיה עולי רגל. נגיע למקדש כמו כל המאמינים ונצטרף לטקסים. כדי שתהיה מוכן, אסביר לך מה יחכה לנו שם. את המתרחש בטקס, החוזר על עצמו מדֵי שנה בסתיו, צילם בהיחבא המרגל שלי. למרות שחשבנו שכבר ראינו בחיינו החד-פעמיים כל מיני טקסים משונים בכתות יפניות אזוטריות, הטקס הזה היה בהחלט אחד המשונים בהם. המקדש הוא מבנה ענק המכיל, בדומה לאצטדיון בייסבול בינוני, כעשרים אלף אנשים. מחר הוא יהיה מלא לגמרי. הטקסים יתחילו על הבמה הענקית בנאומים ובסיפורים של ראשי הכת, שיכולתם להכניס קהל לאקסטזה לא נופלת מזו של הדרשנים הנוצרים הטלוויזיוניים בארצות הברית. הם יספרו על נסים ונפלאות שאירעו לחלכאים ולנדכאים כשהחלו להאמין בדרך האמת של הכת. עיוורים שהחלו לראות, נכים שהחלו ללכת וחולי סרטן סופניים שהבריאו לחלוטין כשראו את האור. הנרפאים עצמם יעמדו בפני הקהל ויספרו על האמונה המופלאה שעזרה להם וכל הקהל יגעה בבכי גדול. הבכי ילך ויתעצם בשעה שתיכנס הכוהנת לתא קטן כדוגמת תא ביציע אולם אופרה מפואר באירופה, הנמצא במרומי הקיר לימין הבמה, ותתיישב שם לצפות במתרחש, תוך כדי סיפורי הנסים.

"כשייגמרו סיפורי הנסים, יעלו עשרות מחברי וחברות הכת על הבמה בבגדים יפניים מסורתיים צבעוניים מאוד וישירו וירקדו שירי עם. תוך כדי השירים והריקודים, ייפתח מסך גדול שהסתיר את הקיר שמאחורי הבמה. גובהו של הקיר, מרצפת האולם הענק ועד לתקרתו, כשלושים מטר. בתחילה תידלק תאורה מיוחדת שתאיר פס לאורך כל הבמה. באור שיידלק ניתן יהיה לראות שהפס המואר הוא בעצם אקווריום ארוך שבו שוחים לאטם דגים טרופיים לכל רוחב הקיר. לאחר מכן אור הזרקורים יטפס במעלה הקיר ויאיר את מחציתו העליונה המוסתרת במסך נוסף. המסך ייפתח לאטו ותתגלה במה נוספת בתוך הקיר שבה תפאורה של חורשת עצים ושיחים, כשבצדה הימני של החורשה מפל מים קטן היורד בעליזות בין תפאורה של סלעים אל תוך בריכה. במרכז הבמה הגבוהה אתה תראה מקדש עץ קטן הדומה למקדש שינטו. אלומת אור תזוז לאטה לכיוון מפל המים ומתחתיו, מתוך מה שנראה כמו מנהרה, תצא בצעד אטי הכוהנת הגדולה שבינתיים ירדה מהתא שישבה בו. אלומת האור תתמקד בכוהנת, כמו בשחקן ראשי בהצגת תיאטרון. היא, לבושה בקימונו מרהיב, תיעצר מול המקדש הקטן ובגבה לקהל תבצע בקול שקט, בלי שניתן יהיה לשמוע מילה, טקס קצר של כמה דקות. בזמן הטקס תשרור בקהל דממה גמורה, כך שאפשר יהיה לשמוע קול של סיכה נופלת. כשתסיים ותסתובב לקהל, תרים הכוהנת ידיה גבוה מעל ראשה ותצא בצעדים מדודים חזרה אל מתחת למפל. כל הקהל יפרוץ שוב בבכי היסטרי אף יותר מקודם. תוך כדי יציאתה, יתמלאו הבמה התחתונה וכל המעברים באולם הגדול וביציעים בשורות-שורות של רקדנים שיפזזו לצלילי שירי עם יפניים ויבכו באושר מאקסטזה תוך כדי ריקודם, על שזכו שוב לראות את הכוהנת. יחד אִתם יקום כל הקהל העצום ממושבו וכולם כאחד יצטרפו לריקודים כשעל פניהם גם כן יזלגו דמעות של אושר."

ג'ומונג'י הפסיק לרגע והביט בי. "נראה לי שהחלק הבעייתי ביותר יהיה להתאפק לא לצחוק כשתהיה עד לסיטואציה המוזרה הזו. צחוק באותו מעמד יחשוף אותך."

הבטתי בו בפליאה מסוימת ושאלתי: "אינך חושב שפרצופי הלא-יפני יחשוף אותי לפני כן, שלא לדבר על כך שאוגורה, שיהיה שם מן הסתם, יוכל לזהות אותי?" "או," אמר ג'ומונג'י, "בדיוק על זה רציתי לדבר אתךְ! תצטרך להתחפש." תוך כדי דיבור רכן ג'ומונג'י לתיקו והוציא משם ערכת איפור ושקית ניילון, ובתוכה פאה נוכרית ועוד אביזרי תחפושת שונים. "בוא לשירותים ונהפוך אותך לעולה רגל יפני כך שגם אמא שלך לא תוכל לזהות אותך," גיחך.

פרק כ"א

ארמון הקיסר, שבת בבוקר

הסתחרר
העלה ברוח,
ונחת

הנסיך מוראקאמי היה מוטרד. הדברים לא התנהלו כפי שציפה. לא היה לו ברור מדוע. הרי הוא תכנן הכול באופן מדוקדק וזהיר. שנים רבות, כבר מאז ששמע בתום מלחמת העולם השנייה על השואה שעבר העם הנבחר מידֵי מדינות הציר, בנות הברית של יפן, בער הרעיון בעצמותיו. אחיו הקיסר, לאכזבתו העמוקה של הנסיך, סירב למה שכינה "הרעיון הנואל לפצות את העם היהודי על סבלו". כמה פעמים שמע ממנו הנסיך מוראקאמי ש"ליפן אין כל אחריות לסבלם של היהודים."
"אבל ללא השותפות היפנית במכונת המלחמה הגרמנית, לא היה בכוחם של הגרמנים לכבוש את כל המדינות הרבות שכבשו ולטבוח ביהודים שגרו שם," טען מוראקאמי באוזני אחיו חזור וטעון במשך שנים. ללא הועיל.

כשאחיו נפטר בשיבה טובה, הגיעה ההזדמנות המיוחלת. עוד כשהיה יורש העצר ילד צעיר, הדביק אותו הנסיך מוראקאמי באהבתו לתנ"ך ולעם היהודי. הילד הבודד, שהתחנך על ידי מורים פרטיים, בלי חברים בני גילו, שמח לבלות עם דודו. יורש העצר היה ילד נבון, אבל חולני

ורך לב. מוראקאמי לימד אותו שח, ובשעות הרבות שישבו השניים יחד בהן ושיחקו במשחק המלכים, סיפר מוראקאמי לבן אחיו את סיפורי התנ"ך, דיבר בהערצה על אלברט איינשטיין ועל הגאונים הרבים האחרים שהעם היהודי הצמיח והעניק לעולם, השמיע לו את המוזיקה האהובה עליו של מנדלסון ושוברט, הקריא לו משיריו של היינריך היינה וציטט מהפילוסופיה של הרמב"ם ושפינוזה. למוראקאמי לא היו ילדים. אשתו, שהייתה נינתה של אחות רעיית הקיסר מייג'י, לא יכלה להביא ילדים לעולם. הם ניסו טיפולים שונים, וכולם נכשלו. מוראקאמי תמיד חלם שיעלה בידו, יום אחד, להנחיל לילדיו את מה שנטע בלבו באופן עמוק כל כך מורהו האהוב להיסטוריה, האח יהויכים מצגר. האח מצגר, כומר פרוטסטנטי מצפון גרמניה, נבחר על ידי משרד הטקס הקיסרי. בחירתו נעשתה לאחר סינון קפדני, והוא לימד גרמנית, לטינית והיסטוריה עולמית את נינו של הקיסר מייג'י. הכומר הרציני וחמור הסבר עשה רושם של אדם מלומד, רציני ושמרן במידה שהתאימה לדרישות. האחראים על חינוכו של הנסיך הצעיר במשרד הטקס הקיסרי שמחו שהנסיך נהנה מתלמודו אצל הכומר. הם נאלצו להחליף חמישה מורים להיסטוריה עד שנמצא המורה המתאים לנסיך. הנסיך היה ילד די מרדן למרות חזותו העדינה.

אם היו יודעים את האמת על המורה המוצלח להיסטוריה, היו מחליפים אותו מיד במורה מתאים יותר. אבל מכובדי הטקס הקיסרי נכשלו כישלון מחפיר. איך יכלו לנחש שהכומר הטוב הוא אוונגליסט אדוק? האח מצגר האמין באמונה שלמה שהעם היהודי הוא העם הנבחר, ושארץ ישראל שייכת כולה לעם ישראל. כיצד, במחילה, היו אמורים לדעת שהֶר מצגר הנכבד מילא את ראשו של הדרדק הקיסרי באמונה עמוקה, אמיתית וארוכת שנים, מאוד ארוכת שנים, בברית הישנה והחדשה כאחת, ובייעודו הקדוש של העם היהודי לשלוט בארץ ישראל ולהכין את הבמה למאבק האור בחושך, לאחרית הימים בארמגדון, הוא הר מגידו, ולתחייתו של ישו המשיח?

הכומר האוונגליסטי הטוב לימד את הנסיך הצעיר היסטוריה, ולימד אותו היטב. הילד המוכשר למד בשקיקה, נוסף על לטינית וגרמנית, גם עברית ויוונית, כבונוס, כדי שיוכל לקרוא את כתבי הקודש הישנים בשפת המקור. כשגדל, הפך למומחה אמיתי להיסטוריה של העם היהודי ולאחד מהמלומדים המובילים ביפן לכתבי הקודש היהודיים והנוצריים. בעצת מורהו, וברבות הימים ראה עד כמה נבונה הייתה עצתו, הסתיר היטב מוראקאמי את אמונתו האמיתית הנוצרית. הוא עשה זאת על ידי ביצוע מדוקדק של כל טקסי דת השינטו הקיסרית, על שמונה מיליון אליליה. הוא התרחק מהופעה בציבור, למעט ההופעות הפומביות שמהן לא הצליח להתחמק כבן משפחה מדרגה ראשונה של הקיסר. בטענה ההגיונית שהוא זכאי לתחביב, ביקש וקיבל מוראקאמי הצעיר רשות ממשרד הטקס להירשם כחבר באגודה האקדמית הכל-יפנית לתנ"ך. הם התקשו לסרב לבקשתו, מכיוון שהם עצמם, כך הזכיר הנסיך לאנשי הטקס הקיסרי לא אחת, הכריחו אותו בגיל צעיר להפליא, כשילדים אחרים בגילו שיחקו תופסת בחצר, ללמוד היסטוריה ולטינית.

את בן אחיו לא הפך מוראקאמי לנוצרי מאמין. הוא היה זהיר מספיק שלא לעשות זאת. הוא הסתפק בהטמעת הכרת התנ"ך ואהבת ישראל בקיסר לעתיד. את הזרעים שזרע לפני שנים רבות, קצר מוראקאמי זמן קצר לאחר שאחיינו הפך לקיסר. הוא לא היה זקוק להרבות בהפצרות ולא היה צריך שכנוע רב כדי שהקיסר שאהב והעריץ את דודו, יאשר את בקשתו לתרום מהקרן הקיסרית חצי מיליארד דולר לישראל. הקיסר, בהשפעתו של דודו, שנא את כניעתה של יפן ללחצן של מדינות ערב בעת משבר הנפט לאחר מלחמת יום כיפור. הוא ידע שמדיניות כזאת עלולה בקלות להפוך להֶרגל, ואכן היא הפכה.

למוראקאמי לא הייתה כל סיבה שלא לסמוך על אוגורה. אחרי הכול, הוא היה בן משפחה. חוץ מזה, כבר בגיל שלושים היה אוגורה רואה חשבון מדופלם ובוגר תואר שני במנהל עסקים, מאוניברסיטת קיאו היוקרתית.

תחת ניהולו הזהיר והמקצועי שגשגה הקרן וההון צמח לסכום אגדי של עשרה מיליארד דולר. אוגורה השקיע את הכסף במניות סולידיות, שערכן לא צנח כשבועת ההייטק התפוצצה. הוא השקיע באגרות חוב ממשלתיות ובנדל"ן בעיקר מחוץ ליפן, בלונדון ובמנהטן. כך, כשבועת הנדל"ן ביפן התפוצצה, והמחירים צנחו צניחה חופשית למטה, ערכן של השקעותיו של אוגורה תפח. "נכון," הודה מוראקאמי בלבו, "אוגורה שחצן לא קטן ולא תמיד מפגין את מידת הכבוד הראויה לראשי המשפחה." הוא גם בחר להעלים עין מדיווחי בלשי אגף הטקס הקיסרי, שסיפרו לו מדֵי פעם על נשים שאוגורה היה מתרועע עמן. הוא לא הקדיש לכך חשיבות גדולה מדַי והרגיע את עצמו במחשבה שהתנהגות זו אינה יוצאת דופן, ושרבים הגברים שהיו נוהגים כמוהו.

עד אתמול, בערבו של יום שישי, מוראקאמי לא הוטרד כלל מכך שבאותו יום בבוקר שהיה קר ובהיר, נפגש עם אוגורה בבית התה שבגן הארמון הקיסרי בטוקיו. בפגישה נתן לו מוראקאמי הוראות מדוקדקות על העברת הכסף לממשלת ישראל, באמצעות נציג המוסד בטוקיו. לאחר השיחה ביניהם הצטרף לפגישתם מנהל סניף קוג'ימאצ'י של בנק פוג'י, שעמו עבדה המשפחה הקיסרית במשך שנים רבות וכן קיטמורה הזקן. כשהנסיך מוראקאמי החליט על העברת הכסף לישראל, הוא דאג לכך שגם חתימתו של קיטמורה, כראש ליגת הידידות יפן-ישראל, תידרש להעברת הכסף. הוא הכיר את קיטמורה שנים רבות כאדם אחראי וישר וסמך עליו. קיטמורה היה עמיתו לאגודת התנ"ך ביפן, אף כי לא היה נוצרי, וחשוב לא פחות - הוא היה נצר למשפחת אצולה המקורבת קרבה רחוקה למשפחת הקיסר. במחיצתם חתם מוראקאמי על המסמך המאפשר לאוגורה ולקיטמורה להעביר את הכסף. את המעטפה שבה המסמך חתם מוראקאמי בחותם פרח הכריזנטמה הקיסרי. מנהל סניף הבנק עזב לאחר סדרת קידות עמוקות, ואילו אוגורה נשאר בארמון, בחדר מיוחד שהוקצה לו באגף מגורי המשפחה הקיסרית, כאורחו של מוראקאמי. הוא היה אמור להישאר בארמון עד לאחר שהכסף יועבר לידו, והכול

יבוא אל מקומו בשלום. לבקשתו של אוגורה, את ההעברה עצמה אמור היה לעשות קיטמורה מהחשבון המיוחד שנוהל אישית על ידי מנהל הסניף ביום שני, מיד כשהבנקים שבים לעבודתם אחרי סוף השבוע.

קיטמורה הזקן ידע היטב מדוע ביקש ממנו אוגורה לבצע את העברת הכסף. הוא גם ידע שלא יהיה לבדו בבנק. אפי יצטרף אליו, וקיטמורה היה בטוח שהישראלי לא ייהנה מביקורו בבנק. קיטמורה שנא את מה שהוא עמד לעשות אך ידע שאין לו ברירה. הזקן עזב את הארמון בפנים חתומות ובלי לומר מילה. הוא לא פצה את פיו גם כשהוסיף את חתימתו ליד חתימת הנסיך על המסמך המאשר את העברת הכסף. הוא נמנע אף מלהביט ישירות בעיניו של הנסיך או של אוגורה בכל אותו הזמן. הנסיך תמה על התנהגותו זו, והיה מוטרד מעט בגינה. הוא חשב לטלפן אליו ולשאול אותו מה קרה, אולם מהר מאוד נשכחה ממנו מחשבה זו.

אותו יום, לאחר הפגישה בבוקר, החלו להטריד את הנסיך עד לכאב דיווחים שלפתע הגיעו לאוזניו מבלשי אגף הטקס הקיסרי ומעוזריו, על הקשר של אוגורה עם כנופיית היאקוזה היאמאגוצ'י-גומי ועל הביקור שלו בכת האמת האלוהית העולמית. בעבר לא הייתה למוראקאמי כל סיבה לפקפק באוגורה וביכולתו לנהל קרן של מיליארדי דולרים. לכן גם לא ביקש שיתבצע מעקב אחריו. הפעם, תוך שהוא נאנח עמוקות מדאגה, חייג מוראקאמי לממונה על הביטחון של משרד הטקס הקיסרי, ובקול רציני אמר לו שהגיע הזמן להיכנס לעובי הקורה. "התנהגותו של אוגורה תמוהה ויש לבדוק מה עומד מאחוריה, בהקדם האפשרי." הממונה על הביטחון השתחווה לשפופרת הטלפון בצדו השני של קו התקשורת הפנימי של ארמון הקיסר, תגובה מוזרה משהו היות שמוראקאמי אינו יכול לראותו בעצם, אמר "האי," כן, והניח את השפופרת במקומה. למוראקאמי לא היה ספק שהאיש, קולונל אובאיאשי, שהיה עד לפני שלוש שנים סגן מפקד משטרת הבירה, יעשה את מה שדרוש.

פרק כ"ב

מקדש אלת השמש באיסה, שבת אחר הצהריים/ ערב

דם המכבים
בדיוק ביום הזיכרון
פורח

הכוהן הבכיר טקגאווה יושי חש את המבטים האלכסוניים ששילחו לכיוונו הכוהנות הצעירות שעמלו לצדו על הכנת מצעד ההעברה הטקסי של חפצי הקודש. הם מצאו חן בעיניו, והוא חייך חיוך קל. שתי הכוהנות שלצדו ראו את החיוך, השפילו בביישנות מעושה את עיניהן וחייכו גם הן. הוא היה רגיל למבטי נשים. רבות מהן לא התביישו לומר לו שהוא נראה טוב, גם כמה אמהות חסודות למראה שהביאו את בניהן לבושים בקימונו מרהיב, במלאת להם שלוש שנים, לקבלת ברכה במקדשו. הוא באמת נראה טוב. בגילו, ארבעים, היה גבוה יחסית ליפני הממוצע, רחב אך לא שמן, עיניו טובות, ופניו מחייכות כמעט תמיד. בגדי הכוהן הטקסיים - קימונו לבן, מגבעת שחורה גבוהה ונעלי עץ גדולות בציפוי לק שחור בוהק, הלמו אותו. גם ביטחון עצמי לא חסר לו, כבנו של ראש מקדש דת השינטו החשוב ביותר ביפן, מקדש אלת השמש אמטרסו אומיקאמי שבעיר איסה. משרת הכוהן הראשי עברה בירושה במשפחת טקגאווה במשך דורות רבים מספור. לפי האגדה, שיושי האמין בה בכל

לבו, הכוהן הראשי הראשון בשושלת היה משרתה של אלת השמש. יושי יועד למְשׂרת הכוהן הגדול, כשאביו בן השישים ושבע יפרוש מתפקידו. אביו לא הראה כל סימני פרישה. הוא היה בריא וצלול, ועשה רושם שהוא מתכוון להישאר במשרתו עוד שנים רבות. ליושי לא היה אכפת. הוא נהנה מעבודתו כסגנו של אביו וחש שיש לו מה ללמוד עוד ממנו בטרם יתפוס את מקומו. בינתיים עמל, עם עוזרותיו החינניות, על הכנת העברתם של אוצרות המקדש ממבנה עץ הברוש הישן הֶאמור להיהרס בקרוב למבנה חדש הזהה לו בדיוק, שבנייתו אך זה הושלמה. יושי ידע שבשנות חייו לא יזכה לטפל ביותר משניים-שלושה מעברים כאלה, המתקיימים לפי המסורת מדֵי עשרים שנה.

בעוד שבחוץ השתוללה לה סופת גשם של סוף הסתיו, וברקים האירו מדֵי פעם את העצים הרבים המקיפים את המקדש מכל עבר, עטפו השלושה בתוך האולם הקר והלא-מוסק בעדינות וביסודיות, בבדי משי לבן, את החפצים השונים שהיו מאופסנים בחדר זה עשרים שנים. בין החפצים היו אגרטלי איקבנה, סידור הפרחים היפני, מרהיבים ועתיקים, מעשי ידיהם של טובי אומני הקרמיקה מזה מאות בשנים, פסלים וחפצי נוי אחרים שנתרמו למקדש בידי קיסרים שביקרו בו בכל הדורות וקיסרים שנמשחו בו כשנכנסו לתפקידם. במקדש זה מתקיים הטקס הדתי של הכתרת הקיסרים החדשים, צאצאיה של אלת השמש. בין חפצי הנוי היו לא רק מעשי ידיהם של אומנים יפנים, אלא גם חפצים שנגזלו מסין בשנים הרבות של הכיבוש היפני שם. פסלים וכלים מתקופות קדומות של שושלות טאנג ומינג שחלקם כל כך יפים ונדירים עד שלא ניתן כלל לאמוד את שוויים. כל אחד מהאוצרות העטופים הונח בזהירות בארגז עץ גדול. משהתמלא כל ארגז, הוא נחתם במכסה עץ והונח אחרי הארגז שלפניו, כך שנוצרה שורה ארוכה של ארגזים במסדרון הארוך המוביל מחדר האוצרות אל מחוץ למקדש. כל ארגז נעטף גם מבחוץ בבד משי לבן והמתין לכך שבבוא השעה יועבר מהמקדש הישן למשכנו לעשרים השנים הבאות, בחדר האוצרות של המקדש החדש.

בחפץ אחד, שהיה אוצרו החשוב ביותר של מקדשה של אלת השמש, לא נגע יושי הכוהן. החפץ היה טמון לבטח בתוך קופסה, בחדר נפרד היוצא מחדר האוצרות הראשי של המקדש. דלת חדר האוצרות הייתה נעולה תמיד בבריח שעליו מנעול גדול. אף אדם, גם לא הקיסר, שהוא הכוהן העליון של אלת השמש והכוהן הראשי של מקדש איסה, לא הורשה לגעת או אפילו להביט באוצר. בטקס הדתי של הכתרת קיסר חדש, רק הקיסר וראש המקדש נכנסו לחדר האוצרות, הוציאו את הקופסה שבה החפץ המקודש אל האולם המרכזי של המקדש, שם נערך הטקס, ובסיומו החזירו את הקופסה, חתומה כשהייתה, אל חדר האוצרות. גם תוך העברת האוצרות למשכנם החדש, אחת לעשרים שנה, הקופסה תישאר חתומה. לא יושי ולא אביו יעזו לפתוח אותה.

כשסיימו להכניס את כל החפצים לארגזים, שלח יושי את הכוהנות לאכול ארוחת צהריים ונשאר לבדו באולם הקר. הוא המתין לאביו שיגיע, עם הכוהנים האחרים, יוציא את תיבת העץ העתיקה שבתוכה החפץ הקדוש, ייקח אותה בידיו ויחל לצעוד. אחריו הכוהנים, בבגדיהם הטקסיים, יישאו את הארגזים בהליכה אטית בשורה ארוכה. הם יפסעו דרך מסדרון עץ ארוך, שבמקום קירות הוא מקורה בווילונות משי שקופים למחצה, שנבנה במיוחד למטרה זו וייהרס, כאשר הכוהנים יחצו את המסדרון ויגיעו עם מטענם המיוחד למקדש החדש.

יושי ידע כמובן מהו החפץ שאביו יישא בחרדת קודש בידיו, אבל מעולם לא ראה אותו. למרות הפיתוי, נמנע מלהציץ בו בכל שנות שירותו במקדש, מתוך תחושת החובה של תפקידו, ואולי גם מהפחד של הקללה העתיקה שלפיה כל מי שיביט בחפץ ייפגע ממכת ברק וימות בו במקום. יושי לא האמין באמונות טפלות אולם האמין בכל לבו בעוצמתה של הדת ששירת אותה ובכוחם של שמונה מיליון האלים שאכלסו את הפנתיאון שלה. הוא כבר ראה בחייו אִי-אלו תופעות שלא ידע להסבירן לפי חוקי הטבע הרגילים. ראה חולים ונכים קשים שהבריאו כשאביו

ביצע בהם את טקס הטהרה ובירך אותם בבריאות בתפילותיו בשפה הטקסית העתיקה. הוא ראה בעלי חיים פלאיים, כמו שועלים, ההופכים לבני אדם בלילות ירח מלא. הוא ראה דביבוני רקון הופכים לקומקומי ברונזה ולציפורים במסדרונות העץ של מקדש השינטו המסתורי באי מאצושימה שליד הירושימה.

החפץ הקדוש, הטמון בחדר האוצרות של מקדש איסה, היה המראה של אלת השמש. ראי זה היה אחד משלושת כלי הקודש השמימיים שאלת השמש אָמָטֶרָסו נתנה בידי נכדה האל ניניגי-נו-מיקוטו כששלחה אותו למשול בארץ בני האדם. המראה העגולה, העשויה ברונזה, היא אותה המראה שבעזרתה, לפי המיתולוגיה היפנית, הוציאו האלים בעורמה את אלת השמש החוצה מהמערה שבה הסתתרה, לאחר שכעסה על מעלליו של אחיה, אל הסערה. כשהסתתרה במערה, העולם נעשה חשוך וקר ולא הועילו תחינותיהם של האלים והאנשים. אלת השמש סירבה לצאת. רק כשראתה את בבואתה היפה והזוהרת במראה, שהוצבה לפניה על ידי האלים, ניאותה לצאת.

כלי קדוש נוסף היה החרב קוסאנאגי - קוצרת העשבים. החרב שכנה באחד מזנבותיה של מפלצת שצורתה צורת נחש בעל שמונה ראשים ושמונה זנבות. אל הסערה נלחם במפלצת זו שהציקה רבות לבני האדם. לאחר שהרג אותה, מצא באחד מזנבותיה את החרב הפלאית. הוא העניק את החרב לאחותו, והיא בתורה נתנה אותה לנכדהּ. החרב שוכנת עד היום במקדש אצוטה שבעיר נאגויה. החפץ השמימי השלישי הוא ענק אבני החן יאסאקאני-נו-מאגאטאמה, אבני הנשמה הקעורות של אלת השמש. הַענק שוכן לו לבטח במקדש הנמצא בארמון הקיסר בטוקיו. נכדה של אלת השמש העביר את שלושת כלי הקודש השמימיים בירושה לנכדו, הקיסר הראשון, ג'ימו טננו, לפני אלפיים שש-מאות שישים ותשע שנים. מהקיסר ג'ימו נמשכת עד היום, ללא שינוי, אותה שושלת קיסרים.

בזמן שהמתין לאביו, חש יושי רחמים על הצופים הרבים שהוזמנו מכל רחבי יפן לצפות בהעברת חפצי הקודש. הם, כך ידע, יָשבו כבר בחוץ בקור על האדמה הקרה והלחה, מחזיקים במטריות המגינות עליהם רק בקושי מפני הגשם החזק היורד. בקרוב הם יאמצו את עיניהם בניסיון לראות באור הדמדומים ודרך הווילון פרט כלשהו מהאוצרות הנמצאים ממילא בתוך ארגזים. פנסי הנייר שאותם יישאו הכוהנות שיצעדו בינות נושאי הארגזים לא ייתנו תאורה של ממש שתאפשר לראות משהו. למען האמת, האור החיוור של פנסי הנייר רק יוסיף לאווירה המסתורית שתהיה נסוכה על כל האירוע. "לפחות," חשב יושי, "ספל הסאקה העשוי עץ אורן, שקיבל כל אורח כשנכנס לשטח המקדש, יחמם מעט את לבם של הצופים." חריקה קלה מכיוון דלת הכניסה העירה את יושי משרעפיו. בקפיצה קלה של בהלה הביט לכיוון הקול וראה, לחרדתו, לא את אביו כפי שציפה, אלא שלושה פרחחי יאקוזה, רטובים מגשם, נעים לעברו. בידו של אחד מהם היה אקדח שכוון לראשו של יושי, השני החזיק סכין בידו והשלישי מספרי מתכת ארוכים. עבר שבריר שנייה עד שיושי הבין שהם הגיעו כדי לגנוב את המראה. הבחור הצעיר עם האקדח אמר ליושי בשקט, תוך שהוא מתאמץ לדבר בנימוס ולא בניב היאקוזה הרגיל והגס: "אין לנו כל עניין לפגוע בך. אנחנו רק ניקח את מה שאנו צריכים לקחת ואם תישאר במקומך, הכול ייגמר בשלום תוך דקה או שתיים."

יושי ידע שהגיעה השעה שלקראתה התאמן כל חייו הבוגרים, גם אם מעולם לא העלה על דעתו שמישהו ינסה לגנוב את המראה. לכל אורך ההיסטוריה של יפן לא קרה דבר כזה. כשנכנס לתפקידו, לפני עשרים ושתיים שנים, נשבע להגן בחייו על המראה והתאמן לשם כך מאז מדֵי יום בדוג'ו של המקדש הן באייקידו, שמטרתו להשתמש בתנועות היריב כנגדו, והן במיומנויות השימוש בחרב קצרה וארוכה, עד שהגיע לרמה שלא הייתה מביישת את טובי הסמוראים. יכולת הלחימה שלו הייתה מרשימה ביותר, אבל הוא לא היה לוחם מטבעו, אלא אדם עדין שהתעמק בכתבי הקודש ובהכרת הטקסים. למרות זאת, לא היסס אפילו לשנייה.

הוא שלף את חרבו, שהייתה מוסתרת בתוך גלימתו הלבנה, ובתנועה מיומנת ומהירה קטע את ידו של הבחור, שאחז במספרי המתכת, מעל המרפק. עוד בטרם פגעו היד הקטועה והמספריים ברצפת העץ, חדרה חרבו של יושי לירכו של היאקוזה השני שאחז בסכין. חוד החרב כוון להינעץ בלבו, אולם יושי מעד קלות כשהכדור מאקדחו של היאקוזה השלישי פגע בכתפו. יושי שחרר את החרב מהירך של יריבו והתכוון בתנועה מהירה של ידו הבריאה לפגוע באוחז האקדח, אולם זה קפץ הצדה וכדור נוסף מאקדחו ננעץ בבטנו של יושי, שנפל קדימה. כשניסה לקום, כדור שלישי חדר למרכז גבו והוא הרגיש את עמוד שדרתו מתנפץ. "אמרתי לך להישאר בשקט. מה השגת בזה שניסית להילחם בי ובחבריי? עכשיו שלושה אנשים טובים מתים ואני אקח בכל זאת את המראה," שמע יושי את הבחור עם האקדח מסנן בחימה אל תוך אוזנו. יושי לא הטריד עצמו בשאלה למה הבחור אמר ששלושה אנשים מתים. תוך כדי שהוא הרגיש שחייו אוזלים ראה יושי, ממקום שכבו על הרצפה, את הבחור מתכופף, לוקח את מספרי המתכת מהיד הגדועה המונחת על הרצפה בתוך שלולית דם, חותך את המנעול שבדלת הנעולה, נכנס לחדר ויוצא כשבידיו התיבה הקטנה ובתוכה המראה.

בטרם צאתו, ירה כדור במרכז מצחו של הבחור חסר היד, שצווח במרכז החדר כשזרמי דם פורצים מהגדם. אז כיוון אקדחו לרקתו של הבחור השני, שישב ואחז בירכו הפצועה, אולם בטרם הספיק לירות התחנן בפניו הפצוע: "אל תירה, איצ'ו, אני אבוא אתךָ ולא אעכב אותך בבריחה." איצ'ו לא השיב ולחץ על ההדק. לבסוף הביט ביושי שעצם את עיניו וחיכה לכדור שיהרוג אותו. למרות שראה שהוא עדיין בחיים, איצ'ו לא ירה אלא הסתובב, יצא ונעלם. כמה שניות אחר כך נכנסו בריצה אביו ועוד כוהנים צעירים מבוהלים ששמעו את הצעקות והיריות. הם עצרו בבעתה כשראו את מרחץ הדמים. אביו של יושי כרע לצדו, ולרגע אורו פניו כשחשב שיושי אינו פצוע קשה. כשראה את פגיעות הכדורים ואת הדם הרב שזרם מגופו התקדרו פניו והוא צעק לעבר הכוהנים שאִתו:

"צלצלו מיד לבית החולים הקרוב שישלחו אמבולנס ורופא. הבן שלי גוסס." האב נפנה שוב לבנו וראה שהוא מנסה לומר לו דבר מה. הוא קירב את אוזנו לפיו של בנו שלחש: "נכשלתי, אבי, אני מצטער. הגנב הוא יאקוזה צעיר בשם איצ'ו. תתפסו אותו." לזוועתו של אביו, דם פרץ מפיו של יושי והוא נפח את נשמתו בזרועות אביו המתייפח, כמה שניות לאחר שסיים את דבריו. מבעד לדמעותיו, הביט האב לכיוון דלת האוצר הפרוצה. הוא ידע מה עליו לעשות.

פרק כ"ג

טוקיו, שבת בצהריים

סתיו חיי
עוטף את הלב
אוי הַבֶּרך!

קיטמורה יצא משער ארמון הקיסר בהרגשה כבדה. הוא ידע שנתן ידו לפשע נגד כל מה שהוא מאמין בו. הוא בגד בקיסר ובארצו. הזקן ידע שאין לו ברירה אלא לעשות את מה שנאמר לו. הוא שנא את אוקה אויאבון, פחד ממנו ובז לעצמו על חולשתו. על חולשתו של בנו. כמה פעמים דרש מבנו, ללא הועיל, להפסיק את התמכרותו להימורים. לא פעם נסע, בשעות הבוקר המוקדמות, לאסוף את בנו החבול והמוכה מתחנת המשטרה הקטנה שבשכונת חיי הלילה השטופה במין והימורים, קאבוקי-צ'ו. השוטרים היו אוספים את קיטמורה הצעיר מהמדרכה, שאליה זרקו אותו שומרי אחת ממאורת ההימורים, אחרי שנותר ללא פרוטה. כדי לשמור על כבודו של אביו, טרחו השוטרים בכל פעם לצלצל אליו ולקרוא לו לקחת את בנו, ללא פרסום וחקירה. בשנתיים האחרונות הפסיק הבן להיאסף מהמדרכות. בעל מועדון הקראוקי "קיטאנו", שבאולמו האחורי המוסתר היטב מעיניים סקרניות הצטופפו מהמרים מסביב לרולטה ולשולחנות הבלק-ג'ק, התייחס לקיטמורה הצעיר בנימוס. הסיבה היחידה שבגללה הפגין יחס טוב לקיטמורה הייתה בשל הוראתו של

אוקה אויאבון, שחסותו הטובה והרחימאית הייתה פרושה על המועדון. אוקה הורה לכבד את האשראי של קיטמורה הצעיר ולתת לו לעתים, אם כי לא לעתים קרובות מדי, להרוויח. כך הפך המהמר המכור ללקוח קבוע, ובהדרגה צבר במועדון חוב נאה.

כשצורפה לחוב ריבית הנֶשך שבעל המועדון נהג לגבות אותה ממושאי האשראי שלו, התברר לאביו הזקן של קיטמורה, שקיווה ליותר מבנו, שבנו היקר, תרתי משמע, חייב סכום נאה של מאה וחמישים מיליון ין, כמיליון וחצי דולר. האב הלא-גאה לא גילה תגלית מרעישה זו מבנו, אלא מטיפוס גבוה רחב ושרירי, בעל ראש מרובע וקצוץ שיער, צלקת על לחיו השמאלית וקטוע פרק מאצבעות ידו השמאלית. הטיפוס המתין לו ביום חורפי אחד מחוץ לביתו, בשעת הבוקר הקבועה שקיטמורה הזקן נהג לצאת בה מביתו לעיסוקיו. הזקן עבר על פניו שקוע בהרהוריו בלי להבחין בו. "קיטמורה סאמה, אבקש את סליחתך לכמה דקות," שמע הזקן קול רך, נמוך וצרוד, מאחוריו. כשהסתובב, ראה את אוקה נשען על גדר הבית הסמוך לביתו של קיטמורה, והמחשבה הראשונה שעלתה במוחו הייתה איך קול רך כזה יצא מפיו של אדם כה מפחיד, הנראה כארכי-טיפוס של יאקוזה.

מאוקה למד קיטמורה דברים מפתיעים ומציקים רבים, נוסף על כך שבנו יחידו שייך למעשה לבוס היאקוזה שמולו. הוא למד על אחוות "לוחמי האמונה" ועל מטרותיה, על התוכנית לגניבת חצי מיליארד דולר מהקרן הקיסרית ועל תפקידו שלו בגניבת הכסף בעזרת נציג המוסד הישראלי. לא די שהיה עליו לבגוד בקיסר ובארצו, הוא נדרש לרמות את "כת האמת האלוהית העולמית", שהייתה משענתו הרוחנית שנים רבות. הוא שילם עשרות אלפי ינים בכל פעם שביקר במרכזיה הרוחניים של הכת המפוזרים בעריה הגדולות של יפן והאמין באמונה שלמה בעקרונות השלום האוניברסליים של הכת. הוא לא ראה כל סתירה בין עקרונות אלה לבין נאמנותו לקיסר ולארצו, בין עקרונות השלום לבין

התביעה של הכת להחזרת ארבעת האיים הצפוניים מרוסיה לחיקה של המולדת או התביעה לשנות את סעיף תשע בחוקת יפן ולאפשר ליפן להחזיק צבא אמיתי כפי שיש לכל שכנותיה. "עדיף," כך חשב, "מדינה חזקה החיה בשלום, מאשר מדינה חלשה שהשלום שהיא חיה בו תלוי בחסדיהם של אחרים."

למרות כל הנאמנויות שלו, ידע קיטמורה שלא תהיה לו ברירה אלא לעשות כמצוות אוקה. הוא ידע שילך לבנק ביום שני בבוקר, יֵשב מול מנהל הסניף ויחתום על העברת הכסף לחשבונו של אוקה במקום לחשבונו של סוכן המוסד אפי-סאן. אפי-סאן יֵשב לצדו ובתורו יחתום גם כן על הוראה בנקאית להעביר את הסכום הנאה של חמישים מיליארד הין לחשבונו של אוקה. קיטמורה לא ידע כיצד יכריחו את אפי-סאן לחתום ולא רצה לדעת. בנו היחיד חשוב היה לו יותר מכל דבר אחר. הוא הבטיח לרעייתו, שנפטרה מסרטן לפני שנים רבות, כי ידאג לבן ומאז הקדיש לו את מרבית חייו. קיטמורה שילם הון תועפות על לימודיו של בנו, מימן עבורו קונצרטים לכינור והתפעל מנגינתו, בלי לדעת שהוא היחיד שמתפעל. הזקן אפילו שילם לא מעט למשרד שידוכים ידוע כדי למצוא לבנו כלה מתאימה. בעודו עושה דרכו חזרה מארמון הקיסר אל דירתו הקטנה, ידע קיטמורה שעליו למצוא תחבולה כלשהי שתחלץ אותו מהתסבוכת שנקלע אליה, ובו-זמנית ידע שלא יעז לסכן את בנו. הוא המשיך לשנוא את עצמו גם למחרת.

פרק כ"ד

האקובה, בין שבת בלילה ליום ראשון

נדודי שינה
מתארך הצל
ליל סתיו

כשנכנסנו, בשעה אחת-עשרה בלילה, למלון הקטן ליד תחנת הרכבת של האקובה, שגם הוא נראה כבקתה שווייצרית בדומה למרבית הבתים בכפר, הספקתי לחלוץ את קבקבי העץ שנעלתי כחלק מהתחפושת המגוחכת, אם כי הלא רעה כלל, היה עליי להודות, של יפני כפרי בעל שיניים בולטות. התבוננתי במבט נוסטלגי ועייף במיטה הרכה שניצבה במרכז החדר כשג'ומונג'י נכנס לחדרי בלי לדפוק, אוחז בטלפון הנייד שלו. ראיתי שהוא נסער. ידעתי שהתרחש משהו חמור במיוחד מכיוון שג'ומונג'י לא מאבד את שלוותו בקלות, אפילו לא בתנאים קשים ובמיוחד לא בפני סכנות שניצבו בפנינו לא אחת, כמו למשל בסיורינו החשאיים המשותפים בפרברי פיונגיאנג, בירתה המכוערת להפליא והמדכאת של צפון קוריאה. "נראה לי שהמאמץ להפוך אותך ליפני היה מיותר. לצערי ניאלץ לוותר על השתתפותנו מחר בטקסי הסתיו ולא נדע עד כמה התחפושת מוצלחת. תיפטר מהתחפושת, לבש את בגדיך הרגילים כמה שיותר מהר ותהיה מוכן לתזוזה. עוד עשר דקות תחכה לנו מונית שתיקח אותנו למנחת מסוקים הנמצא דרומית לתחנת הרכבת. אין זמן להסברים.

אתדרך אותך בדרך." מידת הדחיפות שבדבריו הייתה משכנעת, ולמרות החימום הנעים בחדר ושמיכת הפוך הרכה שהייתה מונחת על המיטה, חזרתי בתוך עשר דקות להיות גאיג'ין עגול עיניים. יצאנו לקור המקפיא ונכנסנו למונית שהמתינה לנו סמוך לכניסה למלון. הוא שתק במשך הנסיעה הקצרה למנחת. להבי הרוטור של המסוק המשטרתי שהמתין לנו הסתובבו, והטייס המריא ברגע שחגרנו את חגורת הבטיחות ושמנו על אוזנינו את האוזניות למניעת רעש הטיסה. למרות החימום, הייתי קפוא וראיתי שכך גם ג'ומונג'י, שחיכך את ידיו המכוסות בכפפות עור זו בזו כדי להתחמם. ג'ומונג'י הצביע על המיקרופון הקטן שהיה תלוי ליד כל אחד מאתנו, לקח בידו את המיקרופון הסמוך אליו, לחץ על הכפתור השחור הקטן שבצדו ושמעתי את קולו די ברור דרך האוזניות.

"אנחנו בדרכנו עכשיו למקדש אלת השמש באיסה," אמר וקולו קצת מתכתי. תמיד רציתי לבקר שם, אבל תיארתי לעצמי שאנחנו לא נוסעים לטיול היסטורי במקדשי יפן. "אני רוצה להיפרד מחבר טוב ולתפוס רוצח," המשיך. לא מה שציפיתי לשמוע. לא שהיה לי מושג מה בדיוק רציתי לשמוע, אבל היה די ברור שלא את זה. "שיחת הטלפון שקיבלתי הייתה מראש המקדש, אביו של חבר טוב, שלמדתי אתו באוניברסיטת "קיודאי" - אוניברסיטת קיוטו. התאמנו יחד באייקידו בדוג'ו של מקדש הייאן. הוא נרצח היום, והראי הקדוש של אלת השמש נגנב. אתה יודע על מה אני מדבר?" ידעתי. "אין לי מושג מדוע מישהו ירצה לגנוב את הראי הזה, ועוד לרצוח בשבילו. הוא לא יכול להועיל לאף אחד," המשיך. "נראה שכן," חשבתי. ג'ומונג'י נראה לחוץ ומוטרד. לא העקתי עליו בשאלות. לא רק משום שלא רציתי להטריד אותו עוד יותר אלא כי המסוק, שטס בתוך גשם שוטף, נקלע לסופת ברקים ורעמים, והחל להתנדנד מצד לצד, למעלה ולמטה, כמו מכונת כביסה ישנה במצב סחיטה מתקדם. שכחתי לגמרי שהייתי רעב בשלב מסוים של הלילה, בעיקר מכיוון שהקיבה קפצה לי לתוך הגרון מהטלטלות. למזלי, בטרם נקלעתי למצב לא נעים של הקאה, הנמיך המסוק ונחת. לא זכורה לי

פעם ששמחתי בה כל כך לצאת ממסוק באמצע לילה קפוא וגשום ולרוץ למחסה כמו הפעם. האמת היא שמעולם לא אהבתי מסוקים, ותרגילי הנחיתה ממסוקים באימוני הסיירת זכורים לי כסיוט לא קטן. למרות החושך, הצלחתי להבחין שנחתנו במגרש חצץ נרחב, בין שער הטוריי של המקדש לשביל הכניסה לבניין המרכזי של המקדש.

אמבולנסים חנו מסביב כשאורותיהם מהבהבים, וצוותים רפואיים נשאו שלוש אלונקות והתקרבו אלינו. בדיוק ברגע זה צלצל הנייד שלי. זיהיתי מיד את הקול הנמוך והסדוק, למרות שלא הקדשתי לו מחשבה רבה בשעות האחרונות. "תהיה בעוד שעה ליד האצ'יקו בשיבויה," וניתק. מנהג מעצבן, חשבתי לעצמי, וגם לא מי יודע מה יעיל, מאחר שלא שאל אם אני נמצא בכלל בטוקיו. גם אם אטוס במטוס אֶף חמש-עשרה, לא אוכל לעבור בזמן את ארבע-מאות הקילומטרים בין מקדש איסה לטוקיו ולהתייצב בזמן ליד פסל הכלב האצ'יקו הניצב בכניסה לתחנת הרכבת של שיבויה בטוקיו. מה לעשות. כמו הכלב הנאמן שתמיד ליווה את בעליו לתחנה כשהלך לעבודה בבוקר, וחיכה לו שם עד שישוב והמשיך בכך גם אחרי שבעליו מת, כך גם הצלם יעמוד ויחכה. אם הוא היה מאריך מעט בשיחה אִתי, הייתי אומר לו שכדאי לדחות את פגישתנו ליום אחר, אבל הוא כנראה ראה יותר מדַי סרטי בלשים הוליוודיים.

בינתיים האלונקות הגיעו סמוך אלינו וראיתי שכל שלושת האנשים המונחים עליהן כבר לא יראו את אור הבוקר שאמור לעלות עוד מעט. הם גם כבר לא יראו שום דבר אחר. ג'ומונג'י ניגש לאלונקות, הרים את השמיכה שכיסתה אותם ובדק בפנס כיס קטן את פניהם וידיהם של השניים הראשונים. הוא שם לב שידו של אחד מהם מונחת לצד הגופה אולם אינה מחוברת אליה וחייך. כששם לב לחורי הכדורים בראשם, קימט מצחו במאמץ להבין כיצד נהרגו, מכיוון שידע שיושי משתמש בחרב בלבד. ג'ומונג'י פנה לשוטר שעמד לצד האלונקות: "הם שייכים לסניף אוסאקה של כנופיית ימאגוצ'י גומי. לא?" השוטר הניד בראשו

לחיוב והוסיף: "הספקנו כבר לזהות אותם. הם חיילי יאקוזה זוטרים, מכנופיית הנמל של אוסאקה." כשהגיע לאלונקה השלישית נאטמו פניו של ג'ומונג'י והתקשו כאבן. הוא הביט בפניו המתים של ידידו הכוהן יושי ואמר בשקט: "אני אנקום במי ששלח את החלאות האלה." האיש הזקן בבגדי כוהן שינטו, שניצב ליד האלונקה, הניח ידו על כתפו של ג'ומונג'י ואמר בעצב: "ג'ומונג'י-קון, לא תוכל כבר לעזור לו. התקשרתי אליך כדי שתעזור לנו למצוא את רוצחי בני ולבוא חשבון עמם. חשוב מכך, אני מבקש שתמצא את המראָה ותחזיר אותה למקומה. תדחיק עכשיו את העצב. אתה ואני נוכל להתאבל כראוי על יושי אחרי שהכול ייגמר. בוא למשרד שלי, אנחנו צריכים לדבר." כשנעתי קדימה כדי ללוות את ג'ומונג'י, הביט בו הכוהן הזקן בשאלה. "זה בסדר, הוא אִתי," אמר ג'ומונג'י בלקוניות שסיפקה את הכוהן.

במשרדו, ששכן במבנה עץ קטן נפרד שנמצא מאחורי מבנה המקדש הראשי, מזג לנו הכוהן תה ונתן לנו מגבות קטנות כדי שננגב את ראשינו הרטובים מגשם. שמחתי לשבת בחדר המחומם ולאחוז את כוס התה החמה בידיי הקרות. התחלתי להבין שאין לי מה לצפות למנוחה של ממש, לפני שכל הסיפור המוזר הזה ייגמר. "מי אתה?" פנה אליי הזקן בלי גינונים מיותרים, מעשה לא אופייני ליפני, אבל מובן בנסיבות שהיו. "אני מישראל ועובד לפעמים עם ג'ומונג'י-סאן," עניתי בלי יותר מדַי הסברים. נראה שגם לא הייתי צריך להסביר, מכיוון שהכוהן הגיב: "אה. אני מבין. מבחינתי, כל מי שעובד יחד עם ג'ומונג'י-קון ראוי לאמון שלי." מצורת תגובתו היה ברור, להפתעתי, שהוא יודע מה תחום עיסוקו של ג'ומונג'י. ג'ומונג'י עצמו הנהן בהסכמה, והזקן הרגיש בטוח מספיק כדי להמשיך בדבריו. "את מה שאספר לכם עכשיו לא סיפרתי למשטרה. יושי, לפני שמת בזרועותיי..." קולו נשבר והוא ניגב את עיניו בקצה שרוולו הרחב, "...הספיק לומר לי שהרוצח הוא יאקוזה צעיר בשם איצ'ו, ואני גם יודע שהוא הרג את שני שותפיו הפצועים, כנראה כדי שלא יעכבו את בריחתו. הוא נושא עמו את הקופסה העתיקה ובתוכה הראי. זאת קופסה

קטנה, עשויה מאותו סוג של עץ ברוש שממנו בונים את המקדש. מה שאיצ'ו זה אינו יודע הוא שלקופסה צמוד משדר זעיר שבעזרת האות, היוצא ממנה בתדירות של אחת לדקה, אפשר לעקוב אחריה ולדעת היכן היא נמצאת. את המשדר התקנו לאחר ההתקפה הטרוריסטית בגז הסארין הקטלני ברכבת התחתית בטוקיו. הטריד אותנו הסיכון הממשי מקבוצות טרור, קיקיוניות ככל שיהיו. אחת מפעולות המנע שנקטנו בהן בתיאום עם משרד הטקס הקיסרי ובהובלתה של יחידת הקאמיקאזה של ג'ומונג'י-קון, הייתה להתקין בכל אחד מסמלי הקיסר הקדושים משדרים לאיתור מיקומם, למקרה שהם ייגנבו. למען האמת, זה היה רעיון של ג'ומונג'י-קון." הזקן הביט בחיבה בקצין היפני הרטוב.

"המחשב שממנו ניתן לעקוב אחרי האות נמצא בחדר הסמוך. אני מציע שניגש לשם מיד," הוסיף והוביל אותנו לחדר הצמוד. בעזרת טכנולוגיית איכון לוויינית ראינו על המסך נקודה אדומה הנמצאת כעשרה קילומטר צפונית למקדש ונעה במהירות גבוהה לכיוון צפון מערב. "לכיוון נגויה," אמרו הכוהן וג'ומונג'י יחד, ובקולם הייתה נימת דחיפות בולטת. "מה יש לרוצח לחפש בנגויה?" שאלתי. שניהם הביטו בי בתמיהה, כאילו איזו שאלה טיפשית אני שואל שכל ילד אמור לדעת את התשובה עליה. כשראו שאני בכל זאת עדיין לא יודע את התשובה, אמרו שניהם כאחד בקול נמוך: "קוסאנאגי החרב הקדושה."

פרק כ"ה

טוקיו, בחורשת ארמון הקיסר, שבת בלילה

קול לטאה
ממהרת בין עלים
יבשים

שער הטקס של ארמון הקיסר היה נעול בלילה, ושלא כרגיל, רק מעט מכוניות חלפו לידו בדרך לכניסה לכביש המהיר, העוברת במנהרה מתחת לארמון. השוטר, ששמר על השער מבחוץ, ישן שינה עמוקה בתוך ביתן השמירה הקטן הצמוד לשער בחוץ. התנור החשמלי הקטן דלק והפיץ חום נעים, ואילו השוטר לא הצליח לעמוד בפניו בלילה הקר. מלבד זאת, בחמש השנים שהוא שומר שם לא קרה אפילו אירוע חריג אחד בשער "שלו", כפי שכינה אותו השוטר. בשעה מאוחרת זו של אחר-חצות המדרכה הייתה ריקה מאדם, למעט איש מבוגר, כנראה שיכור, שנשען על עץ סמוך לשער. עוד כמה שעות, כבר משעות הבוקר המוקדמות מאוד, ירוצו כמו בכל בוקר ראשוני הרצים על המדרכה המקיפה שמונה קילומטרים מסביב לארמון הקיסר. אחר כך יעברו שם בהליכה מהירה למקום עבודתם ה"סאלארי-מאן", עובדי המשרדים הרבים ברובע העסקים של מארוּנוֹאוּצִ'י, שמדרום לארמון.

ריאותיו של אוקה אויאבון צרבו כששאף את אוויר הלילה הקר בזמן שהמתין, שעון על עץ ליד השער, ובידו בקבוק סאקה בתוך שקית נייר

חומה. אוקה היה לבוש, שלא כמנהגו, בחליפה אפורה כהה ובכותונת אפורה בהירה רק במעט מהחליפה. מעל הכותונת לבש סוודר כחול כהה ומהוה. מעל כל אלו תלוי היה מעיל ארוך בצבע בז' כהה, ואפילו בחשיכה ניתן היה להבחין כי זהו מעיל זול שנקנה באחת מהחנויות הרבות המוכרות סחורה סוג ב' בהנחות גדולות. לצווארו הייתה קשורה עניבה שמרנית בפסים כחולים אפורים, ולראשו חבש קסקט טוויד כהה. אפילו קמצוץ מהקעקועים שכיסו את מרבית גופו, כמעט עד לצווארו, לא ניתן היה לראות. בקלות ניתן היה לטעות ולחשוב שהוא אחד העובדים המבוגרים מאחד המשרדים של החברות הגדולות, כמו תאגיד "מיצוי" או חברת ההשקעות "נומורה", הנמצאים במרחק הליכה קצר משער הארמון. סתם עובד שנשאר במשרדו עד שעה מאוחרת מאוד, ואיחר את היציאה המשותפת עם חבריו למשרד, יציאה לארוחת ערב ולשתייה של כמה כוסות בירה קירין, באחת ממאורות היאקיטורי בכניסה לרובע גינזה. כפיצוי על האיחור וכהכנה לשיבה הביתה, שם אשתו ודאי מחכה לו כדי לנדנד שוב על המשכורת הנמוכה שהוא מביא, הוא מתנחם בבקבוק של סאקה עטוף בשקית נייר חומה. כך בדיוק ביקש אוקה, השעון על גזע העץ, להיראות אם השוטר יתעורר.

הוא הרגיש שרגלו הימנית נרדמת ואצבעותיה קופאות, כשדלת עץ קטנה נפתחה בשער. אוקה נכנס במהירות, והדלת נסגרה בשקט אחריו. השוטר המשיך לישון בלא הפרעה בביתן השמירה שלו.

"מצטער שחיכית. הייתי צריך לוודא שאף אחד לא ישים לב שיצאתי ממגורי התורנים של משרד הטקס הקיסרי. גם בדקתי שהפטרול של שני השוטרים, העובר ליד השער מבפנים, יתרחק מספיק כדי שלא ישימו לב למעשיי."

אוקה הביט בזלזול בדובר, וואטאנאבה-סאן, איש הנמוך ממנו בראש, שהלך לצדו במהירות בצעדים קטנים והשפיל מבטו לאדמה כשדיבר אליו בלחש.

"קח אותי למקום ובוא נגמור עם זה במהירות, בלי דיבורים מיותרים," סינן לעברו אוקה.

האיש הלך לצדו והוביל אותו בשקט לכיוון חורשת העצים שמעבר לבניין הנמוך והמכוער של משרד טקס הארמון. לאחר כמה שניות של הליכה, כתפיו של עובד הטקס החלו לרעוד ולמרות הפחד שלו מאוקה, לא הצליח להתאפק יותר ושאל בקול מייבב ונמוך ככל שיכול: "מאיומי שלי בסדר?"

"שתוק, תולעת. תעשה מה שאמרתי לך, ומאיומי שלך תשוחרר ותהיה בסדר," סינן אוקה שוב לעברו והפעם בארסיות רבה ממקודם.

בלבו גיחך כשנזכר איך ראה, מחלון הכהה של מכונית המרצדס השחורה שלו, כיצד שניים מאנשיו תופסים את הנערה הנמוכה והשמנמונת, בעת שצעדה לבדה על המדרכה בדרכה חזרה לביתה מבית הספר. היא אפילו לא צעקה או נאבקה, רק ייבבה בשקט והשתינה מפחד בתחתוניה. אוקה שמח שנהגו ראה את הנולד והניח יריעת פלסטיק עם מגבת עבה מעליה על רצפת תא המטען של המכונית. הנהג הניח, בצדק, שיש סיכוי לא רע שהנערה החטופה תקיא או תשתין מפחד ומלחץ. היא בוודאי ממשיכה לייבב בפינת המחסן בנמל יוקוהמה, שם היא נמצאת כעת. המחסן שייך לעסק חוקי לגמרי של יבוא רהיטי עץ מסין, הרשום על שמה של רעייתו של אוקה, יומיקו. אישה קשוחה, בת לבוס יאקוזה מכנופיה מתחרה. אוקה, בחוכמתו, נטרל את היריבות באמצעות הנישואים. הבונוס היה שהוא באמת אהב את יומיקו. היה לכך גם חיסרון מסוים, מכיוון שהיה צריך להתאמץ ולהסתיר היטב את בגידותיו בה עם פילגשיו, שלא כמו עמיתיו, שלא טרחו כלל להסוות את מעלליהם הרומנטיים. מאז נישואיהם משמשת יומיקו כיד ימינו. גם גופה הצנום, כמו גופו, מכוסה כתובות קעקע, ואוקה לא שבע מעולם להביט בה עירומה.

השניים נכנסו לשביל עפר בין עצי החורשה, שהשתרעה כמעט על כל השטח מצפון לארמון ועד לחומת הארמון, ומעבר לה היה החפיר המלא במים של פארק צ׳ידוֹריגאפוּג׳י. שביל הֶעפר הוביל למקדש שינטו קטן, כך ידע אוקה מהתיאומים המוקדמים של אנשיו עם וואטאנאבה, ההולך

לצדו. מקדש זה הוא המקדש הקיסרי המשמש את קיסרי יפן לתפילות ולטקסים מאז עברו לטוקיו. את מקדש השינטו העביר בשלמותו מקיוטו לטוקיו, או כפי שנקראה אז "אדו", בנו של השוגון הראשון של שושלת טוקוגאווה, כשבנה את הארמון. בחדר האוצרות של המקדש טמונה מחרוזת אבני הירח של אלת השמש אָמָטֶרָסוּ אומיקאמי. אוקה למד בעל פה את מפת השבילים המובילים משער הטקס אל מקדש השינטו הקטן והעתיק, הנמצא ממש במרכז מתחם הארמון, בלב חורשת העצים. ייתכן שגם אם וואטאנבה לא היה מראה לו את הדרך, אוקה היה מגיע בעצמו למקום, אבל הוא לא רצה לקחת סיכון ולטעות בדרכו. מרגע שעלו על השביל בינות לעצים שמרו שניהם על דממה, ובקושי אפשר היה לשמוע את חריקות נעליהם על האדמה המהודקת והבוצית מעט. לאחר חמש דקות של הליכה הם ראו מרחוק את האור הקלוש של פנסי השוטרים של פטרול משמר הלילה מתקרב אליהם. וואטאנאבה משך את אוקה בידו מהשביל אל תוך הסבך ושניהם כרעו מאחורי שיח עבות של אֵלה. אוקה הכניס את ידו לכיסו ואחז באקדח שהביא עמו לכל צרה שלא תבוא. הוא קיווה שלא יצטרך להשתמש בו, כך שביקור הנימוסין שלו בגני הארמון יעבור בלי למשוך תשומת לב רבה מדי.

לרווחתו, השוטרים עברו על פניהם והמשיכו הלאה, עד שנעלמו בעיקול השביל, והאור מפנסיהם לא נראה יותר. אוקה קם ממקומו, העביר את ידו על מכנסיו כדי להסיר מהם את האדמה והעלים ורצה להמשיך, אולם נעצר כשראה שוואטאנבה נשאר במקומו מאחורי השיח בלי לזוז, במצב כריעה, כשראשו בין ידיו. אוקה תפס אותו בצווארון מעילו, העמידו על רגליו, ניער אותו קלות ולחש באוזנו: "עלוב נפש שכמוך, כדאי שתתחיל לזוז או שלא תראה את בתך היקרה יותר." וואטאנאבה המפוחד החליט כנראה שאוקה מאיים יותר מהשוטרים וחזר להוביל את אוקה אל מטרתו. לאחר הליכה של כרבע שעה, הם הגיעו לרחבה הקטנה שלפני שער המקדש. שרר חושך מוחלט. שום מנורה לא האירה את המקום בלילה. בשקט ששרר מסביב ניתן היה לשמוע מרחוק את

קולו המלנכולי של אוח בודד. קולות העיר הגדולה שמעבר לחומות הארמון כמעט אינם חודרים גם בשעות היום ההומות ואינם מטרידים את השלווה ההרמונית שבגן הארמון. בלילה גם העיר שקטה יותר. הם לא נכנסו בשער המקדש אלא עקפו אותו ועמדו בפני דלת של בניין עץ קטן הנראה עתיק כמו המקדש שלצדו. וואטאנאבה הוציא מכיסו מפתח, פתח את הדלת וקפץ הצדה בבהלה כשהדלת נפתחה בחריקת צירים. אוקה הדף אותו בגסות, נכנס פנימה והוציא מכיס מעילו פנס קטן. הוא חייך כשראה, בדיוק כפי שציפה, על שולחן, בצדו הרחוק של החדר, את קופסת העץ הקטנה המצופה לק שחור מבריק. על המכסה היה מצויר פרח הכריזנטמה הקיסרי ובצדי הקופסה היו דוגמאות מרהיבות בצבע זהב של ענפי עץ הדובדבן, על עליהם ופרחיהם. הוא לקח את הקופסה, נעל את הדלת אחריו, ובתוך רבע שעה ניצב יחד עם וואטאנאבה ליד הדלת הקטנה המובילה החוצה משער הטקס.

כמו שקבעו מראש יצא וואטאנאבה ראשון, בדק אם השוטר השומר על השער ער וראה שהוא יושב בביתן השמירה שלו ומשפשף את עיניו האדומות מעייפות או אולי משינה. הוא ניגש לשוטר ונעמד, כפי שהצטווה על ידי אוקה, בפתח הביתן, כך שהשער היה מוסתר מעיניו של השוטר. "ערב טוב, אדוני השוטר. האם ראית משהו יוצא דופן? שמעתי רעשים משונים כשהלכתי לשאוף קצת אוויר. אני מתקשה להירדם בזמן האחרון. פרוסטטה, אתה יודע," צחקק וואטאנאבה בעצבנות. הוא דקלם את המשפט שאוקה הורה לו לומר, כשתדרך אותו לקראת אירועי הלילה. השוטר אמר שלא שמע דבר ושוודאי היה מבחין אם היה קורה משהו, מכיוון שהוא היה עירני וחד כתער כל הלילה ושום דבר לא נעלם מעיניו. וואטאנאבה הודה לו ושב לארמון. הוא הרגיש הקלה כשראה שאוקה כבר נעלם. כפי שקבעו, פתק מנייר כהה היה מונח למרגלות הדלת, מצדה הפנימי. וואטאנאבה פתח בידיים רועדות את הפתק המקופל לשניים וקרא לאורו הקלוש של הפנס המוצב מעל השער שבתו האהובה תחכה לו על המדרכה ביציאה הדרומית של תחנת הרכבת הראשית של שינג'וקו

בשעה שבע בבוקר, חצי שעה לאחר שוואטאנאבה יסיים את משמרת הלילה במשרד הטקס הקיסרי.

אוקה התרחק במהירות מהארמון, עבר את הכביש ונכנס לרחוב הצמוד לבניין העצום של היומון "מאיניצי-שימבון", העיתון השני הנפוץ ביותר ביפן. הוא זרק את השקית עם בקבוק הסאקה לפח אשפה שניצב לצד המדרכה ונכנס למכוניתו שהמתינה לו מעבר לפינה, באורות ומנוע כבויים. כשנהגו התניע את הרכב ויצא לדרך, הוציא אוקה את הטלפון הנייד מהתא הקטן שבמשענת היד במושב שלידו והפעיל אותו. כפי שציפה, המתינה בטלפון הודעה מעוזרו, איצ'ו-קון. אוקה כיבה את הטלפון, הוציא מהתא הקטן שבמשענת טלפון נייד אחר וחייג ממנו חזרה לאיצ'ו. הפרנויה שגרמה לו להחליף טלפונים ניידים לעתים קרובות, הצילה אותו לא פעם מצרות. הוא נאנח, אמר לנהגו שיביא אותו הביתה וחשב שאין מה להתלונן, בינתיים התוכנית מתבצעת כמתוכנן.

פרק כ"ו

נגויה, מקדש אצוטה, שבת בלילה

נדן החרב
סומך נופלים
בתום הקרב

איצ'ו תחב את אקדחו לכיס מכנסיו ויצא מהמקדש בהליכה מהירה ככל שיכול, בלי לעורר תשומת לב גדולה מדי. מכל עבר רצו כוהנים וכוהנות לכיוון חדר האוצרות. בחשיכה ובגשם החזק שירד איש לא שם לב אליו. שערו הרטוב היה דבוק לקרקפתו כמו אצה, והמים חדרו דרך צווארון מעיל העור שלבש וחולצתו והרטיבו את בגדיו התחתונים, עד שכולו היה ספוג מים, אבל לא היה לו אכפת. העיקר שהצליח במשימתו ונמלט בשלום. שני חבריו, שנשארו מתים מאחור, לא הטרידו אותו יותר מדי. "נזק בלתי נמנע," חשב. "יש להם תחליף." הוא עשה את דרכו במהירות לעבר היציאה האחורית של המקדש ומשם, ברגע שלא ראה איש לידו, החל לרוץ לעבר קבוצת הבתים שניצבה במרחק של כחמש-מאות מטר, מול הכניסה האחורית. למרות החשיכה והגשם שהקשו על הראייה בלילה אפל שכזה, רץ איצ'ו בבטחה לכיוון הבניין הקיצוני ביותר, שניצב בצד ימין של הדרך המובילה מהמקדש. הוא עקף את הבניין, ובחניה הצמודה לשער ניגש לאופנוע אימתני בצבע שחור.

היה זה סוזוקי שנפח מנועו אלף סמ"ק. את האופנוע החנה איצ'ו שם כבר לפני שבוע כאמצעי מילוט חלופי, למקרה שהעניינים יֵצאו מכלל

שליטה, כפי שאכן קרה. הוא פתח את ארגז החפצים הנעול הנמצא מאחורי המושב ושלף מתוכו מעיל עור ומכנסי עור עבים. הוא ידע שללא הגנה זו יקפא לבטח, במיוחד במהירות שבה הוא מתכוון לנסוע. עוד הוציא מפה העטופה בניילון, כדי שזו לא תירטב. את המפה הניח לפניו וחיזק אותה למקומה על גבי מכל הדלק הגדול שלפניו, בחיבורים מיוחדים שאותם הכין לצורך זה.

הוא התניע. האופנוע השמיע נהמה עמוקה וזינק לדרכו בחריקת צמיגים. כשהגיע לכביש המהיר הגביר את מהירותו למאתיים ארבעים קילומטרים בשעה וקיווה שלא יהיו שוטרי תנועה בדרך. הוא היה בטוח שאופנועו מהיר משלהם ושהם לא ישיגו אותו, אולם חשש שהם יזמינו מסוק של משטרת התנועה ובאמצעותו יעצרו אותו. את האופנוע עצמו לא יוכלו לקשר אליו, מכיוון שהוא נגנב מבעליו יום לפני שהוא החנה אותו ליד המקדש באיסה. תוך כדי הנסיעה בכביש המהיר, לחץ איצ'ו על כפתור החיוג המהיר שבטלפון הנייד שלו, שאותו תלה על צווארו כשיצא לדרך. באוזנייה המובנית בתוך קסדתו השחורה, שמע איצ'ו את אוקה אויאבון עונה "מושי מושי? בבקשה להשאיר הודעה אחרי הביפ." איצ'ו ביקש מראש כנופייתו לצלצל אליו ברגע שיוכל וניתק. לאחר כחצי שעה צלצל הטלפון הנייד שלו, ואוקה אויאבון אמר בקצרה: "אני חושש שיש האזנה לטלפון הנייד שאליו צלצלת. צלצלתי אליך חזרה מהטלפון הנייד החדש שלי, שקיבלתי אותו רק עתה ושאת מספרו איש עדיין אינו מכיר. מה קרה?" איצ'ו תיאר בקצרה את שהתרחש במקדש, אולם בחר להשמיט מדבריו את עובדת השארתו בחיים של הכוהן הלוחם. "בטוח הוא מת לפני שהספיק לדבר עם מישהו," הרגיע איצ'ו את עצמו. "הקופסה עם המראה אצלך?" שאל אוקה בקול שקט. "כן," השיב איצ'ו. "תגיע לכניסה הראשית של תחנת הרכבת ג'ינגו-מאא ליד מקדש אצוטה. שם ימתין לך אדם מבוגר בשם אישידה. הוא יחזיק מטרייה לבנה בידו השמאלית ולראשו יחבוש כובע קסקט של קבוצת הבייסבול 'הטוקיו ג'אינטס'. תמסור לו את החבילה ואחר כך תמצא מקום שקט להחנות ותתקשר

אליי. תנתק אחרי ארבעה צלצולים ואני אתקשר אליך." את הדרך מאיסה לנגויה, הנמשכת בדרך כלל כשעתיים וחצי, גמע איצ'ו במעט יותר משעה. למזלו, לא היו שוטרי תנועה בדרך בשעת לילה מאוחרת זו.

את תחנת הרכבת ג'ינגו-מאא מצא איצ'ו בקלות ומסר לאישידה את החבילה. אישידה היה האדם היחיד שעמד ליד התחנה, הסגורה בשעת לילה מאוחרת זו. היה קר, ואישידה התכרבל במעילו. אד עלה מפיו בכל פעם שנשף אוויר מריאותיו. הוא ידע שאוקה, בנה היחיד של אחותו המנוחה, לא יטריח אותו סתם בלילה כזה אלא אם כן הדבר חשוב. אישידה היה אדם עסוק. ניהול רשת של עשרה אולמות משחקי פאצ'ינקו - מכונות משחק שבהן כדורי מתכת נאספים על ידי לקוחות היושבים שעות מול המכונות, אינה דבר של מה בכך. אולמות המשחקים היו שייכים בשותפות לאישידה ולכנופיה קשוחה של המאפיה הקוריאנית המסונפת לכנופייתו של אוקה. איצ'ו לא ידע אם עליו לומר לאישידה מה בחבילה ובחר לשתוק. "אם הוא יודע, מה טוב, ואם לא, אז אפילו עדיף," חשב לעצמו והמשיך לרכוב על אופנועו עד למפרץ חניה קטן בצד הכביש. ממקום עצירתו ראה מרחוק את אורות מנורות הנייר שבחצר מקדש אצוטה העתיק. כשהכין עצמו למשימתו, קרא איצ'ו מעט על ההיסטוריה של המקדש, וידע שמקדש זה, שני בחשיבותו מכל מקדשי דת השינטו (דרך האלים) אחרי מקדש אלת השמש באיסה, נבנה במאה השלישית אחרי הספירה, ונבנה מחדש בשנת אלף תשע-מאות תשעים ושבע. למרות החשיכה, הקור והסכנה שנמצא בה, חש גאווה שפרטים אלה, הגם שהיו חסרי ערך מבחינתו ברגע זה, עלו במחשבותיו.

מהורהר הוציא את הטלפון הנייד, חייג וניתק אחרי ארבעה צלצולים, כפי שהצטווה. בשיחה החוזרת אמר לו אוקה בנימה קשוחה: "הבלגן שיצרת במקדש איסה חִייב אותי לעשות כמה שינויים בתוכנית. שני חיילי יאקוזה מסניף כנופייתנו בנגויה יבצעו פעולת הסחה. עוד רבע שעה הם ינסו לפרוץ למקדש דרך השער הראשי וירעישו תוך כדי ניסיון

הפריצה, עד כדי כך, שעובדי המקדש יחושו לבדוק מה קרה, וודאי יזעיקו את המשטרה. השניים ייעצרו ובסופו של דבר יישפטו וירצו עונש מאסר קצר. לפי הדיווח שלך על גורלם של שני הצ'מפירה שליוו אותך למקדש איסה, לא נראה לי שאתה מתרגש במיוחד מהגורל הצפוי למבצעי ההסחה. כמה דקות אחרי שירוצו לעברם עובדי המקדש, תיכנס אתה דרך הדלת הצדדית, שהייתה אמורה לשמש לפי התוכנית המקורית כפתח הנסיגה שלך. אני רוצה לראות אותך בשעה אחת-עשרה בבוקר עם החפץ במשרדי." אוקה לא חיכה שאיצ'ו יענה וניתק.

איצ'ו ידע שהמהירות הכרחית. לא היה לו ספק שלא יעבור זמן רב עד שהמשטרה תעשה אחד ועוד אחד ותשלח ניידות למקדש אצוטה כדי למנוע את גניבת החרב. הוא קיווה שבינתיים מחרוזת אבני הירח נמצאת כבר אצל אוקה. מיד כאשר איצ'ו שמע את המהומה מתחילה בקִדמת המקדש, פרץ בזריזות את המנעול הפשוט שנעל את הדלת הצדדית, המובילה למשרדי המקדש, ונכנס פנימה כשאקדחו שלוף. הוא נשם לרווחה כשראה שאיש לא עומד בדרכו ושלא יהיה לו צורך להשתמש בנשק. בריצה עבר את המסדרונות הארוכים המובילים, כך ידע משינון תוכנית המקדש, למוזיאון החרבות הקטן הנמצא באגף מימין למבנה המקדש עצמו. המסדרונות היו ריקים מאדם, אבל במוזיאון נתקל איצ'ו בשני שומרים שעמדו על רגליהם, וניכר היה בהם שאינם יודעים אם עליהם לרוץ לבדוק מה המהומה שבחוץ או להישאר במקומם. אחד השומרים הושיט ידו למכשיר הגז המדמיע שנשא בחגורתו. כשראה את האקדח בידו של הפורץ החבוש בקסדת אופנוענים, הרחיק ידיו מהחגורה וכך עשה גם שותפו. איצ'ו בירך אותם על החלטתם הנבונה, ניגש בלא אומר לתיבת הזכוכית, השלישית משמאל לדלת הכניסה למוזיאון, שבר אותה במרפקו, לקח את החרב היחידה שהייתה בתוכה ונעלם כלעומת שבא.

בעת שרץ לעבר אופנועו, חשב בהתפעלות ובהערצה על המודיעין המצוין של הבוס שלו. הוא העריץ אותו גם על מזלו הטוב. בכל תוכנית,

טובה ככל שתהיה, צריך מרכיב של מזל, ידע איצ'ו. למזלם, נכדו של עובד הניקיון הזקן, האחראי על קרצוף רצפת המוזיאון וניקוי האבק מתיבות המוצגים, היה חבר בכנופיית אופנוענים שלבוס הצעיר שלה יש גירי, חוב של כבוד, לאוקה. איצ'ו לא ידע מהו חוב זה, אבל הכיר את השמועה שלפיה חילץ אוקה את הבחור, באחת מגיחותיו הקצרות לכלא, מטקס הקבלה האכזרי במקלחת המשותפת שאותו עמדו לעשות לו האסירים הוותיקים. המנקה ידע איזו היא החרב הקדושה מכל מאות החרבות שאכלסו את המוזיאון. לא שאי פעם נודע לו איזו היא. ההפך הוא הנכון. כוונת ראש המקדש הייתה שהסוואת החרב בין המוצגים האחרים תקשה על גנבים פוטנציאליים. עם זאת, עובד הניקיון הבחין מדֵי פעם במבטים המיוחדים שהפנו ראש המקדש והכוהנים הבכירים האחרים לעֵבר חרב זו כשעברו לידה. שנתיים קודם לכן ערכו במוזיאון שיפוצים ופינו את כל המוצגים לחדר אחר. כשראש המקדש התעקש לשאת בעצמו את תיבת הזכוכית הזו, היה העובד בטוח בזהות החרב. ללא היסוס הסגיר לנכדו את המידע כשזה שאל אותו. גם אם היה לו היסוס כלשהו, חצי מיליון הין שנכדו נתן לו תמורת המידע עזרו לו להתגבר על כך.

איצ'ו נטש את אופנועו בפתח נמל המעבורות של נגויה ועלה על המעבורת שיצאה לפנות בוקר לטוקיו, עם כמה מאות נהגי משאיות ומכוניות אחרות. כמוהו, הם העדיפו את טלטולי המעבורת על פני נהיגה מתישה לטוקיו ברכבם שאוכסן בבטן הספינה. איצ'ו שמח להיפטר מאופנועו שפרטיו כבר הופיעו מן הסתם ברישומי המשטרה. הוא רצה גם לנער ממנו עוקבים אפשריים, וכערך מוסף לנצל את השַיט לתנומה של כמה שעות. את החרב עטף במעילו וחיבק אותה, ונשכב על פוטון באולם השינה בקדמת המעבורת. הוא נרדם מיד בלא שהפריעו לו נחירותיו הרמות של נהג המשאית השמן בפוטון לידו. גם אם היה ער, לא יכול היה איצ'ו לשמוע את האות האלקטרוני ששודר מתוך נדן החרב.

פרק כ"ז

טוקיו, בר "שיטה-מאצ'י", שבת בלילה

זיכרונות
אהבה? ייחום?
חתול מפהק

שו-קו ישבה על הספה הארוכה לצדו של בעל רשת מסעדות סובה ואודון הפזורות ליד תחנות רכבת באזור שיבויה. הזקן בן השישים וחמש בא עם בנו ושותפו לעסק לבלות ערב נעים במועדון שבו שו-קו עבדה. ידו הייתה תחובה בתוך הקימונו של שו-קו, מחפשת, לשווא בינתיים, את שדיה. הזמר הפיליפיני הקבוע במועדון שר את "ג'ורג'יה במחשבתי" שלריי צ'ארלס, ובמחשבתה של שו-קו היה אפי-סאן. הזקן מלמל באוזניה על עסקיו הפורחים והסביר לה באריכות כיצד הוא מכין את הסאן-סאי-סובה, מרק האטריות עם ירקות ועשבי ההר, הטוב ביותר בטוקיו. היא נזכרה בידו של אפי-סאן המלטפת את גבה. לראשונה בחייה הראה לה גבר כלשהו חיבה שאינה תלויה בדבר. כבר אנסו, הכו, התעללו והשפילו אותה בכל דרך אפשרית, אבל בפני כל הגברים הרבים שעברו בין זרועותיה או שהיא טעמה מנחת זרועם, מעולם לא ראתה דאגה וחום כלפיה. עבורה הייתה זאת התנסות חדשה. היא ניסתה לבחון את רגשותיה, וזה לא היה קל. ידו של הזקן שלצדה מצאה את שדה השמאלי והיא צחקקה כשידה על פיה, בדיוק כפי שהיה צפוי שתעשה. גם בשיר ששר הזמר באותו רגע לא היה כדי לעזור לה לארגן את מחשבותיה.

"כמו בתולה" של מדונה היה קצבי מדַי לשרעפים עמוקים. היא נאנחה. הזקן, שטעה לחשוב שידו על שדה מעוררת אותה, לחש על אוזנה: "אני רוצה אותך הלילה." היא צחקקה בעדינות ולחשה על אוזנו חזרה את המחיר שבילוי כזה יעלה לו. הזקן נשנק מתדהמה והוציא בזריזות את ידו מתוך הקימונו. היא הביטה למטה וראתה כיצד נעלמה במהירות הבליטה במכנסיו, בליטה שבגילו, ידעה, לא הייתה דבר של מה בכך. היא הצביעה בצנעה לכיוון מארחת צעירה שישבה לבדה על כיסא גבוה ליד דלפק הבר ולחשה באוזנו כמה יעלה לו בילוי דומה אִתה. החיוך חזר לפניו והוא ניגש לדלפק הבר, מותיר את בנו אבוד בחיקה של מארחת אחרת. היא קמה לאטה ממקומה וניגשה לצדו האחר של המועדון, לפינת הישיבה של המארחות הממתינות ללקוחות חדשים. בעודה ממתינה החל הזמר לשיר בקול מלטף את "גִינְזָה-נוֹ-קוֹיִי-נוֹ-מוֹנוֹגאטארִי", סיפור האהבה מרובע הגינזה. שיר סנטימנטלי ומלנכולי.

צירוף המקרים היה יותר מדַי עבורה. זה היה השיר שאפי שר בשגיאות איומות כשישב שיכור בתוך האופורו בביתה, אחרי שהביאה אותו לשם בלילה שבו הכירו. דמעות עלו בעיניה. סוף-סוף הבינה מה היא מרגישה כלפי אפי-סאן. זאת לא הייתה אהבה. היא התאהבה כמה פעמים בעבר ותמיד בטיפוסים הלא נכונים. אחד מהם השאיר אותה בהיריון ונעלם חודש אחרי שהכירו. בתה בת הארבע-עשרה, נעמי, שאותה היא מגדלת במסירות בדירתה הקטנה בנישי-פונאבאשי, היא האדם היחיד בעולם שאהבה. "ייתכן," חשבה, "אם הייתה יכולה להכיר אותו טוב יותר, הייתה יכולה להתאהב בו." אבל מה שהיא חשה כלפיו היה משהו אחר. "גירי", חובה. חובה להחזיר טובה לאדם שהראה סימפטיה. חובה למישהו שהראה שאכפת לו ממנה, גם אם ללילה אחד. אפילו אם שילמו לה כדי להיות אתו בלילה הזה. ה"גירי" הכתיב לה מה לעשות.

פרק כ"ח

ים יפן, שבת בלילה

בסערה, הדג
מסרק קשקשיו
בקצף הגלים

ים יפן הצפוני שבין נמל הדיג בחוף נאג'ין שבצפון קוריאה לוולדיווסטוק ברוסיה היה קר וסוער. פארק יונג-מין ניווט בחשיכה מוחלטת לכיוון צפון, כשקצף הגלים הגבוהים ניתז במרווחים של כמה שניות על חלון גשר הפיקוד הקטן של הספינה. הוא העדיף להסתכן ולא הדליק את נורת האיתות של הספינה. "זה אחד הסיכונים הפחותים שיעמדו בפניי הלילה," גיחך פארק בינו לבינו. הוא שם מבטחו במכשיר הרדאר של הספינה. חמשת אנשי הצוות של הספינה היו לבושים בבגדי דייגים כמוהו, ורק בליטת הנשק האוטומטי מתחת לשכמיות הפלסטיק האפורות שלבשו הסגירה את משלח ידם האמיתי. איש מהם לא כינה את הים השחור והסוער שורץ הכרישים "ים יפן". הם אמנם עבדו בשביל היפנים, או נכון יותר, בשביל יפני אחד ששילם להם היטב. בעצם, הרבה מעבר ל'היטב'. בסכום שקיבלו הם ומשפחתם יכלו לחיות ברווחה למשך כל ימי חייהם בכפר הדייגים שלהם הסמוך למפגש הגבולות שבין רוסיה, סין וצפון קוריאה. אבל מכאן ועד להסכים לכינוי "ים יפן" הדרך ארוכה. השנאה התהומית ליפנים, על כל מה שעוללו לעם הקוריאני במשך

שנות הכיבוש הארוכות והחשוכות לא תחלוף גם אחרי דורות רבים. מבחינתם זהו ים קוריאה!

שם המשפחה של כל ששת אנשי הצוות היה "פארק", אחד משמות המשפחה הנפוצים ביותר בקוריאה. למעשה כולם היו בני משפחה אחת, דייגים מבטן ומלידה, שהורי הוריהם שרדו בכפרם לאחר פשיטה של הצבא היפני בתחילת מלחמת העולם השנייה. היחידה של הצבא היפני שהגיעה לכפרם אספה את כל הגברים ולקחה אותם ליפן כעובדי כפייה. מהנשים בחרו הקצינים היפנים רק את אלו שנראו להם מספיק יפות ושלחו אותן למטה הצבא היפני בפורט ארתור, לסיפוקם המיני של חיילי חיל המצב היפני שם, לא לפני שבדקו אותן בעצמם. כשחזרו כמה מהגברים מהדיג ושמעו את שאירע, נשבעו לנקום ביפנים. רגש הנקמה התעמעם במשך השנים, ונוצרו קשרים חזקים בין הנותרים בכפר לבני משפחותיהם שנשארו ביפן אחרי המלחמה. בניהם של עובדי הכפייה לא רצו לשוב לצפון קוריאה הקומוניסטית, הסגורה והמפגרת. משלא יכלו להשתלב בחברה היפנית הרגילה כחסרי אזרחות, גם בדור שלישי, פנו רבים מהם לחיי פשע. בכך לא היו שונים מבני תערובת יפנים-קוריאנים, צאצאי כת הטמאים ה"אטה" ודחויים אחרים שהתגלגלו לחיק היאקוזה, שהעניקה להם מטרה ומסגרת תומכת.

פארק לא יכול היה שלא לחשוב על האירוניה של החיים. דודו, אחיו הצעיר של אביו, היה מעובדי הכפייה שנחטפו ליפן. אביו וכל מי שנשארו ממשפחתם אחרי ביקור הצבא היפני בכפרם התאבלו על החטופים כמי שנידונו לחיי עבדות שבסופם רק סבל ומוות. היום פארק ומשפחתו, ובתוכה אביו הקשיש, מצליחים לקיים את עצמם ברמת חיים סבירה רק הודות לכסף ולחבילות המזון והבגדים ששולח להם בן דודו העשיר מיפן מדֵי חודש. לפארק לא הייתה מילת ביקורת אחת על כך שבן דודו בחר להחליף את שמו לשם יפני רגיל כמו אוקה. להפך, הוא התגאה בקרובו, ועוד יותר במשלח ידו. ללא היסוס הסכים, לפני עשר שנים, להצעתו

של אוקה להקים סניף של כנופיית היאקוזה שלו בכפרם ולבצע הברחות ומשימות שונות ליאמאגוצי-גומי. למשימת ההברחה הנוכחית התייחס פארק בשוויון נפש כמו לכל המשימות הקודמות. ייתכן שאם היה יודע מה המטען שספינתו נושאת הפעם, לא היה רגוע כל כך. כמו תמיד, לא שאל שאלות כששני שליחיו של בן דודו הגיעו לביתו במכונית הוולגה העתיקה והמקרטעת שלהם ואמרו לו שאוקה מבקש להעביר את הארגז שבמכוניתם לוולדיווסטוק. ארגז העץ תפס כמעט את כל נפח תא המטען הגדול של המכונית, והיה כבד. פארק עזר להם להוציא אותו מהמכונית והשתמש במנוף הקטן של ספינת הדיג שלו כדי להניחו בבטן הספינה. על הארגז לא היה כל סימון, ופארק גם לא חיפש כזה. הוא היה מעוניין רק לבצע את מה שהתבקש ולמסור את המטען לאנשי הקשר הרגילים של אחיו בעיר הנמל הרוסית. הוא שיער שהמסירה תתבצע כרגיל בלב ים בלילה, מספינתו לספינתו של וולודיה, הדייג הרוסי הז'לוב שקולו הגבוה עמד ביחס הפוך לגודלו של גופו ולכרסו הגדולה שהלכה לפניו. נשימתו הסריחה תמיד מוודקה ומסיגריות. לפארק לא היה אכפת, כי גם נשימתו שלו הסריחה מוודקה ומסיגריות, אבל מסוגים זולים יותר, שרק אותם ניתן היה למצוא בצפון קוריאה.

בדרך כלל גומעת ספינת הדיג של פארק את מאה וחמישים המייל הימיים מהנמל הצפון קוריאני לנמל הרוסי בשמונה שעות, אבל הים הסוער הכריח אותם להאט. פעמיים גילה הרדאר של הספינה שיש בקרבתם ספינות אחרות ובכל פעם הזדרז פארק להעלות את אנשי צוותו לסיפון, להצגה הרגילה של הטלת רשתות הדיג מהסיפון לים. מה אכפת לו שצוותי הספינות העוברות יחשבו ששוב דייגים צפון קוריאנים דפוקים מנסים לקיים את עצמם בכל מחיר ונאלצים לצאת לים גם במזג אוויר כזה? לנקודת המפגש הגיעה הספינה באיחור של שעה, אולם ספינתו של וולודיה לא נראתה בסביבה. די נמאס לפארק מאיחוריו של הרוסי. לא פעם הוא התלונן על כך באוזני שליחיו של אוקה וטען בלהט שחוסר האחריות של הרוסי מסכן אותו ואת אנשיו. אחרי שיוט בסיבובים במשך

כשעה, ראה סוף כל סוף פארק, מעבר לצדה השמאלי של ספינתו, את האיתות המוכר של וולודיה. שניים קצרים ושניים ארוכים, שלושה קצרים ושלושה ארוכים. העברת המטען עברה ללא תקלות. שני הצוותים היו מקצועיים ומנוסים מאוד וכעבור שעה היה כבר פארק בדרכו חזרה. המהירות הייתה חשובה מכיוון שהוא לא רצה להיתפס קרוב מדַי לחופי רוסיה כשיעלה השחר.

שעה וחצי מאוחר יותר עגנה ספינתו של וולודיה בנמל דיג קטן, כעשרה קילומטר צפונית לוולדיווסטוק, והארגז הועבר לתא המטען של טנדר לאדה. את הטנדר החנה נהגו בחניון העירוני מתחת לבניין העירייה, שריד הארכיטקטורה הסטאליניסטית, המונומנטלית והמכוערת. הנהג יצא מהרכב, רכס היטב את מעילו, חבש את כובע הפרווה שלו לראשו והביט ימינה ושמאלה כדי להבטיח שאיש לא יבחין בו. בתנועות מהירות הבריג החוצה את הברגים שהידקו את לוחיות הרישוי למקומן ושם את הלוחיות בתיק צד בצבע חאקי שהיה תלוי על כתפו. הוא פנה למדרגות היציאה מהחניון לרחוב ונעלם מהר ככל שיכול. אם מישהו היה בודק, לא היה מוצא כל סימן זיהוי לרכב. אפילו המספר המוטבע על המנוע שויף לבלי יכולת לזהותו.

פרק כ"ט

מקדש אלת השמש באיסה,
יום ראשון לפנות בוקר

גשם שוטף
עורב מנער נוצותיו
ונרטב שוב

ג'ומונג'י זימן אליו את מפקד המשטרה במקום והודיע לו בקול סמכותי שעליו לדאוג לכך ששוטרים יגיעו במהירות למקדש אצוטה בעיר נגויה, מכיוון שעומד להתבצע שם שוד של אחת החרבות העתיקות המוצגות במוזיאון המקדש. קצין המשטרה שהיה נתון עדיין להשפעת רושם הפשע הנורא שבוצע במקדש שבו הוא נמצא, ובהשפעת הסמכותיות של ג'ומונג'י, רץ החוצה. שמענו אותו מחלק הוראות בגשם השוטף לאנשיו ומבקש במכשיר הקשר שיעבירו הודעה דחופה למשטרת נגויה. ג'ומונג'י פנה אליי ואמר בחיוך עייף: "נראה לי שהמשטרה תטפל בכך בצורה הטובה ביותר. כדאי שנלך לישון כמה שעות. לפי הפרצוף שלך, שינה טובה לא תזיק לך." הסכמתי אתו בהכרת תודה ונרדמתי כמעט בשנייה שראשי נגע בכרית, במיטה שארגן עבורנו אב המקדש, במגורי הכוהנים. אני זוכר שהמחשבה האחרונה שעלתה במוחי לפני שנרדמתי הייתה שחבל שלא נשארנו, ג'ומונג'י ואני, בהאקובה, במקדש כת האמת האלוהית העולמית. רציחתו של יושי הכוהן גרמה לנו להפסיד את הטקס

המעניין, שג'ומונג'י תיאר לי אותו לפרטיו. בדיעבד צדקתי. אבל זה לא היה העיקר. כפי שנודע לנו אחר כך, בתום הטקס ולמעשה, מרגע סיום נאומה של הכוהנת הגדולה, החלו האירועים להתגלגל במהירות מסחררת. אם היינו נשארים לצפות בטקס, ייתכן שהיינו יכולים לעצור, או לפחות לסכל, חלק ממה שקרה. אבל זו חוכמה של לאחר מעשה.

על הנאום שמענו רק חמש שעות לאחר שהסתיים. פרק זמן זה היה, כפי שהתברר לנו אחר כך, כמעט מאוחר מדי. התחלנו להבין את עומק הבעיה כששני הטלפונים הניידים של ג'ומונג'י החלו לצלצל סימולטנית, ובאותה שנייה גם הנייד שלי החל לנגן. שנינו התיישבנו במהירות במיטותינו ואני הרגשתי באותו רגע ששעות השינה הקצרות בהחלט לא הספיקו לי. אור השמש שחדר דרך נייר האורז הדק שכיסה את החלונות, היה נעים, במיוחד אחרי הגשם השוטף שירד בלילה, אבל לא הרגשתי שישנתי מספיק ושכדאי לי לקום. תוך כדי שפשוף עיניי מקורי השינה שמעתי לפי תגובותיו של ג'ומונג'י שההודעות הראשונות בטלפון היו מאנשיו. אלה דיווחו לו על גניבתם של החרב ואבני הירח. במשפטים קצרים וחדים הורה ג'ומונג'י לגייס את כל אנשי יחידתו בנוהל חירום. מסגנו ביקש לבדוק, על פי אותות המעקב האלקטרוניים היכן נמצאים סמלי הקיסר, להקיף מקומות אלה בחוליות של יחידות קאמיקאזה ומשטרה, אבל לא להשתמש בינתיים בכוח כדי להשיבם. במקביל הורה ג'ומונג'י לעוזרו לאתר את מקום הימצאו של איצ'ו, היאקוזה שקשור בוודאות לכל הגניבות, ולא רק לראי ולרציחתו של יושי הכוהן. "אני בטוח שאיצ'ו זה הוא המפתח ושאם נמצא אותו נדע היכן אנו עומדים. לא אתפלא אם נמצא אותו צמוד למקור של אחד מהאותות האלקטרוניים ואולי לכולם," סינן אליי ג'ומונג'י מזווית פיו, בין שיחות הטלפון המהירות שניהל עם אנשיו. התפעלתי כיצד הוא הצליח להיכנס כל כך מהר למצב של עירנות מלאה.

שיחת הטלפון הראשונה אליי הייתה מחזי, ששאל בקול מודאג ומתוח במקצת: "מה קורה? אתה שולח אותי להתחמק במקומך מרכב של בוס ביאקוזה שעוקב אחריך, אני שומע בתדרים המשטרתיים על אירועים מוזרים שמתרחשים, הקשורים לגניבות של סמלים קיסריים ופתאום השם שלך ושל ידידנו ג'ומונג'י מוזכר שם." ידעתי, לפי ההתבטאות החופשית שלו, שהוא משתמש במערבל קול המונע האזנות לשיחתנו. מזמן הפסקתי לשאול את חזי מהיכן הוא שואב את המידע שלו וגם הפעם לא שאלתי. במקום זה תדרכתי אותו בתמציתיות על המתרחש בקשר לגניבות ולרצח של יושי, הכוהן ממקדש אלת השמש באיסה. נתתי לו גם את הנקודות העיקריות לגבי אוגורה, הקרן הקיסרית והמטורללים מהמקדש בכפר האקובה. לחזי יש תפיסה מהירה, וקיוויתי שהוא הצליח לעכל את כל מה שאמרתי. כשסיימתי לדבר שרר שקט בצדו השני של הקו. לא אמרתי מילה. חיכיתי. אפשר היה כמעט לשמוע את חזי חושב. "או קיי. בוס. מה אתה רוצה שאני אעשה?" שאל כעבור כחצי דקה של שקט. זה מה שאהבתי אצלו. אין חריוני פרים, כפי שכינינו בינינו את הביטוי הבריטי בול-שיט. "שים מעקב שקט על מי שאחראי למעקב אחריי, ותמשיך להאזין לתדרים המשטרתיים בטוקיו. אני מבקש שתדווח לי בכל שעה עגולה."

לפני שניתקתי את השיחה, עלתה במוחי מחשבה טורדנית ואמרתי לחזי אינטואיטיבית: "משום מה נראה לי שלפחות חלק מההתרחשויות הקרובות יהיו קשורות לקיסר ולאזור ארמונו. שכור חדר במלון פיירמונט, הנמצא במרחק הליכה קצר משער האנזומון של ארמון הקיסר ומהכניסות לכביש המהיר והכניסה של גשר ניג'ובאשי. תתמקם שם עם כל המחשבים, מכשירי המעקב והציתות האלקטרוניים ועם הטלפונים שלך ותמתין." גיחכתי בלבי כשדמיינתי אותו נכנס ללובי של המלון, כובע ברט לראשו וצעיף משי לצווארו, ובידיו שתי מזוודות המתכת הגדולות, שאותן הוא ייתן לבל-בוי שכמעט ייפול תחת משקלן, ויאמר לו באנגלית במבטא צרפתי חזק: "תיזהר עם זה. ציוד הצילום שלי יקר ביותר ועדין. אם

תהיה נחמד ותדאג היטב לציוד, אכניס אותך לתפקיד קטן בסרט החדש שאותו אני מצלם עכשיו."

כשניתקתי, שמתי לב שהנורה הכחולה על גב הטלפון הנייד שהיה תלוי בחגורתו של ג'ומונג'י מהבהבת. מניסיוני ידעתי שנורה זו מוארת רק כאשר יש תקשורת נכנסת מאחד מסוכני השטח שלו. הפניתי את תשומת לבו לכך. הוא הרצין, פתח במהירות את הנייד והחל לקרוא את ההודעה הנכנסת. כמה שניות לאחר שהחל לקרוא, הרצינו פניו עוד יותר. הוא פנה לקצין המשטרה, שחזר בינתיים לחדרנו ועמד בדום מתוח תוך שהמתין להוראות, וביקש ממנו להזמין במהירות מסוק שייקח אותנו לטוקיו. בלא מילה מיותרת ארזתי את חפציי המעטים, שטפתי פנים והייתי מוכן לתזוזה. קצין המשטרה התנצל שעקב תקלה טכנית המסוק מתמהמה, וג'ומונג'י החל לאבד סבלנותו וצרח על הקצין שיזדרזו. ברגעים הראשונים בשעה וחצי מורטת העצבים כאשר המתנו במהלכה עד שהמסוק הגיע, המשיך ג'ומונג'י וקרא את כל ההודעה שקיבל. כשסיים, העביר את הטלפון אליי. כשראיתי את הכתוב לא התאפקתי, למרות חומרת הדברים, והתפעלתי מהיכולת המדהימה של הכותבת להדפיס, בוודאי במהירות גדולה, הודעת SMS ארוכה על המקשים הקטנטנים של הטלפון הנייד. ראיתי את בתי תמר שולחת הודעות כאלה לחברותיה מבית הספר, לפני שנה כשעדיין לא הייתה בת שבע, והיא עשתה זאת ביד אחת. מדהים. ההודעה הייתה משונה ועם זאת מתאימה לרצף האירועים שניסינו, לשווא בינתיים, להבין. את הזמן העביר ג'ומונג'י בעיסוק שנראה מוזר רק למי שאינו מכיר אותו. הוא התיישב בישיבת לוטוס על רצפת העץ של רחבת הכניסה למגורי הכוהנים, עצם את עיניו ושקע כמעט מיד במדיטציה. בחור משונה.

כשסוף-סוף התיישבנו במסוק, האדרנלין, שרץ בעורקיי לנוכח קצב האירועים, השכיח ממני בתחילה את הצורך לחוש חמלה עצמית על כך שאני שוב יושב בכלי הטיס המיטלטל והמרעיש הזה. אבל אחרי כמה

דקות של טיסה עלה בי גל בחילה. תפסתי במהירות את שקית ההקאה והידקתי אותה אל פי. למרות הסלטות שעשתה קיבתי המסכנה, לא יצא דבר. ישבתי חיוור ואומלל במושבי הקשה, וגל חמלה עצמית החל להציף אותי, כששוב צלצל הנייד שלי. הסרתי אחת מהאוזניות שהיו על אוזניי במטרה לעמעם את רעש מנוע המסוק והידקתי את הנייד לאוזני כדי שאוכל לשמוע: "מושי מושי אפי-סאן דסוקה?" ("הלו, הלו, האם זה אפי?") שמעתי את קולה של שו-קו, והרגשתי הפעם את לבי, ולא את קיבתי, מנתר בקפיצה קלה.

פרק ל'

במסוק בדרך לטוקיו, יום ראשון בבוקר

צליל פעמון
מהדהד ומתגבר
בבית ריק

כשקיבלנו בהודעת הטלפון הכתובה מסוכנו של ג'ומונג'י בכת, את תמצית נאומה של הכוהנת הגדולה, ידענו שאירוע דרמטי - ומבחינת הכת אף היסטורי - התרחש אותו יום במקדש. "בנאומה המרכזי בכינוס הסתיו, קראה הכוהנת לצאן מרעיתה כי הגיעה השעה להנחיל לכל תושבי יפן את הדרך הנכונה ולהחזיר ליפן את כבודה. עשרות אלפי המאמינים עזבו את אזור מקדש הכת. רובם עלו על אוטובוסים שהמתינו לשם כך, חלקם פנו לתחנת הרכבת וכולם זרמו לטוקיו כדי להקיף את ארמון הקיסר. הכוהנת הבטיחה להם גאולה ומהפכה בארמון הקיסר. אני מציע שתמהרו לשם," הייתה לשון ההודעה. בזמן שקראתי את המסרון, הדליק ג'ומונג'י את מחשבו הנייד, שהיה גם מקלט טלוויזיה, וראינו בחדשות של רשת השידור הממלכתית NHK מבזק חדשות מיוחד עם צילום ארמון הקיסר ממסוק. הארמון היה מוקף בעשרות אלפי אנשים, שעוד ועוד אנשים הצטרפו אליהם, וכולם יצרו שרשרת אנושית סביבו. הם עמדו בשקט, כשכוחות משטרה גדולים מגיעים גם הם לאזור. לא הצלחנו לשמוע בעד רעש מנוע המסוק את מה שנאמר בכתבה, אבל הספיקו התמונות והכתוביות כדי להבין.

נזכרתי במאמיני כת הפאלון גונג בסין. אלפי אנשי הכת יצרו לפני כמה שנים שרשרת אנושית, שהקיפה בשקט וללא אלימות את מתחם מגורי ראשי המפלגה הקומוניסטית הסינית בלב הבירה בייג'ינג, ליד העיר האסורה. אלה התעוררו בבוקר וגילו שהם אינם בטוחים במיטתם כפי שחשבו. הם ידעו שאם מאמיני הכת הצליחו להקיף את מגוריהם בלא שמישהו יעצור אותם, יוכלו בעתיד גורמים אלימים יותר לעשות זאת גם הם. חברי הכת דוכאו באכזריות וביסודיות השמורות למנהיגים הדואגים דאגה אישית לעורם הפרטי ולמשטר שנבהל מכך שעתידו כבר אינו בטוח כפי שהאמין. נראה שב. מיכאל צדק באחת מכתבותיו בעיתון "הארץ" כשכתב: "קרל מרקס טעה והדת היא לא באמת האופיום להמונים. הדת אינה מסייעת להמונים להשלים עם סבלם ולקבל את דין המציאות. מזוקקת בידי חובבנים, מסונתזת בידי שרלטנים ומשווקת בפיצוציות-דת, היא מייצרת עוד ועוד נרקומני דת אלימים, פרועים, חסרי מעצורים ושוחרי מדון".

סיפרתי לקפטן את תמצית דבריה של שו-קו שתיארה באוזניי את כל מה שידעה ושמעה על אוגורה ועל כוונותיו בשנתיים שהייתה בהן פילגשו אחרי שקנה אותה מהמאמא-סאן של מועדון ה"שיטה-מאצ'י". פניו הרצינו עוד יותר. ג'ומונג'י חטף את מכשיר הקשר הפנימי במסוק, שהיה תלוי מעליו והשתלשל מתקרת המסוק, וכמעט קרע בחפזונו את כבל המכשיר. הוא הורה לטייס המשנה של המסוק להעביר מיד הודעה לקולונל אובאיאשי, הממונה על הביטחון בארמון הקיסר וידידו הוותיק מימי האקדמיה הצבאית, לנקוט ללא שהות בנוהל החירום לשמירה על ביטחונו של הקיסר ולמנוע בכל מחיר את כניסתו של אוגורה למתחם הארמון. "אנחנו נוחתים במסוק במנחת שבארמון הקיסר בעוד כחצי שעה. תדאג שאנשיך יֵדעו על כך וימתינו לנו במנחת." חששתי שהוראתו זו ניתנה מאוחר מדי. גם הפעם נדמה היה לי שרצנו, לצערנו, בעקבות האירועים, ושאלה תמיד הקדימו אותנו בצעד אחד לפחות.

פרק ל"א

מוסקבה, שבת בלילה/ יום ראשון בבוקר

נפגשים
"אוי הגב", "אוי הרגל"
קר בסתיו

הנשיא איגור אלכסייביץ איבנוב, גיבור מלחמת אפגניסטן ואחראי על כישלון המלחמה בצ'צ'ניה, ישן שינה עמוקה במיטתו הגדולה, הודות לשני כדורי שינה מסוג ואבן. כבר שנים התקשה להירדם ללא הכדורים וסבל מנדודי שינה. עוזריו סבלו יותר ממנו, מכיוון שנאלצו לעבוד גם בשעות הקטנות של הלילה, יחד עם הבוס שלהם שהעדיף דווקא אז לעבור על הניירת שהצטברה על שולחנו. לא גילו המתקדם, שבעים ושלוש, הדיר שינה מעיניו. היו אלה הזיכרונות. רוחות העבר הצטברו לפני כמה שנים למסה קריטית והחלו לרדוף אותו. איבריהם המרוסקים והמפוזרים של בני משפחתו המתים, אחרי הפצצת מטוסי השטוקה של הלופטוואפה את כפרם הסמוך לסטאלינגרד הופיעו לנגד עיניו, אחרי עשרות שנים של הדחקה מוצלחת. אליהם הצטרפה גופתו של ידידו הקרוב ליחידת הצנחנים, סרן פאבל מקרנקו, שגילה אותה זרוקה ליד שער המחנה הקטן שלהם בהרים מצפון לקאבול כשיצא לסיור הבוקר. הגופה הייתה עירומה ואיבר המין הקטוע היה תחוב בפיה של הגופה, שהפכה לנוקשה כאבן עקב הקור העז ששרר שם. שנים מאוחר יותר,

כשכבר היה שר ביטחון, חזה חסר אונים בצוותו השרוף של טנק שחטף פגיעה ישירה מטיל נ"ט כשנסע לפני מכוניתו, בשיירה שעשתה דרכה בסיור ליד גרוזני. גם הגופות השרופות וריח הבשר החרוך כיכבו בסיוטיו.

דווקא בליל החורף הקר ההוא הנשיא לא היה במיטבו והחליט, לשמחת אנשיו, ללכת לישון מוקדם מהרגיל. הוא סבל כאבים בכתפיו, ואירנה, אשתו, האשימה אותו שלא התלבש חם מספיק, בהתחשב בסופת השלג שהשתוללה במוסקבה אותו יום. כשנכנסו למיטתם, בעשר בלילה, עיסתה את כתפיו במשחה הסינית "טייגר בלזם", המדיפה ריח עז של קמפור, בניסיון להקל עליו. היא התעקשה שישתה חלב חם בדבש וייקח כדורי שינה, כדי ש"פעם אחת לפחות תיהנה משינה טובה, איגור אלכסייביץ. אתה זקוק לכך, וגם אמא רוסיה לא תסבול אם תישן קצת." כדי שבעצמה לא תתקשה להירדם עקב נחירותיו העזות של בעלה, בלעה גם היא כדור שינה. בשלוש וחצי לפנות בוקר התעוררה אשת הנשיא בשל דפיקות חזקות על דלת העץ הגדולה של חדרם. היא לבשה את חלוק המשי האדום מעל הפיג'מה שלה ופתחה את הדלת בעיניים טרוטות. מזכירו האישי של הנשיא, שהיה אחד מאותם צעירים מוכשרים ומערביים מדַי לטעמה של אירנה, עמד מחוץ לדלת, כולו התנצלויות, וביקש להעיר את הנשיא מיד לנוכח אירוע ביטחוני המחייב היערכות חירום והחלטות מהירות של הנשיא. ברגע הראשון חשבה אירנה לגעור בו על שהעז להפריע את מנוחתם, לסלק אותו ולהודיע לו בחומרה שישוב בבוקר כשהנשיא יתעורר, אבל נימת הדחיפות בקולו והרצינות הרַבָּה שנשקפה מעיניו גרמו לה לשנות את דעתה. היא ביקשה מהעוזר להמתין כמה דקות מחוץ לדלת וניגשה לבעלה, שנחר בקולי קולות בשנתו העמוקה. היא נאלצה לטלטלו בחוזקה כמה פעמים עד שהתעורר בבהלה. הוא נרגע כשראה את פניה של אשתו הרוכנת מעליו. "נו, באמת, אירנה יקירה שלי, את צריכה להעיר אותי באמצע הלילה בשביל זה? בגילנו את לא יכולה לחכות עד הבוקר? אני אקח אז ויאגרה ונעשה קצת חיים." אירנה הכתה על זרועו בחיבה. "לא, טיפשון, באו לקרוא לך לישיבת חירום.

יש איזה משבר ולפי הפרצוף של העוזר שלך, נראה לי שזה רציני."
היא שמחה בלבה כשראתה את האכזבה על פניו של בעלה, שקם לאטו
מהמיטה וניגש לחדר האמבטיה.

כעבור רבע שעה ישב איגור אלכסייביץ בראש שולחן הממשלה. לימינו
ישבו סגנו, שהיה גם שר הביטחון הממונה על הצבא, השר לביטחון
פנים הממונה על השירותים החשאיים, כוחות ביטחון הפנים והמשטרה
ושר החוץ. משמאלו ישבו ראש המטות המשולבים של הצבא, ראש
השירותים החשאיים, מפקד המודיעין הצבאי, מפקד המשטרה ומנהל
כוחות ביטחון הפנים. כולם המתינו בציפייה דרוכה לשמוע לשם מה גררו
אותם בשעה זו, בלילה כזה קר ומושלג, לקרמלין. לא היה ספק לאיש
שזהו מצב חירום. איש מהם גם לא הופתע כשגנרל הצנחנים בדימוס,
אלכסנדר גרושנקו, או אלכס סמיונוביץ כפי שקראו לו כולם, הבוס
הוותיק של כוחות ביטחון הפנים פתח ותדרך בתמציתיות ובבהירות,
כדרכו, על המתרחש. "חברים," פתח. כולם חייכו קלות כתמיד לנוכח
שמרנותו של אלכסנדר, שכנראה עדיין לא הפנים לגמרי את העובדה
שהם כבר מזמן אינם חברים במפלגה הקומוניסטית. הוא המשיך בלי
לשים לב לחיוכי חבריו לשולחן. "פצצה התפוצצה בסניף חנות הכלבו
הגדולה 'מיר' במרכז העיר וולדיווסטוק. הפצצה התפוצצה בשעה שלוש
לפנות בוקר ולמעט נזק לבניין לא נגרמו כל אבידות בנפש. כחמש דקות
לאחר הפיצוץ, צלצל ליומנאי בתחנת המשטרה הקרובה לחנות הכלבו
אלמוני במבטא מוסקבאי, ודיווח על פצצת אטום שהוטמנה במקום לא
מוגדר בעיר. בתוך ארבע שעות הפצצה תתפוצץ, אלא אם נשיא רוסיה
יודיע פומבית, ברשתות הטלוויזיה הארציות, כי ארצו החליטה להשיב
ליפן את ארבעת האיים שגזלה ממנה בתום מלחמת העולם השנייה."

בסיום דבריו השתררה דממה בחדר. הנוכחים עיכלו את הדברים. מקץ
כמה דקות החלו כולם לדבר יחד. לפני שסף ההתרגשות בחדר יעלה
מדי, הרעים איגור אלכסייביץ בקולו וביקש שקט. "יש כאן מקרה

קלאסי של סחיטה, ואנחנו אף פעם לא נכנענו לסחיטה טרוריסטית," אמר בנוקשות. בנימה מהורהרת יותר המשיך: "מי יכול לעמוד מאחורי טרור כזה? קשה לי להאמין שממשלת יפן תזנח את הדרך הרגילה של משא ומתן דיפלומטי ותפנה למעשי טרור. עוד פחות סביר שהם יאיימו או יתעסקו עם נשק גרעיני. לדעתי יש לנו כאן עסק עם קבוצת טרור מהימין הקיצוני היפני. על פניו, ההנחה הזאת נראית הסבירה ביותר."

"עם זאת," התערב סגנו, למורת רוחו של הנשיא ששנא שנכנסים לדבריו, "ייתכן שמדובר בטרוריסטים צ'צ'נים שמנסים להסוות את כוונותיהם האמיתיות ולזרוע פאניקה ברוסיה על ידי התחזות לקיצונים יפנים."

"כך או כך," דפק הנשיא באגרופו על השולחן, "אנחנו חייבים לקבל החלטה עכשיו. כל אחד מכם בתורו..." הביט איגור אלכסייביץ מסביב לשולחן, "...יסקור בחמש דקות את המצב מבחינת ארגונו ואת החלופות לפתרון המשבר, כפי שהוא רואה אותן. אתה התחלת בתדרוך, אז תמשיך בבקשה, אלכס סמיונוביץ."

ראש כוחות ביטחון הפנים כחכח בגרונו ונתן סקירה עגומה למדיי על היערכות כוחותיו האמורים לפעול למציאת הפצצה ולתפיסת האחראים לכך שהביאו אותה לוולדיווסטוק. מחלקה הראשון של סקירתו לא ברור היה אם סמך על כוחותיו שיוכלו לאתר את הפצצה. הוא לא שלל אפשרות שהיא תתפוצץ ותגרום למוות נורא של אלפי ואולי עשרות אלפי אנשים. בתום התדרוך ברור היה לכל הנוכחים שאם יסמכו על המשטרה ועל שירותי הביטחון במקום, הסיכוי למנוע את הפיגוע הנורא - אפסי. הם לא ידעו מהיכן להתחיל. לאחרים מסביב לשולחן לא הייתה בשורה טובה יותר. פניו של הנשיא האפירו, והוא אמר בשקט ובמאמץ: "נו, אני מבין שאין לנו ברירה. מצד אחד, כפטריוט רוסי, לא חשבתי מימיי שדווקא אני איאלץ להתמודד עם אפשרות של ויתור על אדמה רוסית לשלטון זר. מצד שני, כאדם ריאלי, אין לנו פריבילגיה להעריך שהאיום אינו אמיתי. אין לנו אפילו מספיק זמן כדי לפנות את האזרחים מהעיר. צריך לוותר, לפחות למראית עין. אני אודיע פומבית על החזרת האיים

ובמקביל אסביר לראש ממשלת יפן את המצב. נראה לי שגם אם הוא יסכים אִתי בסופו של דבר, שהעברת האיים לא יכולה להיות תוצאה מכניעה לטרור. נצטרך, אחרי שהכול ייגמר, לשבת אתו למשא ומתן על כך. למרות שלדעתי, לא נוכל להחזיר את הגלגל לאחור." אלכס סמיונוביץ, בארשת נזופה, הבטיח שלמרות ההיערכות הלא מספקת, כוחותיו יעשו כל שביכולתם כדי למצוא את הפצצה ולנסות לנטרל אותה לפני שתתפוצץ. "אני בטוח שכל כוחות הצבא בעיר ובסביבותיה יצטרפו לאנשי המשטרה וביטחון הפנים בחיפושים," הוסיף ראש ביטחון הפנים והביט בפניהם של שר ההגנה וראש המטות המשולבים. אלה, מצדם, הנהנו בראשם בהסכמה, אולם ללא חדווה. אי-אפשר להאשימם במצב רוחם הירוד לנוכח מצב העניינים הנתון.

בזמן שהשרים והגנרלים האחרים דיברו, כל אחד בתורו, נזכר אלכסנדר סמיונוביץ גרושנקו כיצד נכבשו האיים הקוריליים הדרומיים. הוא שמע זאת מאביו גרישה שסיפר לו על שנותיו כסגן צעיר בחיל ההנדסה של הצבא האדום במלחמת העולם השנייה. אביו, ככל שהזדקן, התרפק יותר ויותר על זיכרונותיו מהתקופה האיומה והקשה ביותר בחייו. ככל שעברו השנים, נראה היה שעבורו זו הייתה בעצם תקופה מלהיבה ומעצבת. הקשיים של אז נראו לו, כעבור חמישים שנה, כהרפתקאות. הוא נהנה לספר עליהם לנכדיו, ילדיו של אלכס, בכל הזדמנות. כך שמע אלכס דברים שכילד אביו לא שש לדבר עליהם בפניו. זוועות המלחמה היו אז קרובות מדי. כשהיה על אדמת גרמניה שמע אביו על כניעת גרמניה הנאצית בתחילת חודש מאי שנת 1945. החדשות הגיעו ליחידתו, בריגדת חיל ההנדסה ה-12, יחידה מיוחדת שהייתה שייכת לפיקוד העליון וחנתה במקום שבו נשפך נהר האודר לים הבלטי. לאחר כמה ימי מנוחה יחידתו, יחד עם עוד מיליונים מחיילי הצבא האדום, נשלחה ברכבות למזרח הרחוק.

אביו זכר במדויק כי נאמר להם שהנשיא האמריקאי רוזבלט אמר לסטאלין בפגישתם בפוטסדאם, עם כניעתה של גרמניה, שדרושים שלושה חודשים נוספים כדי לסיים את המלחמה עם יפן. השניים סיכמו ביניהם את חלוקת העבודה: האמריקאים יתקדמו בזירת האוקיינוס השקט והפיליפינים, ואילו הצבא האדום ידחק ממנצ'וריה ומקוריאה את הצבא היפני שעדיין המשיך להילחם, למרות כניעת גרמניה. השלב הבא, כפי שהחליטו ביניהם שני המנהיגים, תוכנן ל-11 באוגוסט. בתאריך זה הוחלט שצבאות ארצות הברית וברית המועצות יפלשו ליפן כדי להכניעה.

לאחר נסיעה שנמשכה ארבעים יום לרוחבה של רוסיה, הגיע אביו למנצ'וריה. תפקידם היה לפלס דרכים ביערות העבותים לצבא הרוסי בדרכו לכבוש את חרבין, עיר הבירה של חבל מנצ'וריה. חיילי יחידתו של אביו הלכו בכל יום קילומטרים רבים ברגל, תוך שהקיפו עמדות בטון יפניות, סללו דרכים והניחו קורות עץ כדי שרכבי הצבא יוכלו לעבור. בראש יחידתו של גרישה נסע טנק טי-34 שתפקידו היה להפיל את העצים. אביו בירך בכל יום על כך שקצינים כמוהו זכו לחותלות עור מתחת למגפיהם, במקום חותלות הבד שהיו על רגליהם של החיילים הרגילים. כך הצליח לשמור בהליכה ביערות על רגליים יבשות וחמות. זכורות לו היטב גופות של חיילים יפנים שראה בדרך. גופות של רבים מהם היו עדיין קשורות בשלשלאות למקלעים שלהם, כפי שקציניהם קשרו אותם, כדי שלא יברחו מהצבא האדום המתקרב ויילחמו עד המוות. בסופו של דבר, הקדימו את יחידתו של אביו כוחות מוטסים רוסיים שכבשו את חרבין, ואילו יחידות ההנדסה הסתפקו בצפייה על שיירות השבויים היפנים העלובים והכנועים שעברו בקרבתם. מרביתם, מאות אלפים רבים מהם, כך ידע אלכס, מתו אחר כך בשבי. עם נפילתה של מנצ'וריה, המוני חיילי הצבא הסובייטי נאספו ונערכו ב"נקודת הזינוק", כפי שקראו לאזור מוטאדיאן במנצ'וריה, לקראת הפלישה ליפן.

בעת שהמתינו לפלישה הודיעו להם בשמונה באוגוסט שהפלישה מבוטלת מכיוון שהאמריקאים הטילו פצצת אטום על יפן, והיא נכנעה. לפי פירוש הקצינים הרוסים נשיאה החדש של ארצות הברית, טרומן, חשש מפלישה סובייטית ליפן והחליט למנוע זאת על ידי הכנעתה המיידית בהטלת פצצות אטום על הירושימה ונגאסאקי. הפלישה בוטלה אמנם, אבל סטאלין כעס והורה לצבאו לכבוש במהירות את כל מנצ'וריה, קוריאה (הם כבשו רק את צפונה), וכוחות חיל הים הסובייטי נשלחו לכבוש את ארבעת האיים הקוריליים, או "הטריטוריות הצפוניות", כפי שהיפנים מכנים את האיים שבין חצי האי סחלין לבין צפון יפן. יפן טענה מאז, במידה רבה של צדק, שאיים אלה תמיד היו בריבונותה. עד היום לא חדלו היפנים לדרוש את האיים חזרה. בינתיים בנו הסובייטים באיים בסיסי צי ומודיעין ששירתו אותם היטב בשנות המלחמה הקרה, וספינות הדיג שלהם דגו באין מפריע במים העשירים בדגה שמסביב לאיים.

חבטה חזקה בשולחן העירה בבהלה את הגנרל גרושנקו מההשתקעות הנעימה בזיכרונות אביו. הוא הביט סביבו, ושמע את הנשיא נוזף בקולו הרועם בשרים ובגנרלים: "מספיק עם הפטפוטים הריקים. אם אין לכם רעיונות ותוכניות טובים יותר ממה שהציע הגנרל גרושנקו, אז תשתקו." הוא פנה לגנרל והורה לו: "אתה ממונה על העניין, ואני רוצה תוצאות. פצצת אטום לא תתפוצץ על אדמתה של רוסיה!" הנשיא הביט בעיניהם של היושבים סביב לשולחן. "אתם תיתנו מיד, ללא ויכוחים, את כל הכוחות הדרושים וכל עזרה שאלכס סמיונוביץ יבקש מכם!" סיים את דבריו, קם ויצא.

הנשיא איגור אלכסייביץ שב לביתו בתום יום עבודה ארוך, תשוש. "נו, אירניצ'קה, נראה לי שהיום גם ויאגרה לא תעזור," חייך חיוך עייף לעבר רעייתו הדואגת, פשט בגדיו ונרדם כמעט מיד במיטתו. סיוטים חדשים החלו טורדים את שנתו.

פרק ל"ב

דירה ברובע סאניה שבטוקיו, יום ראשון בבוקר

יש אלוהים
גם בצלופח מת
על אורז חם

זעמו של איצ'ו התלקח באחת. "אידיוט," צרח על חייל יאקוזה צעיר שסידר שורה קצרה של אבקה לבנה על השולחן שלפניו ועמד לשאוף אותה לנחיר אפו באמצעות קשית שאחז בידו. הוא זינק לעבר הבחור שהיה גבוה ממנו בראש ורחב ממנו. בתוך שניות שכב הבחור על רצפת החדר וכיסה בכף ידו את עינו, המשחירה מאגרופו של איצ'ו. הוא נרתע לאחור כשאיצ'ו התיישב על חזהו והצמיד לגרונו סכין קפיצית שהופיעה לפתע בידו, כמעשה קסמים. "מפגר," צרח, ורוקו הרטיב את פניו של הבחור. התואר לא היה נכון, אם כי הבחור בהחלט לא היה מבריק במיוחד. "בן זונה מסופלס," הוסיף איצ'ו להמטיר מחמאות על קורבננו. חציו הראשון של התואר הנוסף היה נכון, עד כמה שהגיעה ידיעתו של הבחור על קורותיה של אמו. החצי השני היה סתם מוגזם. לא היה לו סיפיליס אם כי, יש להודות על האמת, פעמיים חטף זיבה כשלא נזהר במגעיו עם חברותיה למקצוע של אמו. "כמה פעמים אני צריך להגיד לכם, מניאקים מטומטמים..." הביט איצ'ו בזעף בחמשת הפושעים הצעירים שאכלסו את המקום, "...שעד שהמשימה החשובה

הזאת תסתיים, לא תטעמו אף טיפת אלכוהול, ואף גרגיר של סם לא ייכנס לגופכם הדפוק?" בקול שקט, שהפחיד אותם יותר משצווח, סינן איצ'ו מבין שיניו: "יא מכוערים..." לרובם התואר הזה התאים. הם דמו יותר לחברי להקות הפאנק שהסתובבו בימי ראשון ברובע הארג'וקו בטוקיו, לגופם בגדי עור צמודים ולראשם תספורות פנקיסטיות בכל מיני צבעים. "...בפעם הבאה שאתפוס אחד מכם, אתן את גופתו לכלבים הרעבים שמסתובבים בחוץ." הם האמינו לו. הם ידעו שברובע סאניה יש לא רק אנשים רעבים, אלא גם להקות כלבים כחושים המשוטטים ומחפשים משהו לנעוץ בו את שיניהם, ואלה לא יבחלו בבשר אדם. "כן, בוס." מלמלו בקול שפל והשתדלו להפוך עצמם לשטיח כדי שיפסיק לשים לב אליהם.

איצ'ו נרגע מקץ כמה דקות והתיישב על ספת הבמבוק שעמדה בפינת החדר, כדי לצפות בסדרה של עלילות סמוראים בטלוויזיה. בזמן שצפה, הכניס בעצלתיים מדֵי פעם לפיו אורז וחתיכות בשר צלופח מעושן מהקערה שהייתה מונחת על השולחן שלפניו. הוא לא ממש שם לב לעלילת הסרט. המתנה ארוכה וסבלנית לא הייתה החלק החזק שלו. הוא ידע שיחלפו כמה שעות עד שאוקה יטלפן וייתן לו הוראות. בזמן שעל מסך הטלוויזיה שיסף גיבור הסרט נבל נוסף, גיחך איצ'ו לעצמו שאם במשטרה היו יודעים עד כמה קרוב לארמון הקיסר נמצאים החפצים הקדושים המסמלים את שלטונו, ודאי היו מתפלצים מתסכול. הוא סובב ראשו ונשא מבטו אל השידה שמאחוריו שעליה נחו החרב, הראי וענק אבני החן. איצ'ו, במו ידיו, הוציא אותם קודם לכן מהקופסאות העתיקות שבהן שכנו ללא הפרעה במשך יותר מאלף שנים. הוא לא חשש מהאמונות הטפלות ולא האמין בסיפורי הסבתא, שהבטיחו עונשים איומים לכל מי שיעז לחשוף את האוצרות לעין כל. הוא חשש יותר מאוקה וציית להוראתו להניח את החפצים אל מול מצלמת הווידאו הדיגיטלית, שניצבה על מכשיר הטלוויזיה.

כמחצית השעה אל תוך הסרט שמע איצ'ו את חמשת הצעירים מסדרים שולחן ומתחילים במשחק קלפים. הוא עמד להעיר להם שלא ירעישו כשלפתע משך את עינו אור אדום שריצד על מסך הטלוויזיה. בחשדו שיש תקלה במכשיר, התקרב כדי לראות את האור מקרוב. תוך כדי שקירב ראשו למסך, הבין שזו בעצם השתקפותם של שלושה אורות קטנים, ההולכים ומתחזקים ומגיעים מאחוריו. איצ'ו הסתובב והביט נדהם בחפצים הקדושים שעל השידה, שהחלו זוהרים ללא כל סיבה נראית לעין.

פרק ל"ג

בדרך לוולדיווסטוק, יום ראשון בבוקר

חבר ותיק
עומד בדלת חדרי
גשם יורד

גנרל גרושנקו ישב על המושב הקשה במטוס התובלה הצבאי מסוג אליושין בדרכו לוולדיווסטוק, והתחת כאב לו, למרות שאיש צוות האוויר במטוס הניח שמיכת צמר על המושב כדי לרפד אותו במקצת. הוא החליט לצאת למקום בשעה שש בבוקר, מיד בתום הישיבה עם הנשיא. הוא ידע שהטיסה תארך כשמונה שעות ושרוב הסיכויים שלא יצליח להגיע בזמן, לפני פקיעת האולטימטום של הטרוריסטים, אולם הוא חש חובה לצאת למקום גם אם ייתכן שיאחר את המועד. כל חייו הדגיש בפני חייליו וקציניו את החשיבות שבהימצאות בחזית, במרכז ההתרחשויות, להיות תמיד הראשון להגיב. הוא גם היה הראשון ליישם בעצמו את פילוסופיית החיים הזאת. בכל הקרבות שהשתתף בהם, במקום שבו הקרב היה האינטנסיבי ביותר, ראו את הגנרל הגבוה ועב הבשר, בעל הבלורית הכסופה, העיניים החומות הקטנות והאף הגדול והאדום, שנראה למרחוק והזכיר תפוח אדמה. בדרך נס תמיד יצא בשלום מכל קרבותיו, גם אם לעתים פצוע. למזלו, מעולם לא נפצע קשה ותמיד המשיך לעמוד בראש אנשיו גם כשהיה פצוע. זכורה במיוחד

דמותו התמירה מתנוססת בעיצומו של קרב עקוב מדם נגד המוג'הידין המוסלמים כשעמד בזחל"ם הפיקוד שלו בפרברי קאבול, בירת אפגניסטן, סביב למצחו תחבושת המאדימה לאטה ובלוריתו הכסופה מתנוססת מעליה. שערו הכסיף עוד כשהיה באמצע שנות השלושים לחייו, וכולם חשבו שמוזר כיצד שערו לא הפך ללבן יותר או הקריח. גם בגיל שבעים ושתיים, עדיין הייתה בלוריתו הכסופה סימן ההיכר שלו.

העובדה שהיה לידו מכשיר טלפון נייד שניתן בעזרתו להיות בקשר עם כל מקום בעולם, הבטיחה את יכולתו לשלוט במידה מסוימת במתרחש והרגיעה אותו במקצת. המטוס התנדנד והיטלטל מדֵי פעם ברוחות המקפיאות שנשבו בחוץ בגובה שלושים אלף הרגל, ושעשה בו את דרכו מזרחה ממוסקבה, לעבר המזרח הרחוק. אלכסנדר גרושנקו העביר במוחו את כל הצעדים שנקט בהם וחשב מה עוד יוכל לעשות. משטרת וולדיווסטוק, יחד עם כוחות צבא וצי שנאספו מכל האזורים הסמוכים, סרקו את העיר מטר אחר מטר. אזרחים המוכרים למשטרה נחקרו שמא ראו או שמעו משהו, ואפילו חסרי הבית, שמספרם גדל פלאים בשנות החופש והדמוקרטיה, תוחקרו. כל אותו זמן ניקרה במוחו מחשבה מנדנדת, כאילו פסח על אפשרות נוספת אשר עשויה להועיל במציאת הפצצה ומפעיליה. מניסיונו ידע שככל שינסה לאמץ יותר את מוחו כדי להיזכר במה שחמק ממנו, כך תלך ותרחק התשובה. לכן נשען לאחור, עצם את עיניו והחל בתרגילי נשימה שמטרתם להרגיעו ולרוקן את מוחו ממחשבות מיותרות. אחרי חמש דקות פקח בסיפוק את עיניו, חייג בטלפון הנייד שבידו למזכירו הצבאי והורה לו לקשר אותו מיד עם קפטן ג'ומונג'י קצוהירו, מפקד "יחידת הקאמיקאזה" בצבא יפן.

גנרל גרושנקו חייך כשנזכר באלו נסיבות זכה להכיר את הקפטן היפני הנמרץ והמוכשר. שנתיים קודם לכן, כשישב הגנרל באולם הישיבות של משרד ההגנה במוסקבה, באחת הישיבות המתישות וחסרות התוחלת שכותרתן הייתה "המאבק בפשע המאורגן", רטט הטלפון הנייד שלו.

הוא קם, התמתח, התנצל שעליו לענות לשיחה דחופה ושמח לצאת החוצה לכמה דקות מהדיון המשעמם. כך שמראש הייתה נקודת זכות לכל מי שטלפן אליו. על הקו היה מפקד אזור הגבול של רוסיה עם קוריאה הצפונית, קולונל צעיר ומוכשר, שאותו, כך זכר גרושנקו, הוא מינה אישית. "המפקד, הלוטננט האחראי על תחנת הגבול הנמצאת בחוף מפרץ פטר הגדול הרוסי, בסמוך לגדר הגבול המחושמלת המהווה את הגבול בין רוסיה לצפון קוריאה, התקשר זה עתה ומסר כי אדם בלתי מזוהה בסירת גומי הנמצאת כחצי קילומטר בים שורץ הכרישים שמולנו, מאותת לנו בפנסו איתותי מצוקה. האם לחלץ אותו?" הגנרל ידע היטב מדוע נשאל מה לעשות. ייתכן שזהו עריק מצפון קוריאה, וחילוצו יגרור בוודאי תקרית עם המשוגעים, כך כינה את הפנאטים הצפון קוריאנים בינו לבין עצמו. הגנרל נאנח והשיב: "קולונל, למזלו של האיש בסירה, אני נמצא עתה במצב רוח רחום וחנון. נו, תוציאו אותו ותתקשרו שוב אליי כשהוא בידיכם." הוא ניתק ונכנס שוב לישיבה, תוך שהוא מודיע לנוכחים בארשת מתנצלת של אין ברירה: "אני חושש שבעוד כמה דקות אצטרך שוב לצאת. אנשיי, אתם מבינים, לא יכולים להסתדר לבדם."

בפעם הבאה שרטט הטלפון הנייד הודיע לו הקולונל: "המפקד, הוצאנו אותו מהמים ומחקירתו הראשונית מסתבר כי מדובר בגבר יפני שטוען ששמו קפטן ג'ומונג'י. למרות שהוא רועד ושיניו נוקשות מרוב קור, הוא מתעקש לדבר אתך, היית מאמין?" גרושנקו דווקא האמין. עם זאת, לא חשב שיזכה לראות את היום שהיפנים יעשו בו כפי שסיפרו לו, ויחזרו, אחרי שישים שנה, להפעיל סוכנים מחוץ לארצם, גם אם מדובר רק בצפון קוריאה ובסין. הוא נזכר בבקשתו האישית של מפקד כוחות ההגנה העצמית של יפן, כשביקר במוסקבה, לכאורה כדי ללמוד מניסיונם של הרוסים במשימות פינוי והצלה בים. היפני ישב לידו באחת מארוחות הערב שהרוסים ערכו לכבודו, ולאחר שסיימו לאכול את מרק הבורשט הסמיך ובטרם הובאה לשולחן קדרת הבשר ותפוחי האדמה, רכן לעברו ולחש באוזנו באנגלית רצוצה אך ברורה: "גנרל, יש לי אליך

בקשה מיוחדת. אנא ממך בוא נצא מהאולם ונעשן יחד." הגנרל זכר שהביט בו בפליאה, וחשב שהיפני לגם כמה כוסיות וודקה יותר מדי, אולם הוא נראה רציני למדי. בתום השיחה הבטיח גרושנקו לעמיתו היפני שבמקרה הצורך יסייע לאנשיו שייקלעו לצרה בשטחה של רוסיה.

למחרת ישב היפני הצעיר במוסקבה, בחדרו של הגנרל וברוסית בסיסית עם מבטא יפני כבד אבל מובנת למדיי, הרשים אותו ברקע שלו ובאומץ לבו. הגנרל שילח אותו חזרה לארצו, לא לפני שנתן לו את מספר הטלפון הנייד שלו, להתקשרות במקרה הצורך.

הפעם היה זה תורו של הרוסי לבקש טובה.

פרק ל"ד

טוקיו, מלון פיירמונט, יום ראשון לפני הצהריים

העץ קד
בפני הרוח העזה
ליל סתיו

חזי התמקם בחדרו במלון, וביסודיות חיבר והציב את כל מכשיריו וכיוונם לארמון הקיסר, כך שכל התרחשות יוצאת דופן תיקלט מיד במכשירי העיקוב והציטוט האלקטרוניים שלו. הוא התיישב על כיסא שניצב ליד החלון הגדול הפונה לארמון הקיסר והביט למטה, אל שדרת עצי הדובדבן שעמדו בשלכת ובחפיר המלא מים שסבב את מתחם הארמון. המראה היה נהדר. בחפיר שטו ברווזים אפורים שלא התרגשו מההמולה של אנשי המשטרה והמפגינים. רוח קרה הזיזה את ענפי עצי הדובדבן והעיפה את העלים המעטים שעוד נותרו תלויים על העצים. סירות העץ הקטנות, המשמשות זוגות אוהבים או ילדים קטנים והוריהם לחתירה בחפיר בסופי השבוע, עמדו קשורות לרציף העץ והתנדנדו בגלים שיצרה הרוח. חזי החל לחשוב. הוא לא פקפק בדבריו של אפי, אבל הקשר של אוקה, איש העולם התחתון לכל זה, לא היה ברור לו. מהיכרותו עם בוס היאקוזה הקשוח, היה חזי משוכנע שהדבר היחיד שמניע אותו הוא הכסף. אין לו כל עניין בקיסר או בכתות דתיות. אידאולוגיה, תהיה אשר תהיה, סבר חזי, מעניינת את אוקה לא יותר מאשר סושי מאתמול. ככל

שחשב על דבריו של אפי, היה חזי יותר ויותר בטוח שאוקה הולך אחרי הכסף. לא היה לו ספק שמעורבותו של אוקה מכוּונת לשים ידו על כספי הקרן הקיסרית שהקיסר מבקש לתרום לישראל. חזי חיבר אחד ועוד אחד והגיע למסקנה שאוקה מנסה לסחוט את אפי כדי להשתלט על כל הכסף, או לפחות על חלקו, לפני שהכסף יועבר לישראל באמצעות חשבון הבנק של ראש שלוחת המוסד ביפן.

אחרי כמה דקות שחזי שקע בהן בשרעפים (למי שהיה מביט בו מהצד הוא נראה ישן) הוא פקח את עיניו, ניגש לכיור, שטף את פניו, ניגב אותן ואת ידיו והתקשר לאוקה. הוא ידע בבירור שהמהלך שהוא עומד לעשות מסוכן, ושאוקה אינו האדם המתאים למשחקים. למרות זאת הייתה לחזי הרגשה שניתן יהיה להגיע עמו להבנות. בוס היאקוזה ענה אחרי שני צלצולים. לא היה לחזי ספק שאוקה זיהה את מקור השיחה ושלא הייתה לו בעיה לשוחח עם חזי. כשחזי שאל אותו בטלפון אם יהיה מוכן להיפגש עמו עוד שעה בבית הקפה הקטן שבלובי של מלון פיירמונט, הסמוך לארמון הקיסר, לשוחח על אפי-סאן, היה חזי בטוח שהוא שמע את אוקה עוצר לשנייה את נשימתו כנדהם. "בסדר," השיב אוקה וניתק. חזי לקח בחשבון שהאויאבון יגיע חמוש ואולי עם שומר ראש והחליט להוסיף לאקדח התקוע בפונדה שבחגורתו גם אולר קפיצי, שאותו שם בכיס מכנסיו. עם זאת, להערכתו הסיכוי לאלימות היה קטן. הוא לא היה מודאג שמא ייקלט במכשיריו, שאותם השאיר בחדרו, דבר מה חשוב בלא שידע. חזי נשא בכיסו מכשיר ניטור אלקטרוני שתוכנת לרטוט בחוזקה כשיקבל איתות אם דבר מה חשוב יקרה בארמון.

בחמישה לאחת התיישב חזי בבית הקפה בכיסא הפונה לדלת הכניסה של המלון וחיכה. דיוק בזמנים היה אחד הדברים החשובים ביותר שלמד אותם בהכשרותיו במוסד. כל המדריכים חזרו ושיננו באוזניו ובאוזני חבריו: "חייו של סוכן שטח תלויים בעמידה מדויקת בזמנים שלו ושל מפעילו או של איש הקשר שלו." מניסיונו ידע חזי עד כמה הדבר נכון.

אוקה הגיע בדיוק בשעה היעודה. "זה בהחלט סימן טוב," חשב חזי, "האיש מעוניין בפגישה". בוס היאקוזה הגיע לבדו והתיישב על כיסא לצדו של חזי, כך שגם הוא היה עם פניו לכיוון הכניסה ויכול היה לראות כל מי שיוצא או נכנס בפתח המלון. חזי ידע שהתנהגות זו היא כבר טבע שני אצל אנשים כמותם ואין לראות בכך כאילו אוקה מצפה לצרות. בלי לומר דבר, הוציא אוקה מכיסו הפנימי של מעיל העור השחור שלבש מעטפה לבנה והחליק אותה על השולחן לעברו של חזי. חזי פתח לאט את המעטפה ועוד בטרם ראה את התמונות, ידע מה יש שם. כשמבטו עבר על הצילומים הראשונים, שבהם נראו אפי ושו-קו בתנוחות שונות שלא משאירות מקום לדמיון, חייך חזי. "לא רע," מלמל ביפנית, "יש לאפי-סאן טעם טוב בנשים." "איך האידיוט הזה שחשבתי עד היום שהוא קצת יותר נבון נפל בפח הזה," חשב בלבו. כשהביט בצילומים הבאים, הפך מבטו של חזי לרציני יותר. לעיניו נגלו צילומי דירתו של אפי מבפנים. המטבח, חדר השינה, חדר הילדים. צילומים של הילדים ושל אפי עומדים בתחנת ההסעה לבית הספר האמריקאי וצילומי הילדים בזמן ששיחקו עם חבריהם במגרש המשחקים של בית הספר. הוא ידע בדיוק מהי משמעותם של הצילומים. זו לא רק סחיטה על רקע מיני אלא איום לפגוע בילדיו של אפי אם הוא לא יעשה כדרישתם של האחראים לצילומים.

חזי הכיר היטב את אוקה כדי לדעת שהוא אינו הטיפוס שניתן לשחק עמו משחקים והחליט שיש לו שתי אפשרויות: האחת, לשאול אותו ישירות, "או קיי. מה המחיר שלך ומה אתה רוצה מאפי?" הוא פסל אפשרות זו מיד מכיוון שלא רצה להיראות כנציגו של מפקדו במוסד למשא ומתן עם אוקה. הוא העדיף להצטייר כמי שבא לבחון יחד עם אוקה את האפשרויות העומדות בפניהם ולעזור היכן שניתן כדי לפתור את הבעיה. הוא העריך שיש בעיה, אחרת אוקה לא היה מגיע אליו בהתראה של שעה. למרות שרצה יותר מכל לשמוע מה יש לאוקה לספר לו, היה על חזי להתחיל בשיחה, מכיוון שהוא זה אשר הזמין את

אורחו להגיע למלונו. אוקה אכן רכן קדימה בציפייה לשמוע את דברי "היאקוזה הישראלי, " כפי שכינה אותו בפניו, כשהיו נפגשים בענייני עסקים. "אויאבון...", כינה אותו חזי בתואר השגור בפי חייליו, "קצת חנופה לא תזיק במקרה זה," חשב לעצמו, "...שמעתי מאפי-סאן על הרכב שעקב אחריו, על הצילומים ועל שיחת הטלפון שקיבל מהסחטן. הוא העריך שמדובר בבוס ביאקוזה, לפי הקול ששמע בשיחת טלפון. זה בטח היית אתה, לא?"

אוקה רק חייך חיוך קטן ואישר בניד ראש. "בדקתי את פרטי הרכב העוקב וגיליתי שהוא קשור אליך. למרות שאני לא יודע פרטים נוספים..." שיקר חזי, "...אני מנחש שמדובר ביותר מסחיטה רגילה, אם בחרת להתמקד באדם כמו אפי-סאן." חזי לא אמר מילה וחצי מילה על עבודתו של אפי במוסד, אולם הוא ידע שאוקה יודע. "מלבד בקשתו של אפי-סאן לבדוק מי עוקב אחריו ומצלם אותו, הוא לא סיפר לי כלום..." שיקר חזי שוב, " ...אבל יש לי תחושה שהוא הסתיר ממני משהו ושהסיפור האמיתי מורכב יותר מסתם סחיטה רגילה. אני חושב שאם תסביר לי במה מדובר, נוכל יחד לחשוב מה לעשות הלאה. אחרי הכול, אתה אדם של כבוד ועוצמה וגם אפי-סאן בא ממקום של עוצמה גדולה," זרק חזי פיתיון ואיום גם יחד לעברו של שכנו לשולחן. אוקה הרהר כמה דקות בדבריו של חזי. אולי גם המתין שהישראלי לא יוכל לשאת את השקט, ימשיך וידבר ויגלה לאוקה עד כמה ידיעתו בעניין מגיעה.

לבסוף, משנמלך בדעתו וכנראה גם הגיע למסקנה שחזי מכיר היטב את תרבות המזרח ושתיקה ארוכה אינה זרה לו, אמר אוקה: "חזי-קון, מספר מהלכים היסטוריים מתנהלים עתה בו-זמנית והם הגיעו לנקודת האל-חזור. אני חושב שאין כל סכנה שאכניס אותך בסוד הדברים. אתה תוכל לשכנע את אפי-סאן לעשות את מה שאני אבקש, והכול יבוא על מקומו בשלום." אוקה הביט בחזי במבט משועשע, כשאמר דברים

אלה. הפעם חזי לא דיבר אלא הביט באוקה והמתין בסבלנות עד שבוס היאקוזה ימשיך וידבר.

בטרם החל לספר לחזי את מה שהבטיח, פנה אוקה למלצר וביקש ממנו להדליק את מכשיר הטלוויזיה שניצב בפינת בית הקפה הקרובה לשולחנם ולכוון על ערוץ רשת השידור הממלכתית. המלצר, אחר שהעיף מבט קצר באוקה, רץ לבצע את בקשתו. בלא שהתבקש, הביא לשולחן שתי כוסות תה ירוק מהביל ועוגיות חמאה מצופות סוכר. "על חשבון הבית," אמר וקד קידה קצרה. אוקה שב להביט בחזי ואמר לו בקול שקט: "ברגעים אלה ממש עומד הקיסר לפרסם הודעה לתקשורת שהוא מוותר על כיסאו ומעביר את תפקידו לבן משפחתו ושותפי למזימה, אוגורה-סאן. הרשה לי לנחש שאתה יודע על מי אני מדבר." חזי הנהן בראשו לחיוב ואוקה המשיך: "שלושת סמלי הקיסר הקדושים נמצאים בידי עוזרי במקום בטוח. הם יועברו בקרוב לידי אוגורה שיוכל להתגאות שהוא זה שהציל אותם מידֵי מי שלא מכבר גנבו אותם. בכך יוכיח אוגורה לכל אזרחי יפן שהוא אכן ראוי להיות הקיסר."

חזי הביט בו במבט שואל ואוקה הבין שחזי אינו יודע דבר על סמלי הקיסר. הוא הסביר לו בקצרה על חשיבות החפצים הקדושים והמשיך: "במקביל, יפרסם נשיא רוסיה בדקות הקרובות הודעה פומבית בכל רשתות הטלוויזיה, על החלטת ממשלתו להחזיר את ארבעת האיים שארצו כבשה מיפן לאחר מלחמת העולם השנייה. בהודעתו עומד הנשיא הרוסי לומר שההחלטה התקבלה אצלם בזכות בקשה אישית של הקיסר החדש של יפן, שאותו הם מכבדים ומעריכים. אתה מתאר לעצמך איזה קיסר פופולרי יהיה אוגורה?"

למראה מבטו התמה של חזי שאל אוקה: "מה מטריד אותך במה שסיפרתי?" "קודם כול," השיב חזי, "מה פתאום הרוסים יודיעו שהם מחזירים את האיים? לא נראה לי שעם כל חיבתם לאוגורה, שאותו אני כלל לא בטוח שהם מכירים, הם יתנדבו לעשות מעשה אצילי כזה מרצונם החופשי." "טוב," גיחך אוקה, "...לא ממש מרצונם החופשי." אוקה הפסיק

את דבריו והביט במבט בוחן בחזי. למרות עברו הקרבי, הרגיש חזי את מעיו מתכווצים נוכח המבט. "תראה," המשיך אוקה, "אנשיי עוקבים אחריך כבר כמה שנים. אנחנו אוהבים לדעת הכול על האנשים שעמם אנחנו עובדים. זה אחד מסודות ההצלחה שלנו. אני יודע בדיוק למי אתה עובד. נראה לי שאתה, יותר מכל אחד אחר, תעריך את סוג הלחץ שגרם לרוסים לשנות את דעתם ולהחזיר את האיים הצפוניים לחיקה של יפן. אם בתוך שעה לא יודיעו הרוסים על החזרת האיים, פיצוץ גרעיני קטן ונחמד יחריב את מרביתה של העיר הנאווה וולדיווסטוק."

פרק ל"ה

במסוק בדרך לטוקיו,
יום ראשון אחר הצהריים המוקדמים

בקערה
איטריות סובה קרות
שלהי סתיו

על פניו הרציניות של ג'ומונג'י, שהלכו והחווירו ככל ששמע ממני את דבריה של שו-קו על מזימתו של אוגורה, עלה חיוך קל, כשענה לשיחת טלפון שהגיעה לקראת סיום דיווחי על דבריה של שו-קו. ניחשתי לפי החיוך שהוא שמע קול מוכר וחביב מצדו השני של קו הטלפון. החיוך הקל פינה מהר מקומו לחיוורון גובר ככל שהמשיך להאזין לדובר בצדו השני של הקו. בתום השיחה הניח לאטו את הטלפון הנייד בכיס מעילו, פנה אליי ואמר בקול שקט ומתוח: "יש לנו בעיה נוספת. אוגורה שלנו משחק משחק מסוכן יותר ממה שחשבנו." אחרי שסיפר לי טלגרפית את מה ששמע ממפקד כוחות ביטחון הפנים של רוסיה, התקשר ודיווח את הדברים לממונה הישיר עליו, ראש כוחות ההגנה העצמית של יפן. אני, בינתיים, כדי לא להפריע לשיחת הטלפון של שכני לספסל המסוק, העברתי הודעת אס-אם-אס לחזי עם תמצית סיפור הפצצה הגרעינית בוולדיווסטוק.

התלבטתי אם להודיע מיד על הפצצה לאיתמר במשרד בארץ או להמתין ולשוחח אתו רק אחרי שהעניינים יתבהרו ואדע יותר פרטים. החלטתי שלא לחכות. בקרוב איתמר ישמע על כך ממילא וכדאי שישמע זאת קודם כול ממני באופן המהימן ביותר. התקשרתי ממקום ישיבתי על הספסל הלא נוח של המסוק. לשיחות הטלפון שלי הייתה גם תופעת לוואי חיובית, מכיוון שהם הסיחו דעתי מטלטולי המסוק מערבלי הבטן. איתמר ענה אחרי שני צלצולים ונשמע שמח לשמוע את קולי. לפני שהספקתי לספר לו את מה שהתכוונתי לספר, הוא הקדים אותי: "מה קורה, אפי? אני סקרן לשמוע אם קרה משהו מאז הדיווח האחרון שלך, אחרי שביקרת אצל הקיסר. הסיפור בהחלט מעניין." "שים מערבל לפני שנמשיך," ביקשתי. המתנתי כמה שניות עד שאיתמר אישר שמערבל הקול מחובר ותדרכתי אותו בתמצית ההתפתחויות שהיו ידועות לי על אוגורה, הקיסר והקרן. התעכבתי בדבריי במיוחד על הפצצה הגרעינית בוולדיווסטוק. בסיום דבריי ביקשתי: "בינתיים אל תעשה כלום ובמיוחד אל תתקשר לרוסים לפני שאדווח לך שוב. היפנים והרוסים מנסים לטפל במשבר ביחד."

איתמר לא השיב לדבריי ובמקום זאת הפתיע אותי כששאל: "מה שלום עופרה?" והמשיך ללא גינונים ובלי להמתין לתשובתי: "אתם שניכם עדיין בסדר ביחד? תשמור עליה ואל תחזור על הטעויות שלי," וניתק שוב בלי מילות פרידה ונימוסין. ידעתי שהיה עליו למהר ושלא יעברו יותר מכמה דקות, במקרה האִטי, עד שהדיווח שלי יגיע לאוזניו של ראש המוסד וממנו לראש הממשלה. נשענתי על קיר המסוק הקשה וניסיתי לחטוף כמה דקות של שינה. פעם, כשעוד הייתי צעיר ויפה, כשהייתה לי הזדמנות, הייתי נרדם בכל מצב. בישיבה, בעמידה באוטובוס. הפעם התנומה חמקה ממני ובמקומה ניקרה והטרידה המחשבה: "למה איתמר התכוון?" כולם אצלנו ידעו על גירושיו. גם גרושתו הייתה עובדת מוסד, באגף המחקר. הגירושים היו מכוערים. הם נלחמו בשיניים ובציפורניים על הרכוש ובמיוחד על הילדים. תמיד חשבתי שמוזר לראות אותם

חולפים במסדרונות או בחדר האוכל זה על פני זה כזרים גמורים. ברור היה לי מפני מה הוא מנסה להזהיר אותי, אבל לא הבנתי מהיכן הוא יודע על הבעיות ביני לבין עופרה. אני לא סיפרתי לאיש. החדשות היו אמורות להגיע ממנה. אין זה סביר שהתקשרה לאיתמר. הגיוני יותר שקיטרה לאחת מחברותיה, ושהרכילות הגיעה לבסוף לאוזניו של חזי וממנו לאיתמר.

אם אכן הודיע חזי לאיתמר על הבעיות אצלי בבית, לא היו לי כל טענות כלפיו. ידעתי היטב שעל פי הנהלים הנוקשים מאוד שלנו, חייב היה לעשות זאת. לעצמי הרהרתי עד כמה המצב בינינו הידרדר באמת כדי לגרום לעופרה לספר לחברותיה? האם זהו זה, והאהבה התפוגגה לה ונעלמה? באופן לא רצוני התחלתי להריץ בראשי את התחנות של חיינו המשותפים. נאלצתי להודות ביני לבין עצמי שבסך הכול החיים היו לא כל כך רעים. אני מניח שאם הבטתי על הצד החיובי, הדבר נעשה מבחירה ומרצון לראות את חצי הכוס המלאה. בין כך או כך, הפתיעה אותי ההבנה שאין תחליף. לא חשבתי על מישהי אחרת כעל בת זוג קבועה אלא רק על עופרה. גיחכתי בלבי שאין זה מבטל סטוץ קטן ונחמד מהצד מדֵי פעם, אבל מבחינתי אנחנו יחד. החלטתי שאחרי שהמשבר הנוכחי יסתיים, אשקיע בזוגיות שלנו.

פרק ל"ו

טוקיו, ארמון הקיסר, יום ראשון אחר הצהריים

הנץ דואה
מבטו לא זע
עכבר קופא

הנסיך מוראקאמי שכב על הפוטון בחדרו למנוחת הצהריים הקבועה שלו, שלא ויתר עליה מאז הגיע לגיל שבעים, והחל לחוש מחושי שיגרון במפרקי רגליו וידיו. הקור והרטיבות בחוץ לא הקלו עליו. הוא נאנח כשהסתובב על צדו במיטתו בלי שיצליח להירדם. לא רק הכאבים אלא גם הדאגה, שמא העברת הכסף לישראל ותוכניתו ייתקלו בהתנגדות של אוגורה, הטרידה אותו. סימני השאלה ביחס לאוגורה גברו במחשבותיו של מוראקאמי ומנעו ממנו מלהירדם. הוא הושיט ידו למכשיר הטלפון שהיה מונח על שידה נמוכה לצד מיטתו, וחייג לקולונל אובאיאשי. גם אם לקולונל בדימוס נמאס משיחות הטלפון של מוראקאמי, שצלצל אליו בכל שעה לערך כדי לקבל עדכונים, הוא לא הביע זאת בקול. אובאיאשי חזר ואמר בטון אדיב ועניני שהוא ממשיך לבדוק את השמועות על אוגורה, אולם עדיין אין לו חדשות של ממש. הוא חזר והבטיח לנסיך הזקן שהוא יהיה הראשון לדעת, אם יהיו לו חדשות כלשהן.

לאחר שיחת הטלפון שקל מוראקאמי אם כדאי לו לקחת גלולת שינה ולזכות במנוחה, לפחות לזמן מה. הוא שנא תרופות והשתדל לאכול אוכל בריא בלבד, לא מהונדס גנטית. לא הייתה זאת דרישה קשה במיוחד שכן כל המזון של הקיסר ומשפחתו הגיע מהחווה הקיסרית הנמצאת כמאתיים קילומטר צפונית לטוקיו, שם הקפידו על גידולו של מזון אורגני בלבד. למרות שנמנע בדרך כלל מהכנסת כימיקלים זרים לגופו, הרגיש עייפות וערג למעט שינה טובה. אפילו קול הדפיקה, שנשמע מאחד מאגפי הבית, ונראה לו כדלת שנטרקה בחוזקה על ידי הרוח, הפריע לו. כשהושיט ידו למגירת השידה כדי לקחת את גלולת השינה נשמעה דפיקה חזקה בדלת, והיא נפתחה מיד. בפתח עמד אובאיאשי מתנשף, אגלי זיעה יורדים מראשו הקירח אל מצחו וצדעיו. "אוגורה נמצא בדרכו אל חדרו של הקיסר. יש לו אקדח והוא כבר רצח שניים מהשומרים שניסו לחסום את דרכו. כוח משימה מיוחד, שבראשו עומד קפטן ג'ומונג'י, נמצא בדרכו לארמון והוא אמור להגיע לכאן בתוך כעשרים דקות." כשסיים דבריו אלה פנה אובאיאשי והסתלק בריצה לכיוון חדרו של הקיסר. מוראקאמי שכח ממחושיו ומעייפותו, קם מיד, זרק על עצמו יוקטה ומיהר אחרי הקולונל, שראה אותו רץ ימינה בסוף המסדרון הארוך המוביל ממערכת חדריו של מוראקאמי לאלו של בן אחיו הקיסר. הוא הבין שכל התוכנית שזמם בקפידה שנים ארוכות עם שותפו אוגורה, עלולה לרדת לטמיון בגלל תאוות הבצע ושיכרון הכוח של אוגורה. אותו אוגורה, הבין סוף-סוף הנסיך, לא היה מוכן להסתפק בהון שיגיע לידיו ובהשגת מטרותיה הלאומיות של יפן, שתמיד הטיף להן בלהט רב ובשכנוע. "האידיוט רוצה להיות גם קיסר! טוב, נראה ידו של מי תהיה בסוף על העליונה," יצאו המילים מפיו של מוראקאמי בזעם ובקול רם. בכעסו, הוא ממש ירק החוצה את המילים. למזלו לא היה איש בסביבתו בטווח שמיעה.

כשהגיע לפינת המסדרון שמע מוראקאמי שתי יריות ומיד לאחריהן קול של דלת הזזה הנסגרת בחוזקה אל המשקוף. הוא החיש צעדיו וכמעט

אצל קִיטָמוּרָה הזקן

נפל על גופה ששכבה לרוחב המסדרון. הוא עצר והפך את הגופה ששכבה ופניה למטה. לחרדתו ראה את פניו של ראש משמר הקיסר המעוותים בעווית אחרונה של מוות. מחצית לחיו הפכה לעיסת בשר ודם מכדור אקדח שנכנס מהלחי ויצא מאחור, מעורפו. הוא עדיין החזיק בידו את אקדחו. מוראקאמי ניסה להוציא את האקדח מבין אצבעות האיש המת, אולם הן כנראה הפכו נוקשות לאחר המוות וכוחו לא עמד לו לשחרר את האקדח מהיד חסרת החיים. מוראקאמי משך לאחור בכוח את אצבעותיו של ראש המשמר והצליח לבסוף לחלץ את האקדח והכניס אותו לכיס חלוקו. מתנשף, כשאגלי זיעה על מצחו, המשיך ללכת קדימה עד שהגיע לדלת חדרו של הקיסר. לרגליה ראה לזוועתו את גופת שומר ראשו האישי של בן אחיו מוטלת חסרת חיים וידה מושטת קדימה, כאילו גם אחרי המוות הוא עדיין מנסה לעצור את הפורץ. מוראקאמי לא חש פחד. הוא לחץ על ידית הדלת, פתח אותה ונכנס פנימה. "אני שמח שגם אתה הצטרפת אלינו," שמע מוראקאמי את אוגורה מדבר אליו בטון לועג. "תהיה נסיך טוב ונעל את הדלת מאחוריך," הוסיף אוגורה וליתר ביטחון כיוון את קנה האקדח שהחזיק בידו אל חזהו של מוראקאמי. הנסיך ציית, נעל את הדלת אחריו והסתובב כדי לבחון את המצב.

אוגורה והקיסר היו ישובים על כיסאות המנהלים הנוחים שליד שולחן העבודה הרחב העשוי עץ רוזווד אדום בפינת חדר העבודה של בן אחיו. הקיסר נראה חיוור ונפחד והביט במבט מתחנן בדודו האהוב, כאילו הוא מצפה שהזקן יוכל לעשות איזה נס או תעלול ויציל אותם. מולם, על השולחן, ניצב המחשב המשוכלל, שבדרך כלל שימש את רעיית הקיסר. היא, כך ידע מוראקאמי, הייתה מתוסכלת מאוד מהמגבלות החמורות שהטיל עליה התפקיד. בעזרת האינטרנט התחברה אל העולם החיצוני, העולם של בני התמותה הרגילים, אלה שלא כל דקה מזמנם הוכתבה על ידי פקידי משרד הטקס הקיסרי לפי דרישות התפקיד. היא הגיעה למיומנות גבוהה בשיטוט באתרים של היסטוריה ואמנות, שהיו אהובים עליה. היא נכנסה לאתרים של הספריות המובילות בעולם וקראה את

המאמרים המעודכנים ביותר וסיירה וירטואלית במוזיאונים של אירופה וארצות הברית. הבילוי המועדף עליה היה חדרי שיחה בנושאים שאהבה. כך יכלה לשוחח עם פרופסורים ועם סטודנטים מאוניברסיטאות טודאי ודושישה ואפילו מהארוורד וייל, אוקספורד וקימברידג', ושאבה מכך סיפוק עצום. מוראקאמי האמין שידעה שגלישותיה באינטרנט מפוקחות כולן על ידי מומחה מחשבים שעבד במשרד הטקס הקיסרי, אולם מעולם לא ניתן היה להבחין שהפיקוח מטריד אותה. ודאי הבינה שבסופו של דבר הפיקוח היה לטובתה ולטובת הקיסר.

בצדו הימני של המחשב ראה מוראקאמי מצלמה דיגיטלית משוכללת, שכבלים המחוברים למחשב נמתחים ממנה. על השולחן לפני הקיסר היה מונח דף נייר ובו כתובות מספר שורות בכתב גדול. מוראקאמי קרא במהירות את הכתוב ופניו החווירו אף יותר מהחיוורון שאחז בבן אחיו. בנייר הייתה כתובה הודעה שהקיסר אמור היה להקריא אותה בפני המצלמה. לפי הנוסח ידע מוראקאמי שההודעה תוקרן ישירות, באמצעות המחשב, לרשתות הטלוויזיה הלאומיות:

"אזרחי יפן היקרים, אני מודיע בצער עמוק שעקב מחלה קשה שאני סובל ממנה מזה זמן רב, לא אוכל להמשיך ולמלא את תפקידי. פרישה לצורך טיפול רפואי היא בלתי נמנעת. פטירתו הטרגית בימים אלה של דודי האהוב, הנסיך מוראקאמי," מוראקאמי הרים ראשו מהנייר והביט במבט שואל ומודאג באוגורה, שרק חייך וסימן לו להמשיך ולקרוא, "וגילם הצעיר מדַי של ילדיי, אינם מותירים בידי ברירה אלא להטיל את התפקיד על בן משפחה מדרגה רחוקה יותר."

פרק ל"ז

טוקיו, מלון פיירמונט, יום ראשון אחר הצהריים

מרחוק

שט אליי צל

הירח

הם ישבו בשקט עוד כחצי שעה ובהו במסך הטלוויזיה. לאחר כוס התה השלישית, ביקש חזי את סליחתו של אוקה. "שִׁיצוּרֵי שִׁימַאסוּ, אני מבקש את סליחתך, אבל שלוש כוסות תה עשו את שלהן, ואני צריך ללכת לשטוף את ידיי." אוקה הנהן בלי להסיר מבטו מהטלוויזיה, וחזי הלך לשירותים. הוא נכנס לאחד התאים, נעל אחריו את הדלת והתיישב על מושב השירותים הנקי והמצוחצח. כיוון את לוח הכפתורים הצמוד למושב לרמת חימום נעימה וקרא במסך הטלפון הנייד את ההודעה ששלח לו אפי, עם תמצית הודעתו של גרושנקו לג'ומונג'י על הפצצה הגרעינית בוולדיווסטוק, ועם בקשתו מג'ומונג'י לבדוק את העניין. חזי תקתק במהירות מסר קצר על דברי אוקה בעניין הפצצה והוסיף את דעתו האישית, כי יש להתייחס ברצינות גמורה לאיום. תוך שתקתק את המילים האחרונות בהודעת האס-אם-אס לאפי, צפצף בעצבנות המכשיר הקטן שנראה כמו איתורית ושהיה מחובר לחגורתו. הוא סיים להקליד את ההודעה, שלח אותה לאפי והביט במכשיר. האיתורית הייתה מתוכנתת לקבל אות מהמכשירים רבי העוצמה והרגישים שכוונו לארמון הקיסר

ונועדו לקלוט את רמת התקשורת הפנימית בארמון ולהתריע אם יש שינוי יוצא דופן בהיקף התשדורות. הוא ידע מיד שאירוע חריג מתרחש בארמון וביד אחת תקתק הודעה קצרה על כך לאפי, שלח אותה, לחץ על כפתור הורדת המים בשירותים, שטף ידיו וחזר לכיסאו.

אוקה היה כה מתוח, ומבטו היה ממוקד במסך הטלוויזיה, עד כי לא הבחין שחזי שב למקומו. חזי ניחש שהסיבה למתח הייתה שעדיין לא הופיע שום מבזק חדשות מיוחד ושהתוכניות המשיכו כרגיל. על המסך ליהג הקומיקאי הידוע שִׁימוּרָה קֶן, שהתמחה במערכוני סלפסטיק מטורפים, אולם אוקה לא נראה משועשע. ייתכן, כך ניחש חזי, שאוגורה קבע עם אוקה שעה מסוימת, והשעה המיועדת עברה. הם ישבו כך במשך חצי שעה נוספת, לגמו תה לאטם בלי שהוציאו הגה מפיהם. היה ברור שאין לאוקה חשק לדבר. לבסוף קטעה את התוכנית של שימורה קן שקופית המתנצלת על הַפְסָקה במהלכן הסדיר של התוכניות. מיד אחריה עלתה לשידור קריינית החדשות. כשקריינית הטלוויזיה הנסערת הכריזה את הודעתה הדרמטית, היה ברור שלא זו ההודעה שלה ציפה אוקה במתח גובר. לראשונה ראה חזי את בוס היאקוזה הקשוח מחוויר, רגלו החלה לקפץ מתחת לשולחן ואגרוף ידו הימנית נקפץ בחוזקה.

בזמן שבטלוויזיה התחרו ההודעות המרעישות זו בזו, ראה חזי את אוקה עוצם את עיניו. חזי כמעט יכול לראות כיצד גלגלי מוחו של אוקה עובדים במהירות בניסיון לתכנן את צעדיו הבאים. אחרי דקות נוספות של שקט מתוח, פנה אוקה לחזי ואמר לו: "אני חושב שאפי-סאן ואני צריכים לפגוש יחד את קיטמורה הזקן בדחיפות. אני סומך עליך שתביא את הבוס שלך במוסד לפגישה," והפנה מבט מלא משמעות למעטפת הצילומים שהייתה מונחת על השולחן. חזי הבין שזהו זה. אוקה רוצה לסגור עניינים כמה שיותר מהר. "מתי ואיפה?" שאל. "בעוד שעה בדיוק אצל קיטמורה בבית," השיב אוקה, קם ויצא. חזי יצא אחריו, עלה לחדרו במלון, הדליק את הטלוויזיה והתקשר לאפי.

פרק ל"ח

טוקיו, ארמון הקיסר, יום ראשון אחר הצהריים

מתכוננים
הנמייה והקוברה
מי ראשון?

מחלון המסוק ראיתי את צמרות העצים בגן הקיסרי נעות בפראות מהדף הרוח של הרוטור, בעת שהתקרבנו למנחת. ג'ומונג'י יצא ראשון והתכופף, כאילו להגן על ראשו מלהבי הרוטור. תגובה אוטומטית שלא היה בה כל צורך מכיוון שהלהבים נמצאו גבוה מעל לראשו. איש יחידת האבטחה של הארמון המתין לנו בקלנועית וכשראה אותנו יוצאים מהמסוק רץ אלינו ונעמד לפני ג'ומונג'י. שמעתי אותו מתחיל לתדרך אותו במהירות על המתרחש ומודיע לו שאנשיו, על ציודם המיוחד, ממתינים לו ליד מגורי הקיסר. ג'ומונג'י החל לרוץ לכיוון הרכב יחד עם איש האבטחה. לפני שנכנס לרכב הביט בי ושאל: "אפי-סאן, אתה לא מצטרף אלינו? נראה לי שצפוי לנו קצת אקשן."

השאלה הייתה במקומה היות שראה שנעצרתי ולא המשכתי אחריו. עצרתי כי קראתי את האס-אמ-אס האחרון מחזי שנכתב בו: "בוא מיד. מלון פיירמונט. חזי." "סע לבד, זה המשחק שלך קפטן," אמרתי לג'ומונג'י וביקשתי שאיש האבטחה ידאג שאגיע מיד למלון פיירמונט, בלי שהשרשרת האנושית המקיפה את הארמון תעכב אותי. הם עזבו

בחיפזון וחששתי שבקשתי תישכח אולם נראה שאיש האבטחה, תוך כדי נסיעתו מהמנחת במהירות הגבוהה ביותר שבה מסוגלת הקלנועית לנסוע, העביר את בקשתי. בתוך כמה דקות הגיע מאבטח שליווה אותי למבנה קרוב. נכנסנו וירדנו במדרגות למרתף. המאבטח פתח מנעול של דלת שנמצאה בצדו הרחוק של החדר ואמר: "לך במסדרון שמעברה השני של הדלת. סופו של המסדרון נמצא מול המלון." הלכתי כרבע שעה במסדרון התת-קרקעי, שהואר באור ניאון חלש, ותיארתי לעצמי שהוא עובר מתחת לחפיר המקיף את ארמון הקיסר. הדלת בסופו של המסדרון נפתחה במרתפו של בית הסירות על גדת החפיר. הכרתי את המקום היטב מביקורים רבים עם הילדים בסופי שבוע, לשַׁיֵּט בסירה ולהאכלת הדגים והברווזים שחיו באושר במי החפיר. אחרי חמש דקות נוספות נכנסתי ללובי של המלון.

מצאתי את חזי ממתין לי ליד דלפק הקבלה של המלון, נשען במרפקו על משטח העץ ומפטפט בעליזות עם פקידת הקבלה הנחמדה, שהייתה פנויה מאורחים חדשים באותו הרגע. "אתה בטח מבטיח לה תפקיד בסרט חדש, יא מניאק. יאללה, בוא נעבוד," אמרתי לו בחביבות. "אני רק מדבר. אתה גם עושה וגם מסתבך. בוא נתחיל להתיר את הסמטוחה שהכנסת אותנו אליה," בירך אותי חזי חזרה. עליתי אחריו לחדרו. "תתחיל לארוז," אמר חזי. בתוך דקות כל ציוד הציתות והמעקב היה מונח ונעול בשתי מזוודות המתכת הגדולות. חזי ואני בדקנו כדבר שבשגרה את הברטה ופתחנו את הנצרה. את סכין ההטלה הדקה בנדן העור הדק, שהייתה צמודה לחלקה הפנימי של רגל שמאל מתחת לברך, לא היה צורך לבדוק. "נוסעים לבית של קיטמורה, החבר הזקן שלך," תדרך חזי תוך כדי שסחבנו את הארגזים ללובי המלון, "אוקה יחכה לנו שם כדי לסגור את העניינים." "כן, אני יודע. הכסף תמורת הצילומים. מה אגיד לך חזי, עסקה נהדרת. זיון שעלה חצי מיליארד דולר."

"בפעם הבאה שמור את הזין שלך סגור במכנסיים ותחשוב עם הראש ולא עם הביצים," התיז לעברי חזי.

"אין ספק, כל מילה בסלע. עם התובנות המעמיקות שלך אתה יכול להיות פילוסוף סיני," עניתי בסרקזם ריק. השארנו את הציוד בקבלה, ותוך כדי יציאה טלפנתי והוריתי לעוזר שלי, איקדה-קון, לבוא מיד ולאסוף את הציוד חזרה למשרד.

פרק ל"ט

עדיין בטוקיו, ארמון הקיסר,
יום ראשון אחר הצהריים

מוטלת
חרצית לבנה
על גופתי

מוראקאמי שוב הפסיק לרגע לקרוא את ההודעה לתקשורת שכתב אוגורה עבור הקיסר והביט באוגורה במבט שואל. הנסיך ידע שאחיו הצעיר של הקיסר, שאינו מוזכר כלל בהודעה, לומד באוניברסיטה באנגליה והעובדה שיש לו בת זוג בריטית, מונעת ממנו את האפשרות למלא את תפקיד הקיסר. בחוסר סבלנות גובר סימן לו אוגורה באקדחו להמשיך לקרוא. הנסיך הרים שוב את הנייר אל מול עיניו, סידר את משקפיו וקרא בשקט: "לאחר בדיקה מעמיקה והתייעצות, הוחלט שהאדם המתאים ביותר למלא את התפקיד הוא אוגורה סאמה (אוגורה הנכבד). כבן נינה של אחות הקיסר מייג'י וכבעלה בקרוב של בת אחיו הצעיר של הקיסר, סומן אוגורה כאחד המועמדים הטבעיים. השכלתו, תבונתו ומרצו מכשירים אותו להכניס את מוסד הקיסרות לשנות האלפיים. אני תקווה שהטיפולים הרפואיים שאעבור אותם יצליחו ושאוכל לשוב לתפקידי בהקדם. עם זאת, ברצוני להיות כן לחלוטין אתכם, אזרחי יפן היקרים, הסיכוי לכך אינו רב. אציג בפניכם עתה את הקיסר החדש." מוראקאמי

סיים לקרוא, הרים ראשו שוב מהנייר במבט תמה ואמר לאט לאוגורה: "פטירתי הטרגית בטרם עת?"

אוגורה גיחך שוב והניף את ידיו, שאחת מהן החזיקה באקדח, לצדדים, כאומר "מה אפשר לעשות? קח את זה בקלות, זה לא אישי." הוא לקח בידו מזרק, שאותו הניח קודם לכן על השולחן ליד המחשב והתכוון לתקוע אותו בחוזקה בירכו של מוראקאמי שניצב לידו. מוראקאמי עיווה את פניו בחוסר אמון, כשאוגורה הביט בנוזל השקוף שצף בתוך המזרק. הנסיך תיאר לעצמו מה מכיל המזרק. בתוך שניות, כך ידע הנסיך, יחוש כאב בלתי נסבל, כאילו יד נעלמה תופסת את חזהו וסוחטת בכוח איום את לבו. הוא יתפוס את חזהו בידו וייפול מתעוות על השטיח הפרסי הנהדר ושם, בכאבים בלתי נסבלים, כעבור זמן קצר, יחזיר את נשמתו לבוראו. התסריט לא מצא חן בעיני הנסיך, ולמרות גילו, הוא פעל בזריזות ראויה לציון.

חיוכו של אוגורה נמחק באחת כשראה מולו את הנסיך הזקן שולף במהירות אקדח מכיס חלוקו ומכוון אותו לחזהו ביד רועדת. בתנועה אטית הפיל אוגורה את אקדחו ואת המזרק על השטיח. הנסיך ביקש מאוגורה שיתקרב אליו וזה מיהר לציית, תוך חשש כבד שמא ידו הרועדת של מוראקאמי המחזיקה באקדח תלחץ על ההדק בטעות. כשאוגורה היה קרוב דיו, לחש לו הנסיך, כך שהקיסר שישב בסמוך לא יכל לשמוע: "מה אתה חושב שאתה עושה? אני רואה שלא הספיקה לך התוכנית הקטנה שלנו. לא די היה לך שהצלחתם, אתה וחבריך, להחזיר את האיים מרוסיה ליפן. מובן שבאותה הזדמנות, כפי שתכננו, אני אמור להפוך לקיסר ולהפוך את הנצרות לדת חשובה ביפן. פיתחת שאיפות קצת מעל לראשך. אני חושש שתיאלץ לוותר עליהן. בוא נארגן הודעה קצרה חדשה עבור אזרחי יפן הנאמנים." אוגורה הביט בנסיך וכמעט אמר לו: "אין לי כל כוונה להמשיך ולשתף פעולה אתךָ במזימה הקטנה

שלנו," אולם כשהביט בעיניו של מוראקאמי, כל שראה היה נחישות מפחידה, בלתי צפויה לאיש, והוא נרתע לאחור.

מוראקאמי פנה לאחיינו, שישב כל אותה עת והביט בשניהם במבט תמה ומפוחד: "טננו הייקה, הקיסר, אני חושש שאתה מהווה מטרה קלה למתנקשים ולטרוריסטים דוגמת הנבל הזה מתוך משפחתנו שלנו. יש לי רעיון שימנע פגיעה בך ויהפוך אותי למטרה לכל אותם מטורפים אלימים. אני מציע שנשנה במקצת את נוסח ההודעה לתקשורת." מוראקאמי הפסיק לרגע את דבריו, הביט באוגורה ולחש לעברו: "יש לי תפקיד גם עבורך בשינוי הקל שתוכניתי נאלצה לעבור." אוגורה הביט בו במבט תמה. הנסיך, בנון שלנטיות, ירה בו בראשו ופיזר את מוחו על השטיח הפרסי העתיק והנהדר שלרגליהם. הקיסר הביט במתרחש ולפתע הסתובב והקיא את נשמתו על אותו שטיח. מוראקאמי הֵצֵר על זיהומו של השטיח. "הם כבר ייאלצו לשלם הרבה כסף על ניקוי יבש. לא שכסף זה יצא מכיסי," אמר הנסיך בלבו. הוא פנה לבן אחיו ואמר לו: "בוא ארשום לך את הצעתי לנוסח הדברים לתקשורת שתאמר למצלמה שליד המחשב." הקיסר קרא את ההודעה המתוקנת, הביט בדודו במבט שהיה בו עירוב של הקלה, הכרת תודה והשלמה עייפה, והנהן בראשו לחיוב.

באותה שנייה נשמעו קולות נפץ רמים, והחדר התמלא בעשן לבן. הנסיך והקיסר חשו צריבה חזקה בעיניהם. לפתע עמדו לצדם כמה בחורים צעירים חמושים, לבושים שחור, ומסכות גז על פניהם. לפי הרעש הבין הנסיך שהם פרצו פנימה לתוך החדר דרך החלונות והדלתות ברגע ששמעו את הירייה. שניים מהצעירים אחזו בקיסר ובדודו ושאלו אותם: "הכול בסדר?" הקיסר הנהן בחולשה ולחש: "כן," והנסיך הזקן אמר בקול חזק מעט יותר: "אין מה לדאוג, הכול בסדר והתוקף חוסל." בתוך דקות אחדות התפזר העשן, והצעירים הסירו את המסכות מעל פניהם וקדו עמוקות בפני הקיסר ודודו. הם הביטו במבט שואל בגופה שהייתה מוטלת על השטיח ובאקדח שאחז עדיין הנסיך בידו. מפקד

החוליה התנצל בפני השניים על שהגיעו אחרי שהכול הסתיים, "אבל," הוסיף, "לא רצינו לפרוץ פנימה כל עוד לא היינו בטוחים שנשקפת סכנה מיידית לחייכם מכיוון שעצם הפריצה עלולה הייתה לגרום לפושעים, או בעצם לפושע, לפגוע בכם," המשיך המפקד הצעיר, והציג עצמו כקפטן ג'ומונג'י.

הנסיך הביט בו ואמר בעדינות: "אני חושש שמפקד המשמר, אובאיאשי, שאתה מכיר אותו בוודאי מכיוון שהוא הזכיר היום את שמך, נרצח על ידי הפושע שמוחו מפוזר כאן על השטיח. אני יריתי בו באקדחו של אובאיאשי, שלקחתי מגופתו הנמצאת במסדרון, מחוץ לדלת החדר הזה. זו אבידה גדולה, והיא כואבת במיוחד מכיוון שהרוצח הוא בן משפחתנו. לצערי, למדתי לא מכבר שאוגורה זה מעורב בכל מיני מעשים אפלים, והיום כולנו למדנו על מזימתו. הוא רצה, לא פחות ולא יותר..." הנסיך עצר לרגע את שטף דבריו, והביט בקפטן לראות תגובתו לדברים, "...למנות עצמו לקיסר החדש." ג'ומונג'י, כפי שראה מוראקאמי לשביעות רצונו. שמר על קור רוחו ואמר קצרות: "מזלנו שגילית תושייה ואומץ כה רבים." בניגוד לרצונו, נמנע ג'ומונג'י מלומר בסוף המשפט: "ועוד בגילך," וגרם לנסיך קורת רוח. "מסתבר..." המשיך ג'ומונג'י, "...כי מזימתו של אוגורה כללה גם את גניבתם של חמישים מיליארד הין אותם התכוונתם להעניק לישראל ואת גניבת שלושת סמלי הקיסר, תוך שיתוף פעולה עם הכוהנת הראשית של כת האמת האלוהית העולמית, שמאמיניה מקיפים עתה את ארמון הקיסר."

מוראקאמי חש סיפוק כשחשב לעצמו איך אוגורה עשה עבורו את כל העבודה ואיש לעולם לא יחשוד שבעצם הוא זה שעמד מאחורי המזימה. דווקא מצא חן בעיניו המזל הטוב ששפר עליו, וכאוונגליסט נוצרי הוא ידע שמי שעוזר לעצמו, מלמעלה עוזרים לו. כלפי חוץ לא ניתן היה לראות דבר על פניו של האיש שאמור להיות עוד מעט קיסר. הוא פנה לקפטן ואמר לו: "יש לי בקשה קטנה הקשורה לכוהנת. אודה לך אם תוכל לעזור לי בעניין."

פרק מ'

טוקיו, מלון אוקורה, יום ראשון אחר הצהריים

בוא עכשיו
מוחק החלומות
והצילני

הכוהנת שכבה על המיטה הרחבה והרכה בחדר השינה של הסוויטה, שתפסה חצי מהקומה האחרונה במלון אוקורה היוקרתי והיקר להחריד. מחלון חדרה יכלה לראות את בניין השגרירות האמריקאית ששכן מול המלון. את ארמון הקיסר, הגם ששכן במרחק של כמה דקות נסיעה מהמלון, לא ניתן היה לראות מחלונה, אם כי הייתה רוצה מאוד לראות מה מתרחש בתוכו ברגעים אלה. היא נשענה לאחור על שתי הכריות הנוחות והביטה בסיפוק בשידור במסך הטלוויזיה, שם נראו אנשיה מקיפים את ארמון הקיסר. התוכנית המדוקדקת שתכננה עם אהובה אוגורה הגיעה לשלב הסופי, ועוד רגע קט, כך ידעה, יודיעו במבזק חדשות מיוחד כי אוגורה מוּנה לקיסרה החדש של יפן. מבחינתה, משמעותה של הודעה זו היא שלמחרת בבוקר חצי מיליארד דולר יתווספו לחשבון הכת שלה, הישר מהקרן הקיסרית. את הכסף יעביר אהובה הקיסר החדש שהוא, כך חשבה, גם אחד מהמאמינים האדוקים ביותר של הכת שלה. היא ציפתה לראות בכל רגע את המבזק ולקבל מיד אחר כך שיחת טלפון מאהובה המודיע לה שהכול בסדר.

היא חייכה כשנזכרה בתוכניתו הזדונית אך הפשוטה של אוגורה: הנסיך הממונה על הקרן הקיסרית, דודו של הקיסר, אדם זקן שלמרבה הפלא עדיין בוערת בעצמותיו התשוקה להיות קיסר, העביר בהסכמת הקיסר, האוהד את ישראל, חצי מיליארד דולר לחשבונו של אחד מסוכני המוסד ביפן. האיש אמור להעביר את הכסף לרשות ממשלתו כתרומתה הצנועה של משפחת הקיסר היפני לעם בישראל. כדי להימנע מפרסום צילומי הלילה הסוער שהעביר עם זונה במלון אהבה, פרסום שעלול להרוס את נישואיו, את משפחתו ואת הקריירה שלו, יעביר הסוכן את הכסף לחשבונה שלה. כך תינצל הכת העומדת בפני פשיטת רגל, והיא עצמה תוכל להמשיך בחיי המותרות שהתרגלה אליהם. הכוהנת עצמה את עיניה והרגישה כיצד גופה מתחיל להתעורר לזכר הצילומים הארוטיים של הישראלי וזוגתו היפנית. "הוא נראה לא רע בכלל בצילומים," חשבה, וחשה צביטת געגוע לאוגורה שרצתה אותו לצדה באותו רגע.

אוגורה, כך ידעה, אמור לאיים על הקיסר שיוותר על כיסאו לא לטובת דודו, כפי שהדוד סיכם עם אוגורה, אלא לטובתו שלו. אוגורה, ברגעים אלה ממש, מכריח את הקיסר להכריז עליו כעל הקיסר החדש. במקביל, אמור נשיא רוסיה להודיע שכאות רצון טוב וידידות עם קיסרה החדש של יפן, רוסיה משיבה את האיים הצפוניים לריבונותה של יפן. באמצעות הודעה זו יזכה אוגורה לאהדתו של העם ולא צפויה התנגדות אמיתית למינויו כקיסר. הכוהנת לא ידעה ולא שאלה כיצד אוגורה ביצע תעלול זה מול הרוסים. כל שידעה הוא שהוא עלה לה הון תועפות. אהובה כקיסר וחצי מיליארד הדולר בחשבונה, יגבירו את כוחה ואת עוצמת הכת שלה, שתהפוך לאחד הגופים החזקים במדינה ואותה לאחת הנשים החזקות ביפן.

כשנגסה בפריכית האורז המלוחה המכוסה אצה יבשה, ועמדה להבריש בידה את הפירורים שנשרו על הכרית, צלצל הטלפון. "לא יכול להיות שאוגורה יצלצל לפני הופעתו בטלוויזייה כקיסר החדש," חשבה לעצמה

בעת ששלחה ידה לשפופרת. הקול אפילו לא היה דומה לקולו של אוגורה. חיתוך הדיבור היה של אדם צעיר הרגיל לחלק פקודות. "בטח איש צבא," תהתה. "מצואו שינקו-סאן, מדבר קפטן ג'ומונג'י מהכוחות להגנה עצמית. אני מבקש לעלות לחדרך ולשוחח אתך ברגע זה." "משהו השתבש," החליטה הכוהנת, וענתה בטון אגבי: "אני עסוקה כרגע. אודה לך אם תוכל במחילה לבוא בעוד כשעה. אשמח לפגוש בך אז בבית הקפה הנמצא בלובי המלון." היא לא ציפתה לתשובה ששמעה מהקפטן. "אם לא תפתחי לי את דלתך בעוד מספר דקות כשאעלה למעלה, איאלץ לפרוץ פנימה." היא לבשה במהירות חלוק מעל כותונת השינה שלה והמתינה. כעבור כשתי דקות שמעה נקישות חזקות בדלת והזדרזה לפתוח אותה. בפתח עמד איש צעיר וספורטיבי בחליפה כחולה כהה וניתן היה להבחין בקלות בבליטת האקדח בצדה הימני של חגורתו. הקפטן נכנס פנימה בלא שחיכה להזמנתה של הכוהנת ולהפתעתה הזמינה להתיישב לידו ולצפות בטלוויזיה. "אני חושב שכדאי שתראי את מבזק החדשות האמור מיד לעלות לשידור," אמר לה בקול אגבי, כאילו היה זה הדבר הטבעי לעשותו באותו רגע. היא הביטה בצעיר בתימהון וכשהביטה היטב בעיניו ראתה עוינות ונחישות. הכוהנת החליטה לא לומר דבר, התיישבה על הכורסה שמול מכשיר הטלוויזיה וחיכתה.

כמה שניות אחר כך הוצגה שקופית על המסך שנכתב בה "מבזק חדשות מיוחד" ומיד לאחריה נראתה קריינית החדשות נרעשת מעט, מסדרת את ניירותיה על השולחן שלפניה ובקול דרמטי מקריאה את ההודעה הבאה:

"ניסיון הפיכה כנגד הקיסר שהתרחש בארמון בטוקיו נכשל לפני שעה קלה. אחד מקרובי משפחתו של הקיסר, כנראה בהתקפת טירוף, ניסה בכוח להכריח את הקיסר לוותר על כיסאו לטובתו. דודו של הקיסר, הנסיך מוראקאמי, שחש מיד לעזרת הקיסר הצליח, למרות גילו המתקדם, להכניע את התוקף שהיה חמוש באקדח. התוקף נהרג. בטרם הגיע לחדרו של הקיסר רצח התוקף שניים מהשומרים, אחד מהם היה ראש משמר

הארמון והשני שומרו האישי של הקיסר. הקיסר, לנוכח הלם התקיפה, ביקש למסור לעמו את ההודעה הבאה שאותה יקריא בעצמו." על המסך הופיע הקיסר ישוב על כיסא, והתמונה לא הייתה חדה במיוחד. "מצלמת האינטרנט והעברת השידור דרך המחשב מעניקה לנאמר נופך מסתורי משהו," חשב לעצמו ג'ומונג'י. פניו הרציניות להחריד של הקיסר רק הוסיפו לדרמה.

"אזרחי יפן היקרים, אני מודיע בצער עמוק שניסיון למעשה פשע ונבלה מהדרגה העליונה התרחש היום על ידי אחד מבני משפחתי הרחוקים. האיש, כנראה מעורער בנפשו, דרש תוך שהוא מאיים עליי ועל דודי הנסיך מוראקאמי בנשק חם, שאעביר לו את תפקיד הקיסר. נראה שהוא לא ידע שהתפקיד הוא טקסי בלבד, ללא סמכויות," חייך הקיסר חיוך קל ועייף. "בטרם הגיע לחדרי, רצח הפושע שני אנשי ביטחון המופקדים על שלומי ועל שלום משפחתי. אני מבקש להביע תנחומיי לבני משפחתם ולהודות להם על מילוי תפקידם בנאמנות." הקיסר קם מכיסאו והשתחווה. "דודי, הנסיך מוראקאמי, במעשה גבורה נאצל, הצליח לפגוע בפושע ובכך הציל את חיי. ההלם מהאירוע החריף את מחלתי הקשה, שממנה אני סובל מזה זמן רב. לא אוכל להמשיך ולמלא את תפקידי. פרישה לצורך טיפול רפואי היא בלתי נמנעת. אני תקווה שהטיפולים הרפואיים שאותם אעבור יצליחו ואוכל לשוב לתפקידי בהקדם. עם זאת, ברצוני להיות כן לחלוטין אתכם אזרחי יפן היקרים, הסיכוי לכך אינו רב. מצבי וגילם הצעיר מדַי של ילדיי, אינם מותירים בידי ברירה אלא לפרוש ולהטיל את התפקיד על בן משפחתי שהוכיח עצמו כמתאים ביותר." הקיסר חייך והורה בידו על הנסיך מוראקאמי שעמד בסמוך. "אזרחי יפן היקרים, קבלו נא התנצלותי על האירועים האחרונים." ושוב קד הקיסר למצלמה שמולה עמד. מראה הקיסר, המוותר על כיסאו בנסיבות אלו לטובת האיש הזקן העומד לידו, גרם לקריינית הטלוויזיה שליוותה את השידור למועקה גדולה ביותר והיא החלה לבכות על רקע דבריו של הקיסר.

גם הכוהנת החלה לבכות, אם כי לדעתו של ג'ומונג'י, בכייה נבע מסיבות אחרות לגמרי. השניים המשיכו להביט במסך הטלוויזיה בציפייה להמשך דבריו של הקיסר, אולם הקיסר עצר את דבריו, והשידור הסתיים. ג'ומונג'י פנה לכוהנת ועמד לומר לה את הדברים שהתכוון לומר אותם, אולם לפתע שוב הופיעה על המסך שקופית של מבזק חדשות מיוחד. אותה קריינית, עם איפור ללא דופי, כאילו לא בכתה רק כמה דקות קודם לכן, הופיעה על המסך והכריזה בקול חגיגי: "צופים יקרים, היום הזה מלא הפתעות. רק הסתיימה הודעתו הדרמטית של הקיסר, והנה לפנינו הודעה היסטורית, אפשר לומר, של נשיא רוסיה ששודרה אך לפני דקות ספורות ברשת הטלוויזיה הציבורית של ארצו." על המסך הופיע איגור אלכסייביץ איבנוב, נשיאה של רוסיה, ישוב מאחורי שולחן עץ כהה בחדר שנראה כמשרדו. ידיו היו מונחות לפניו, שלובות על השולחן ופניו רציניות. שערו הלבן היה פרוע מעט. מתחת לעיניו היו צלליות כהות שהעידו על חוסר שינה, והוא נראה זקן משבעים ושלוש שנותיו. הוא הביט הישר במצלמת הטלוויזיה שמולו והחל לדבר בקול עמוק: "אזרחי רוסיה ואזרחי יפן היקרים, אני פונה אליכם היום בהודעה בעלת השלכות היסטוריות. אחרי שהקיסר היפני ניצל מניסיון התנקשות והעביר את כיסאו לדודו ברצוני לבצע, כאות של רצון טוב לקיסרה החדש של יפן ולעמה, מחווה היסטורית. אני תקווה שהמחווה תביא בעקבותיה פריחה חסרת תקדים בקשרי שתי המדינות ותסיים אחת ולתמיד את הסכסוך הטריטוריאלי רב השנים בינינו. אני מודיע בזאת על החזרתם של ארבעת האיים הקוריליים, קוּנאשירי, אטוֹרוֹפוּ, שיקוֹטאן והאבּוֹמאי, לריבונותה של יפן. העברת הריבונות תיכנס לתוקף החל ברגע פרסומה של הודעה זו, כלומר מעכשיו. נתתי הוראה לכוחות הרוסיים הנמצאים על האיים לעזוב לאלתר וכך יעשו גם הדייגים הרוסים היושבים בחלק מהאיים." על המסך הוקרנה מפה שבה מצוינים ארבעת האיים שבין צפון האי הצפוני של יפן הוקיידו לבין חצי האי סחלין שברוסיה. ברקע המשיך הנשיא הרוסי את דבריו, ותמונתו הוקרנה בפינה השמאלית העליונה של המסך. "לאזרחי רוסיה היקרים אני מבקש לומר, חשבו

נא על הפיתוח הכלכלי העצום הצפוי מקשרים קרובים עם המעצמה הכלכלית השנייה בעולם, יפן. מדינתנו זקוקה לעירוי דם כלכלי דחוף וכולנו נרוויח מכך. יש לנו הזדמנות לפיוס אמיתי עם שכנתנו ועלינו לקחת אותה בשתי ידינו."

בזמן שכל רשתות הטלוויזיה והרדיו בעולם התחרו ביניהן מי תשדר מהר יותר את רצף החדשות המסעיר והמתפתח מרגע לרגע, זרמו הדמעות במורד לחייהָ המלאות של הכוהנת והרסו לחלוטין את הפס השחור שציירה על עפעפיה התחתונים. הדמעות חרצו פסים באיפור הבהיר-כבד שכיסה את פניה. ג'ומונג'י הביט באישה המייבבת בעיניים קרות, ובקול חסר רחמים אמר: "עכשיו הקשיבי היטב לדבריי ובצעי בדיוק מה שאומר לך." היא הניעה ראשה להסכמה, שקועה ברחמים עצמיים, ובקול מיילל ענתה בחיוב. "יש לך עשר דקות להתלבש ולהביא את עצמך להופעה ייצוגית מספיק כדי לפגוש בקיסר." היא הייתה מוכנה תוך תשע דקות. למרות סלידתו, ג'ומונג' לא יכול שלא להעריך את מהירותה. עשר דקות נוספות מאוחר יותר, עמדה רועדת מפחד ומהתרגשות ואולי גם מהלם שנבע מהתמוטטות תוכניותיה, והקשיבה לקיסר הזקן שישב מולה על כיסא באחד מחדרי ארמונו. הקיסר הביט בה במבט שהעביר בה צמרמורת, ובקול שקט אמר לה: "כשתצאי מהחדר, היכנסי למכונית הממתינה לך בחניה שבחוץ. זו מכונית מיוחדת שגגה פתוח. את תצאי החוצה במכונית לאנשייך המקיפים את הארמון. כשתגיעי לשער הראשי של הארמון הזדקפי במכונית, כך שמרבית גופך יבלוט מהרכב. קראי לכולם להתייצב מולך, וכשיעשו זאת, אמרי להם בדיוק את הרשום בנייר הזה." הקיסר הורה לעוזרו וזה הגיש לה דף נייר. היא קראה אותו במהירות ופניה החווירו.

"זה לא הכול," הוסיף הקיסר בקולו הקר, "לא די שתאמרי למאמינייך את מה שכתוב בנייר, שמטרתם הושגה, שיפן עלתה על דרך חדשה, הישג היסטורי שהושג גם בזכותם ושהם יכולים עתה להתפזר בשקט, אלא

שיש לך מעתה משימה לשנים הבאות." בתגובה פלטה הכוהנת ברעדה צליל שדמה ל "כ...ן." הקיסר לא התייחס אליה והמשיך: "מאמינייך הולכים אחרייך כעיוורים, ואין לך כל בעיה להשפיע עליהם כפי שתרצי. ובכן, את תשני בהדרגה את מרכז האמונה של הכת שלך לאמונה נוצרית פרוטסטנטית-אוונגליסטית. הצלב יחליף את סמל השמש ואנשייך יתפללו לישו." לנוכח מבטה הנדהם חייך הקיסר חיוך סרקסטי ואמר: "אין לי ספק שמיליארד ין, כעשרה מיליון דולר, שיועברו לחשבונך, יסייעו לך להצליח במשימה החשובה שהתנדבת לקחת אותה על עצמך." הכוהנת הצליחה רק להנהן לחיוב בראשה, והקיסר סיכם: "את בוודאי מתארת לעצמך מה יקרה אם תיכשלי חלילה." הקיסר הביט בכוהנת שנראתה כמו חורבה ולא חש כל חרטה. להפך. לבו התרחב לנוכח הסיכוי שנפתח לפניו, להביא רבים מבני עמו אל מתחת לכנפי האמונה האמיתית. הוא כבר החל לתכנן כיצד עוד כמה שנים, כשמאמיני הכת יתקרבו לנצרות במידה מספקת, הכוהנת, היודעת יותר מדי, תעבור תאונה מצערת, ותיאלץ להיפרד מהבלי העולם הזה.

פרק מ"א

ביתו של קיטמורה, יום ראשון בערב

קללה, סכין
ירח מאיר על קטטה
בבית המרזח

לא היה טעם לנסוע במונית. לא היה כל סיכוי שנגיע בזמן לביתו של קיטמורה, אם ניסע במונית בכבישיה הפקוקים של טוקיו. בתוך חמש דקות של הליכה מהירה הגענו, חזי ואני, לתחנת קאנדה של הרכבת התחתית, הנמצאת בפינתו הדרומית-מזרחית של החפיר, בצדו השני של הכביש. תוך כדי הליכתנו, ראינו מרחוק את החגורה האנושית שהקיפה את ארמון הקיסר מתחילה להתפזר לכל עבר וחבורות גדולות החלו לצעוד לכיוון תחנת הרכבת התחתית שהלכנו אליה. תהיתי מה הביא אותם להפסיק את המצור סביב לארמון, אבל לא היה זה הזמן לברר את העניין. החשנו צעדנו וכעבור חמש דקות נוספות עמדנו דחוסים כסרדינים ברכבת הנוסעת צפונה לתחנת איקבוקורו. יצאנו מהתחנה, תפסנו מונית, ובתוך עשר דקות נוספות הגענו לביתו של קיטמורה. בסריקה קצרה מסביב לבית לא הצלחנו לאתר חיילים מכנופייתו של אוקה. הנחנו שכמה מהם יגיעו בקרוב וימתינו בחוץ לכל מקרה. דפקנו בדלת ונכנסנו בלי יותר מדַי עניינים. קיטמורה המתין לנו וגם אוקה כבר היה שם. כנראה לא בזבז זמן ונסע לקיטמורה מיד כשנפרד מחזי במלון.

קיטמורה נראה כאילו אינו יודע להחליט אם להיות מדוכא מכישלון התוכנית של אוגורה שהיה שותף לה או לשמוח על כך שמצפונו יכול להיות נקי. ככל שהבטתי בו יותר, נראה לי כמי שאבן נגולה מעל לבו.

ניסיתי לחשוב אם עליי לחוש פחד והחלטתי שאוקה זקוק לי ולכל אבריי המחוברים יחדיו. אנחנו עומדים לבצע עסקה לא מסובכת בסך הכול, ואין סיבה לחשוש. מצד שני, ככל שחשבתי יותר על העסקה הצפויה, לא הצלחתי לדמיין כיצד אני מוותר בקלות על חצי מיליארד דולר ומוסר אותם לבוס יאקוזה. באיזו פינה במוחי התרוצצה התקווה, שלא היה לה על מה להסתמך, שברגע האחרון יימצא ודאי פתרון כלשהו, ואוקה המכוער לא ייהנה מהכסף. נזכרתי כיצד אשתי קוראת לי "חתול שתמיד נופל על הרגליים." תמיד ברגע האחרון אני מצליח להיחלץ מצרות ומבעיות. מה פתאום קפצה לי עופרה לראש? לפתע עלה בדעתי שלא ראיתי אותה ואפילו לא דיברתי אִתה כבר כמה ימים. רגש לא מובן של געגוע עלה מכיוון הבטן. "עיתוי קצת מוזר," חשבתי, והחלטתי לדחות עיון מעמיק יותר בסוגיה עד לאחר שאסיים את ענייניי עם אוקה.

"תה למישהו?" עורר אותי קיטמורה משרעפיי. בזמן שקיטמורה העסיק עצמו במטבח בהכנת תה לכולנו, ביקשתי מאוקה להציץ בצילומים. "אין לך במה להתבייש," חייך אליי אוקה חיוך שלא מצא חן בעיניי. אבל מכיוון שהוא לא מצא חן בעיניי באופן כללי, לא היה בכך כלום. הוא דחף לכיווני מעטפה. האמת, החדירה של המצלמה הנסתרת לפרטיות שלי הציקה לי, ושוב נזכרתי בטמטום שלי ובחוסר הזהירות הבלתי נסלח. אבל היה נעים להיזכר. שו-קו נראתה טוב בצילומים, ובמקביל לחרטה הייתה גם מין הרגשה טיפשית של: "חיים רק פעם אחת ואין מה להצטער. חוץ מזה, את הנעשה אין להשיב והניסיון לא היה כולו שלילי. כמה פעמים בחיים יש לבן אדם הזדמנות לשכב עם גיישה יפנית שיודעת היטב את עבודתה?" שיחת הטלפון שהגיעה ממנה, הסיכון שנטלה על עצמה כשהזהירה אותי מפני אוגורה וסיפרה לי על חשדותיה באשר לשאפתנות המטורפת שלו וכוונותיו לפגוע בקיסר, חיממו את לבי.

בקולו הנמוך והצרוד פנה אליי אוקה: "או קיי. אפי-סאן, אחרי שנהנית, ואולי גם נעמד לך כשראית את הצילומים, מה דעתך שנשוחח מעט על עסקים?"

"אתה צודק כתמיד, אויאבון. הבמה שלך," השבתי.

התיישבנו כולנו על הזאבוטון, המושב הנמוך הנושק לרצפת הטטאמי, והכנסנו רגלינו אל מתחת לשמיכת הקוטאצו, השולחן הנמוך המכוסה בשמיכה עבה שבמרכזו מלמטה פועל מכשיר חימום חשמלי. אוקה צלל ישר לעניין. "העסקה הקטנה שלנו תתנהל כך: מחר בשעה תשע, עם פתיחת סניפי הבנקים, נימצא שלושתנו - קיטמורה, אתה ואני - במשרדו של מנהל סניף בנק פוג'י בשכונת קוג'ימאצ'י, שם מתנהל חשבון הקרן הקיסרית, ומשם אתה אמור לקבל את ההמחאה השמנה. אתה תַסב את ההמחאה על שמי, וקיטמורה..." אוקה הביט בו במבט שגרם לקיטמורה להתכווץ בכיסאו, "יחתום על ההעברה. אתה תקבל את הצילומים והתשלילים שלהם ואילו קיטמורה..." הפעם אוקה לא הביט לעברו, אבל קיטמורה בכל זאת הצטמק עוד יותר בכיסאו עד שכמעט נבלע בתוכו, "...יוכל לישון בשקט בידיעה שנמחקו חובותיו של בנו." הבטתי בזקן ברחמים והתחלתי להבין, גם אם לא ידעתי על כל הפרטים, שהוא כנראה נסחט להשתתף במזימתם של אוגורה ואוקה. הדבר מסביר בהחלט מדוע קיטמורה נראה כאילו רווח לו שהעסק עם הקיסר הסתיים כפי שהסתיים.

ניחשתי שבינתיים הספיקו אנשיו של אוקה להתפרש מחוץ לביתו של קיטמורה, אולם צריך הייתי לנסות להפיק את המרב מחמדנותו של אוקה לקבל את הכסף, ופניתי אליו: "אתה לא חושב שהכישלון החרוץ של התוכנית שהיית מעורב בה מחייב שתוותר? עזוב, הרי גם הכסף שתקבל לא יעזור לך לברוח. רבים מעוניינים לחסל אותך, ובראשם הרוסים. הם לא יוותרו בקלות למי שהטמין אצלם פצצה גרעינית. גלה לנו היכן הפצצה נמצאת בוולדיווסטוק ומי הטמין אותה ומי אמור להפעיל אותה. מחר הכסף יהיה אצלך וחבל שתבלה את ימיך בחשש

מתמיד שמא מתנקש משירות ביון כלשהו אורב לך כדי לחסל אותך. אני יכול להבטיח לך שאם לא תעשה כעצתי, לא יישארו לך ימים רבים שבהם תוכל להתענג על הכסף שלך."

אוקה עצם עיניו, ואחרי חמש דקות של שקט החליט שהצעתי הגיונית. רשם כמה שורות על דף נייר ומסר לי את הדף. "סגרנו?" שאל, "סגרנו," עניתי.
בשנייה שסיימתי בה לומר את המילה "סגרנו," התרחשו ברצף ובמהירות כמה אירועים בלתי צפויים והעסקה עם אוקה קיבלה תפנית מעניינת. דלת ביתו של קיטמורה נפתחה ובנו יוקיו, הכנר המהמר, נכנס פנימה. ראשית הוא ניגש לשירותים בלי שהבחין בנו ושמענו אותו מקיא את נשמתו. אני זוכר שקיוויתי שהוא קלע פנימה ולא הקיא על כל סביבותיו. תקוות שווא, כפי שהתברר לי אחר כך. עד היום, כשאני נזכר במה שקרה, אני לא מבין כיצד אנשיו של אוקה, שניצבו מחוץ לבית, אפשרו ליוקיו להיכנס. ההסבר היחיד, גם אם דחוק במקצת, היה שהם לא התייחסו לשיכור המסריח והמתנדנד שדידה לעבר הבית. יוקיו יצא מהשירותים, ניגש לכיור, מזג לעצמו כוס תה מהמיחם ונפנה לחדר האירוח. רק אז שם לב לאורחים. הוא נעץ בנו מבט תמה, מיקד מבטו באביו עד כמה שהצליח ושאל, כשהוא מתיז רוק מפיו: "מי האנשים האלה ומה הם עושים בביתנו?" אביו החל להשיב אולם אוקה הקדים אותו. "שיכור עלוב. אתה מבזה את אביך בהתנהגות שלך." "באקה יארו, אידיוט," ירק יוקיו את המילים כשנפנה לאוקה. "חוצפן, מי אתה שתדבר אליי כך בביתי?" פניו של אוקה התאבנו. הוא לא היה רגיל שמישהו יקרא לו אידיוט, אבל שמר בינתיים על קור רוח. "אתה שייך לי, שיכור עלוב. החוב שלך מהימוריך במועדון קיטאנו שייך לי. אביך משלם את החוב בדרכים שונות, ואתה ממיט עליו חרפה." דבריו אלה הבהירו לי היטב שהזקן אכן נסחט.

עיניו של יוקיו החלו לדמוע, וקול הדומה לקולו של אוויר הנפלט מקומקום לפני רתיחה, נשמע מפיו. הוא רץ למטבח וחזר משם כשסכין ארוכה

לחיתוך סושי שלופה בידו. אוקה נאבק לקום מתוך חמימות שמיכת הקוטאצו, תוך כדי שליפת אקדחו, ולפני שיוקיו עט עליו עם הסכין הוא הספיק לירות לכיוונו. יוקיו נפגע ונפל קדימה, והסכין שבידו ננעצה עד הניצב בלבו של אוקה. חזי ואני קפצנו ממקומנו כדי לבדוק את מצבם של השניים, כשדלת הכניסה נקרעה מציריה ושלושה מאנשיו של אוקה פרצו דרכה פנימה באקדחים שלופים. אקדחי, וגם אקדחו של חזי, כפי שראיתי מזווית עיני, הופיעו בידינו כאילו מאליהם. דרכנו אותם תוך כדי שליפה ורוקנו בשלושה את כל תכולת המחסניות שלנו. תגובה אוטומטית שנרכשה והשתכללה בשנות אימונים רבות. לא בדקנו, אבל שנינו ידענו שהמקבץ היה טוב. השלושה לא הספיקו לירות אפילו כדור אחד ונפלו מתים על פניהם. שלוליות דם גדולות ניגרו מגופם ונספגו לאט ברצפת הטטאמי. תפסנו מחסה מאחורי כיסאות הזאבוטון שלא היוו מסתור רציני, אבל לא הייתה חלופה אחרת. החלפנו מחסניות והמתנו לתגבורת. שיערנו שלא כל אנשיו של אוקה פרצו לבית ושאחרים נותרו בחוץ לגיבוי. קיטמורה זחל לכיוונו של בנו כשהוא מייבב והחל לבדוק אותו, כדי לראות אם יריִיתו של אוקה הרגה אותו. ממקומנו מאחורי הכיסאות שמענו אנשים מתקרבים בצעדים שקטים לדלת.

לפתע עלה מרחוק קול יללותיה של סירנת ניידת משטרה, ונדמה היה כי הקול הולך ומתקרב. אנשיו של אוקה שארבו מחוץ לפתח הבית נמלטו מהמקום. אני קפצתי לעברו של אוקה, שמתי בידו השנייה את אקדחי, כך שאצבעו הייתה על ההדק, ואילו חזי, בו-זמנית, שם את אקדחו בידו הפנויה מאקדח של אחד מהחבר'ה שחיסלנו ליד הדלת. יארך זמן, כך שיערנו, עד שהמשטרה תחשוד שאולי שניים מחברי היאקוזה המתים לא ירו משני אקדחים, אחד בכל יד. קיווינו שאולי המשטרה תסגור את התיק כאירוע מצער של מלחמת כנופיות שהתרחשה במקרה בביתו של זקן נשוא פנים, ושהוא ובנו נקלעו לכך במקרה. הבן אפילו ניסה להגן על אביו ונפגע תוך כדי כך. פלטתי בקצרה את סיפור הכיסוי הקלוש לכיוונו של קיטמורה. קיוויתי שהיה מרוכז מספיק כדי להפנים, וחזי ואני

זינקנו החוצה ונמלטנו מהמקום שניות לפני שהמשטרה הגיעה. לפני שיצאתי, חטפתי את הצילומים שהיו מונחים על השולחן והכנסתי אותם לכיסי. למזלנו לא היה איש בסביבה. השכנים נבהלו כנראה מהיריות והסתגרו בבית.

חזי ואני נפרדנו ונמלטנו משם לכיוונים שונים. לא הייתי צריך להורות לחזי להיעלם ולשמור על פרופיל נמוך כמה שבועות. זה היה חלק מהתרגולת הרגילה במקרים מסוג זה. התפקיד שלי היה לנקות את הבלגן אחרי מבצע שנכשל או הרוגים מפוזרים. תוך כדי הליכה מהירה, נזהרתי שלא לרוץ כדי לא לעורר חשד, טלפנתי לג'ומונג'י והקראתי לו את הפתק שכתב אוקה על פצצת הגרעין בוולדיווסטוק. ג'ומונג'י הודה וניתק. היה ברור מנימת קולו שאין לו זמן לשיחה ארוכה אִתי.

פרק מ"ב

טוקיו, רובע סאניה, ראשון בערב

על צדה החד
של החרב, עומד
יתוש

חלק ניכר מהמתח שקפטן ג'ומונג'י היה שרוי בו פג לאחר שראה שהכול כשורה בארמון הקיסר. הוא חש שקט ובטוח לנוכח קור הרוח של הקיסר החדש. "הקיסרות נמצאת בידיים טובות", חשב לעצמו. הוא לקח נשימה עמוקה לפני שפנה למשימתו האחרונה לאותו יום. הקפטן ביקש את סליחתם של הקיסר ושל הקיסר לשעבר ויצא. נהגו חיכה לו בחניית אגף מגורי הקיסר והסיע אותו לאנשי יחידתו של הקפטן, שכיתרו מזה שעות רבות את הבית שאיצ'ו החזיק בו את סמלי הקיסר. כשהגיע תדרך אותו סגנו על פריסת הכוחות, וסיפר לו שבמשך כשעה לא נשמע כל רחש מתוך הדירה. גם מכשירי ההאזנה הרגישים שכוונו לדירה לא גילו כל קול או תזוזה. ג'ומונג'י התייעץ קצרות עם סגנו, והשניים החליטו שאין טעם להמתין יותר. בזמן שאחד מאנשיהם קרא ברמקול לשוכני הדירה לצאת החוצה ולהיכנע ללא אלימות, התייצבו ג'ומונג'י וסגנו משני צדי הדלת. לאות של הקפטן, הצמיד אחד מחייליו מטעני נפץ קטנים ליד צירי הדלת וליד המנעול. לאות נוסף של ג'ומונג'י, הפעיל החייל את המטענים מרחוק והדלת נפלה פנימה בקול רעם גדול.

הסגן זרק לתוך הדירה רימון הלם ולאחר כמה דקות, כשלא שמעו דבר ולא ראו איש יוצא מהדירה, נכנסו השניים פנימה בנשק שלוף. הם הביטו סביב ואחר כך זה בזה במבט תמה. לאט החזירו את נשקם למקומו והודיעו במכשיר הקשר לכוחות בחוץ שהכול כשורה ושהם יכולים להתארגן לחזור לבסיס. לאחר מכן נפנו לבדוק את הדירה באופן מעמיק יותר, נזהרים שלא לגעת או להזיז דבר, כדי לא לחבל בחקירת המשטרה שתגיע מאוחר יותר. בבדיקתם נמצאו חמישה צעירים, חיילי יאקוזה לפי מראם, מתים כשהם ישובים סביב לשולחן. גופם נטה קדימה ונשען על השולחן. בתנוחה כזאת, במצב רגיל, ראשם היה אמור להיות מונח על השולחן כאילו הם ישנים, אלמלא היה להם ראש. צווארם היה חתוך בקו ישר ונקי, ללא סימני דם, והראש עצמו היה חסר. השניים לא הצליחו למצוא סימן כלשהו לאלימות שגרמה למותם. על הספה, מול הטלוויזיה, ישב מת, כשגופו נוטה הצדה, צעיר נוסף שנראה מבוגר מעט מהאחרים, לפי בגדיו וידיו. גם ראשו לא היה במקום. "בטח איצ'ו", ניחש ג'ומונג'י. בחיפוש מהיר לא מצאו ג'ומונג'י וסגנו כל סימן לראשים החסרים. בדיקה מהירה נוספת העלתה שכל מכשירי החשמל בדירה אינם פועלים. הקפטן וסגנו לקחו בזהירות את תיבות האוצרות הקיסריים שניצבו על השידה סגורות ונעולות מאחורי גופתו של איצ'ו ויצאו מהדירה.

תעלומת מותם של שודדי האוצרות הטרידה את ג'ומונג'י, אבל לא היה לו זמן לערוך חקירה של ממש, והוא הותיר זאת למשטרה. במקום זאת נסע חזרה לארמון הקיסר, שם קיבלו הקיסר, ראש הטקס ואנשיו הנרגשים מהקפטן הצעיר את האוצרות והודו לו במילים חמות, עד שהרגיש לא בנוח וביקש סליחתם על שעליו לשוב לאנשיו. בדרכו החוצה קיבל את דיווחו של אפי על מיקומה של הפצצה בוולדיווסטוק ומיד התקשר לגנרל גרושנקו.

פרק מ"ג

במטוס בדרך לוולדיווסטוק, יום ראשון בערב

שב גל לים
בשוק הסערה
גווית סרטן

שבע שעות לאחר שהמריא במטוס האליושין הצבאי ממוסקבה בדרכו לוולדיווסטוק, עדיין ישב הגנרל גרושנקו על השמיכה שהניחו עוזריו על ספסל המתכת הקשה, והכאב שהתחיל לחוש בישבנו מיד לאחר ההמראה עבר לכל אורך עמוד השדרה שלו והציק לו בגבו התחתון ואפילו בכתפיו. הוא נע מדֵי כמה דקות באי-נוחות בניסיון לשפר את זווית ישיבתו, ללא הועיל. כל תזוזה שיגרה גל חד של כאב לאזור אחר בגבו. כמה פעמים בטיסה ניסה להירדם, אולם לתסכולו הרב לא הצליח אלא רק להתנמנם קלות מפעם לפעם. בכל פעם שראשו צנח על חזהו ועיניו נעצמו, התעורר לאחר כמה דקות בקפיצה קלה תוך הרגשה שהזווית שנמנם בה רק הזיקה לחוליות עמוד שדרתו. לא רק מצב גבו, אלא גם הדאגה מנעו ממנו להירגע. דאגה ותסכול מכך שהעניינים אינם בשליטתו. לא היה ביכולתו לעשות דבר כדי למנוע מתושבי וולדיווסטוק להיצלות בחום ובקרינה האיומים שתפיק פצצת האטום, אם מי שהניח אותה יחליט לפוצצה.

הוא נזכר בביקורו ביפן, חמש-עשרה שנים קודם לכן, כחבר במשלחת צבאית שהייתה אורחת הכוחות היפניים להגנה עצמית. הצילומים שראה במוזיאון לזכר קורבנות הפצצה האטומית בהירושימה זעזעו אותו. ככל שניסה לא הצליח להימנע מלחזור בדמיונו לגופות החרוכות והמעוותות של תושבי הירושימה בני המזל שמתו מיד, ולאלה שאיתרע מזלם למות לאט מפצעיהם האיומים ומהשפעות הקרינה. במחשבתו, בשעות הטיסה הארוכות, התחלפו פניהם של היפנים באלה של אזרחים רוסים טובים שהפצצה תחרוך, תשרוף ותעוות עד לבלי הכר. ככל שהטיסה נמשכה, כך התארכו הקמטים על מצחו ועל פניו של הגנרל.

כמחצית השעה לפני נחיתתו בוולדיווסטוק, צלצל הטלפון הנייד של הגנרל גרושנקו. אנשיו תמיד גיחכו כששמעו את הרינגטון של הגנרל ולא הבינו מה הוא מוצא בשיר "כמו בתולה" של מדונה, אבל איש מהם לא העז לשאול אותו. "שיבוּשׂם לו", חשבו. בפעם זו לא שמעו אנשיו יותר מהצליל הראשון של השיר בטרם ענה הגנרל לשיחה שהמתין לה בכיליון עיניים. הוא הנהן בראשו כאילו הדובר בצדו השני של הקו יכול היה לראות אותו, וניתק לאחר מילות תודה קצרות. מיד אחר כך צלצל למפקד כוחות הביטחון בעיר וולדיווסטוק, העביר לו את המידע, קיבל ונתן לו הוראות לפעולה. לאחר מכן התרווח במושבו ובפעם הראשונה, לאחר יממה, לא הרגיש כל כאב בגבו והרשה לעצמו לחייך.

פרק מ"ד

טוקיו, יום ראשון בלילה

> הטוב והרע
> מתערבלים במי הנחל
> ונעלמים

ג'ומונג'י היה סחוט כשהגיע לביתו ברובע יויוגי בשעה עשר בערב. אשתו, שציפתה לבואו לאחר שהודיע לה טלפונית מרכבו שהוא בדרכו הביתה, שמעה את העייפות בקולו ומיהרה למלא עבורו את האופורו במים חמים. היא שפכה פנימה שתי שקיות של אבקת מינרלים מהמעיינות החמים של נובוריבצו, הנמצאים דרומית לספורו, בירת האי הצפוני הוקיידו, שידועים בסגולתם המרגיעה. ג'ומונג'י החליט שהוא זקוק למנוחה באופורו בטרם יאכל ארוחה קלה. בעודו יושב במים החמים כשרק ראשו, שעליו הניח מגבת קטנה ספוגה במים קרים, מציץ החוצה מהמים, הביאה לו אשתו את הטלפון הנייד. על הקו היה מפקד המשטרה של רובע סאניה שבו נמצאו סמלי הקיסר. הוא ביקש לבוא אל ביתו של ג'ומונג'י ללא דיחוי, על פי הוראתו של מפקד משטרת טוקיו, כדי לדווח לו על הממצאים שגילו בחקירתם בדירה שבה שמרו חיילי היאקוזה על אוצרות הקיסר שגנבו.

כשקצין המשטרה הגיע, ג'ומונג'י עדיין ניגב את שערו ואת אוזניו. הקצין היה מעט נסער ואפילו לא חייך נוכח היוקטה שלבש הקפטן, שהייתה

בצבע זהב ומעוטרת בפרחי כריזנטמה אדומים. להזמנת ג'ומונג'י, התיישב קצין המשטרה על הזאבוטון שבחדר האירוח, אחז בכוס התה שהביאה בעלת הבית והחל מיד בדיווחו, תוך שהוא מציץ מדֵי פעם בדוח המשטרתי שהחזיק בידו. "על הגופות ללא הראשים לא מצאנו כל סימני אלימות או מאבק, למעט החתך הנקי, ואם יורשה לי לומר זאת, אפילו המושלם, בצווארם. לא מצאנו כל סימן לדם וזה מוזר. לפי ניסיוננו, כמויות דם עצומות פורצות תמיד ממקום העריפה. כן מצאנו שאריות אוכל, עדות לכך שהם שיחקו פוקר לפני שראשם נערף, ואפילו שאריות קוקאין שחלקם שאפו. טביעות האצבעות שלקחנו מהגופות אימתו את הערכתנו שהנרצחים שייכים לאחת מכנופיות היאמגוצי-גומי. הבוס שלהם, אוקה אויאבון, נהרג זמן קצר קודם לכן, כשניסה לרצוח שני אזרחים, אב קשיש ובנו, בביתם שבצפון העיר. לפי דבריו של האב, הוא ניסה 'לשכנע' אותם בכוח הזרוע להעביר את ביתם, הנמצא על קרקע יקרה ביותר, על שמו. הבן נפצע בירכו מכדורו של אוקה אולם למרות פציעתו, ובלי שחשב על ביטחונו האישי, פעל באומץ יוצא דופן, הגן על אביו ודקר את אוקה למוות. שניים מעוזריו של אוקה הרגו זה את זה, כנראה בטעות, בתוך הבלבול והבלגן ששררו שם. מצאנו את גופותיהם בדירה, כשכל אחד מהם אוחז באקדח שממנו נורו היריות שהרגו את חברו. בינתיים לא הצלחנו למצוא כל קשר בין שני האירועים, למרות שכולם שייכים לאותה כנופיה. אנחנו עדיין בודקים."

ג'ומונג'י הביט בו בעיון ושאל: "נראה לי שרק בשביל הדיווח הזה לא היית מגיע במיוחד אליי. ספר לי, מה באמת מטריד אותך?"

קצין המשטרה שם בצד את דף הנייר, הישיר מבטו אל ג'ומונג'י ואמר: "מצאנו את הראשים החסרים, כלומר את חלקם. העיניים היו חסרות. קשה להאמין, אבל נראה כי גם העיניים הוצאו באופן כירורגי מושלם, ללא סימני אלימות. הכול נקי. ללא סימני דם. כאילו קטיעת הראש והוצאת העיניים נעשו ללא מגע יד אדם."

"היכן מצאתם אותם?" שאל הקפטן בקול שקט ומתוח.

"בשלושה מקומות שונים," השיב הקצין, וג'ומונג'י חשב שהוא יכול לנחש היכן, אבל סימן לקצין להמשיך בדיווחו. "שני ראשים מונחים במקום שממנו נגנבה החרב, במקדש אצוטה שבנגויה, שניים בחדר שממנו נגנב הראי, בבית האוצרות של מקדש איסה, ושניים במקדש השינטו הקטן שבארמון הקיסר בטוקיו, משם נגנבו אבני הירח."
"מדוע אתה אומר מונחים? האם לא לקחתם את הראשים למכון לרפואה משפטית לבדיקה?" שאל ג'ומונג'י.
"ניסינו. אי-אפשר להזיזם ממקומם. לא מצאנו מה מחזיק אותם במקומם, אולם הם לא זזים, כאילו נקבעו ביציקת בטון."

קצין המשטרה הפסיק לרגע את דבריו, לגם מעט מכוס התה שבידו ואחר כך הוסיף בנימה מהורהרת: "אתה יודע, מתיאורי השוטרים שמצאו את הראשים, הסתבר שהם נמצאים בדיוק במקום שבו היו חפצי הקודש. עברה בי צמרמורת כששמעתי את זה." ג'ומונג'י הקשיב, הביט בקצין המשטרה ואמר בשקט, כאילו לעצמו: "נראה לי שהתסבוכת הזאת תסתיים רק כשחפצי הקודש הקיסריים יחזרו למקומם." ברגע ההוא ידע ג'ומונג'י שלמרבה צערו, מיטתו מתרחקת ממנו, ושהלילה עבורו עדיין לא הסתיים. הוא נאנח, הודה לקצין וליווה אותו לכיוון דלת היציאה.

לפני שיצא, הסתובב השוטר ואמר לג'ומונג'י: "שמעתי אותך נאנח ואני מנחש שנאנחת מכיוון שהחדשות שהבאתי לך יגרמו לך לדחות בכמה שעות טובות את השינה שאתה זקוק לה. גם אני כנראה לא איהנה משעות שינה רבות הלילה. הערב הזה מלא באירועים מוזרים. אנחנו לא יודעים אם יש ביניהם קשר כלשהו, נראה שלא. ממש לפני שבאתי אליך, שמעתי במכשיר הקשר המשטרתי דיווח על כך שארבעה עובדי מדינה בכירים, כולם ידועים כמקורבים לחוגי ימין קיצוני, התאבדו. שלושה מהם, סמנכ"ל במשרד החוץ, מנהל מחלקה במשרד האוצר וראש אגף במשרד המשטרה, קפצו אל מותם מגגות בנייני המשרדים שבהם עבדו. הרביעי, קולונל בחיל היבשה, ביצע ספוקו, התאבדות טקסית, על ידי

חיתוך הבטן בחרב קצרה, על מרפסת מפקדת הכוחות להגנה עצמית בשכונת יוצויה בטוקיו. זו אותה המרפסת שעליה התאבד לפני שנים רבות הסופר מישימה[4]." הוא סיים את דבריו, הסתובב ויצא. ג'ומונג'י נאנח שוב, התקשר לראש הטקס של ארמון הקיסר, אמר לו שיבוא לאסוף אותו עוד כחצי שעה והסביר לו מדוע. הוא נפרד בצער מהיוקטה בצבע זהב ומדוגמאות פרחי הכריזנטמה האדומים, לבש במקומה בגדים רגילים, התנצל בפני אשתו על שלא הספיק לאכול יחד אִתה את ארוחת הערב שהכינה ויצא.

ראש הטקס כבר המתין לו בחניית הארמון, ישוב מאחורי הגה הקלנועית. ג'ומונג'י התיישב לידו. מאחור היו מונחים, בדיוק כפי שג'ומונג'י ביקש, אבני הירח, החרב והמראה, באריזתם המקורית. ראש הטקס נהג מהר ככל שניתן היה ברכב החשמלי הקטן ובתוך כמה דקות השניים הגיעו למקדש קטן בין עצי החורשה המקיפה את הארמון. כוהן השינטו האחראי על המקדש המתין להם בפתחו, לבוש בבגדיו המסורתיים, קימונו לבן פשוט ומעליו מעיל שחור, לרגליו קבקבי עץ שחורות וגדולות ולראשו הכובע השחור הגבוה. לאור הפנסים הוציא הכוהן מהרכב בחרדת קודש את קופסת העץ העטופה בבד משי ובה מחרוזת אבני הירח.

הכוהן נמנע מלהביט ישירות במחזה הזוועה של הראשים הערופים, נטולי העיניים, והניח את הקופסה במקומה המקורי, שבו שכנה לפני שאוקה גנב אותה. באותה השנייה ניתקו הראשים ממקומם, התגלגלו מהמדף ונפלו לאדמה הקשה בקול מעיכה מחליא. למרבה הזוועה, הם המשיכו להתגלגל לכיוון פתח המקדש. הכוהן, ראש הטקס וג'ומונג'י הביטו

4 הסופר הימני מישימה יוקיו העריץ את המסורת הסמוראית של יפן וטען שיפן הפכה למדינה רכרוכית שאיבדה את גבריותה ואת נאמנותה לקיסר. בנובמבר 1970 הוא ניסה לשכנע את חיילי כוחות ההגנה העצמית במטה הכוחות בטוקיו להתקומם, לתפוס את השלטון ולהחזיר לקיסר ולצבא את עוצמתם ואת מעמדם הישנים. החיילים בזו לו ובשל כך הוא התאבד בחרקירי בלשכתו של אלוף פיקוד המזרח.

בבעתה לאורם של הפנסים במחזה המוזר ועמדו נטועים במקומם, גם כשהראשים נעצרו לבסוף מחוץ למקדש. הראשון שהתעשת היה ג'ומונג'י. הוא תפס בזרועו את ראש הטקס, שנראה על סף התעלפות, הרחיק אותו מעט מהמקדש וביקש ממנו להתקשר לאחראי החדש על ביטחון הארמון. כשזה ענה, לקח ג'ומונג'י את הטלפון הנייד מידו הרועדת של ראש הטקס וביקש מאחראי הביטחון שיודיע למשטרה על מה שמצאו במקדש וניתק בטרם יישאל שאלות מיותרות. מהמקדש הקטן נסעו בקלנועית (הפעם ג'ומונג'י נהג) למנחת המסוקים של הארמון. שם עלו למסוק שכבר המתין להם והמריאו למקדש אצוטה בנגויה. המחזה חזר על עצמו במקום משכנה של החרב הקדושה וכך גם בתחנתם הבאה, במקדש אלת השמש באיסה. לאחר ששמו גם את המראה במקומה, ניגש אל ג'ומונג'י ראש המקדש, אביו של ידידו המנוח יושי הכוהן, חיבק אותו בחוזקה, מלמל תודה מבעד לדמעותיו, הסתובב והלך.

מהמסוק, בדרכו חזרה לטוקיו ואולי סוף כל סוף לביתו ולמיטתו, התקשר ג'ומונג'י למפקד משטרת טוקיו ודיווח לו על קורותיו באותו הלילה. כשסיים את דיווחו יעץ לבן שיחו: "על פי האירועים האחרונים, נראה לי כי אנו עוסקים בכוחות שמעבר להבנתנו ואולי כדאי להסתפק בכך שהכול בא אל מקומו בשלום ולהודיע על סיום החקירה." מצדה השני של השפופרת השתררה דממה במשך כדקה כמעט. מכיוון שחשב שבן שיחו לא שמע אותו, שאל: "מושי, מושי, הלו?" מפקד המשטרה השתעל והשיב: "כן, שמעתי אותך ונראה לי שאתה צודק. ברצוני להודות לך על כל מה שעשית כדי להביא את האירועים המסובכים והעדינים לסיומם המוצלח. הרשה לי להזמין אותך מחר לארוחת ערב." "עשיתי רק את חובתי, אבל אני מקבל בשמחה את ההזמנה לארוחה מחר," השיב ג'ומונג'י וניתק. הוא התרווח עד כמה שהצליח על ספסל המסוק ועצם את עיניו.

פרק מ"ה

טוקיו, יום ראשון בערב

אדי האונסן
מול רוחות הצפון,
ריוקאן בודד

חזי עשה דרכו במהירות הרחק מביתו של קיטמורה. הוא החליט שאת שבוע הצינון שעליו לקחת עד שהכול יירגע הוא יבלה בהחלקה על השלג באתרי סקי ליד העיר ספורו, בירת האי הצפוני. שם, כך ידע, יהיו זרים רבים, והוא ייטמע ביניהם. הוא האמין שבצפון הרחוק לא ימצאו אותו אנשי כנופיית היאקוזה שאוקה השתייך אליה וגם לא השוטרים החוקרים את המקרה. הוא ביקש מנהג המונית לפנות לתחנת הרכבת של אואנו, שהרכבות המהירות יוצאות ממנה לכיוון צפון. בדלפק הכרטיסים הכניס חזי את ידו לכיסו כדי להוציא כסף לכרטיס הנסיעה ולהפתעתו מצא שם את מפתחות מכונית היגואר. הוא לא זכר שעשה זאת, אבל כנראה הכניס באופן אוטומטי את המפתחות לכיסו, כשהחנה את המכונית ליד הבר בגינזה, כפי שביקש ממנו אפי. הוא עמד במשך זמן מה והביט במפתחות שסובב בין אצבעותיו. למוכרת הכרטיסים, שביקשה ממנו בנימוס להחליט אם הוא רוצה לקנות כרטיס או לא, ענה: "סליחה, לא," ויצא חזרה לתחנת המוניות.

מהמונית התקשר לאשתו: "קייקו, אני בדרך הביתה. אגיע בעוד שעה. תארזי מהר תיק נסיעות לשנינו ולילדים לנסיעה של שבוע. עד שאגיע, תהיו מוכנים לצאת לדרך."

"הילדים כבר התקלחו והם בדרך למיטה. לא יהיה קל להוציא אותם כך פתאום. מה קרה?" שאלה אשתו בהפתעה.

"סמכי עליי. אין לנו ברירה. אני אספר לך הכול בדרך."

"איזה בגדים לארוז?" שאלה.

"יהיה קר," ענה חזי וניתק. הוא ידע שקייקו תהיה מוכנה בזמן. בגינזה ירד מהמונית ונכנס ליגואר שעדיין עמדה שם כפי שהשאיר אותה. "נו, טוב, לאוגורה כבר לא יהיה צורך ברכב הזה", אמר לעצמו, התניע את המכונית ונסע. הוא עצר בפתח ביתו. כשנכנס, ראה שתיקי הנסיעה עומדים מוכנים ליד הדלת ואשתו מסיימת להלביש את הילדים. כעבור שעה הם כבר היו בכביש המהיר מטוקיו לכיוון צפון. הילדים התלהבו כל כך מהרכב ששכחו להתלונן על שצפוף להם מאוד בתוכו. חזי טלפן לעוזרו בעסקי הרוכלות וביקש ממנו לטפל בעניינים בשבוע הקרוב, מפני שהוא ורעייתו נאלצו לנסוע בענייני עסקים דחופים לאי הדרומי של יפן, קיושו. כשסיים הביט וראה ששני ילדיו נרדמו. הוא הקיף בידו את כתפיה של אשתו, נישק אותה והרגיש שאֵלה החיים.

פרק מ"ו

טוקיו, יום ראשון בערב ויום שני

רגליי הזקנות
מתחת לקוטאצו
כמה טוב

ברגע שנכנסתי הביתה, בערבו של יום ראשון, בשמונה בערב, הרגשתי כיצד העייפות של אירועי הימים האחרונים משתלטת עליי בהדרגה. "אין מנוחה לרשעים," חשבתי לעצמי וידעתי שגם הלילה לא אישן יותר מדי. הילדים, שכבר היו אחרי ארוחת ערב, צפו בטלוויזיה. כשהבחינו בי קפצו עליי, נתלו על צווארי ושאלו מה הבאתי להם, אחרי כמה ימים שלא הייתי בהם בבית. עופרה, לעומת זאת, הסתובבה לכיווני ממקומה ליד כיור המטבח, ניגבה ידיה במגבת מטבח ועשתה צעד לכיווני כאילו לחבק אותי לשלום. אולם נמלכה בדעתה, מלמלה "שלום" חטוף ושבה לשטוף את כלי האוכל של ארוחת הערב. הושבתי את הילדים, הבטחתי להם שתכף אשוב וניגשתי לעופרה. חיבקתי אותה מאחור ונשקתי לצווארה, כפי שנהגתי לעשות לפני שנים, לפני שהפסקנו לעשות דברים כאלה. היא הסתובבה אליי ולהפתעתי ראיתי שהיא דומעת. היא שמה ידיה סביב צווארי וקברה את ראשה בשקע שבין צווארי לכתפי.

לא ידעתי מה לומר. עמדנו כך במשך כמה דקות. לבסוף לחשתי באוזנה: "אנחנו צריכים לדבר, דחוף!" היא הביטה בי במבט שואל ובחשש

והשיבה בקול רועד: "אחרי שנשכיב את הילדים לישון." הבנתי שהיא מנחשת, בטעות, שאני רוצה לדבר על היחסים בינינו ומיהרתי להבהיר: "אני מצטער, עופרה, השיחה לא יכולה לחכות. נדבר עכשיו. הילדים לא ישימו לב. הם שקועים בסדרה המוקרנת בטלוויזיה. התעוררו כמה בעיות בעבודה שאת צריכה לדעת עליהן." למרבה פליאתי, היא נשמה לרווחה. תהרגו אותי אם אני מבין נשים. בעיות בעבודה, והיא ידעה באיזו עבודה אני עוסק, נראו לה פחות מבהילות מסיבוכים קלים בחיי נישואים. היא ניגשה לחדר השינה ואני אחריה. התיישבנו על המיטה. הבטתי בה וחשבתי שאחרי כל השנים והלידות, היא עדיין אישה יפה. היא הבחינה שאני בוחן אותה ושאלה בחצי חיוך של חוסר ביטחון: "מה?" "סתם מביט באישה יפה," עניתי כנראה את התשובה הנכונה, מכיוון שהבחנתי שהיא נהנתה מהמחמאה. עם זאת היא התעשתה מהר ואמרה: "טוב, אני מניחה שלחנופה הזאת יש מטרה. אז בוא נשמע כבר מה שיש לך לומר אחרי כמה ימי היעדרות, שבמהלכם לא שמענו ממך דבר."

כל הדרך הביתה חשבתי על הרגע הזה והתלבטתי כיצד להתחיל. לבסוף החלטתי לקפוץ למים הקרים ופשוט לספר את העניין כמו שהוא. "תראי, עופרה, לפני כשעה הרגתי בירִיות כמה מחברי כנופיית היאקוזה הגדולה בטוקיו. זה היה במבצע שהייתי מעורב בו בימים האחרונים." עיניה של עופרה נפערו, והיא כיסתה את פיה בידה בבהלה. "ניסיתי לטשטש את העקבות וייתכן שלא יוכלו לקשור את מותם אליי. אבל במוקדם או במאוחר, מנהיגי הכנופיה יבינו מי עשה זאת ואז חיינו וחיי הילדים לא יהיו שווים אגורה שחוקה." עופרה הביטה בי ארוכות ופקקה אצבעות ידיה, הרגל מגונה שנגמלה ממנו לפני שנים רבות. לאחר מכן לקחה נשימה עמוקה, ניגשה לארון הבגדים, הוציאה מהמדף העליון את המזוודה שהייתה מונחת שם והחלה לארוז. "מתי?" שאלה. "הזמנתי כרטיסי טיסה לאמסטרדם למחר בשעה שתים-עשרה בצהריים," עניתי והבטתי בה בהערצה.

השכבנו יחד את הילדים לישון, הבאנו עוד כמה תיקים ומזוודות והעסקנו עצמנו באריזת החפצים שעלינו לקחת בטיסה. לא דאגתי באשר לתכולת הבית. החבר'ה יארזו וישלחו אותה בבוא הזמן. לאחר כחצי שעה של אריזה אינטנסיבית, צלצל הנייד שלי. על הקו היה קיטמורה. לא חשבתי שאשמע ממנו בעתיד הקרוב ואולי גם לא בעתיד הרחוק יותר, אבל היו לו תוכניות אחרות. "אפי-סאן, מה שלומך?"

"אני בסדר. מה מצב בנך?" הזדרזתי לשאול בחשש.

"הוא בבית חולים ועובר כעת ניתוח להוצאת הכדור מירכו. מצבו לא מסוכן והוא יֵצא מבית החולים בעוד כשבוע, אם הכול ילך כשורה. אני מצלצל אליך מטלפון ציבורי בחדר ההמתנה שליד חדר הניתוח בבית החולים." "בחור נבון", חשבתי.

"אפי-סאן," המשיך קיטמורה, "אני חייב לך את חיי ואת חיי בני. ברצוני לתת לך בתמורה שני דברים. קודם כל עצה: עזוב את יפן במהירות האפשרית. אם תישאר כאן אתה, ואולי גם בני משפחתך, חשובים כמתים."

"מחר בצהריים אנחנו עפים מכאן," התערבתי בדבריו.

"מצוין. עכשיו הקשב היטב. אתה יודע, אפרים-סאן, אני אדם זקן וכבר לא נותרו לי מטרות רבות לשאוף אליהן. שני דברים אני אוהב יותר מכול: את יפן ואת היהודים. אני מבקש בשנותיי האחרונות..."

הפסקתי אותו ומחיתי: "עוד צפויות לך שנים רבות ופוריות." דמיינתי כיצד הוא מנפנף בידו בביטול, ואז הוא המשיך:

"...להשלים את מה שהתחלנו, אולי לתקן את מה שכמעט השתבש ולעשות משהו שיועיל לקשרים בין שני העמים ויועיל גם לשנינו. לשם כך אזדקק לעזרתך. אני יודע לאיזה מוסד אתה עובד, ואני חושב שתוכל לעזור."

הייתי מספיק סקרן כדי שלא להפסיק את דבריו, אם כי ניחשתי לאן כל זה מוביל. לכן אמרתי כלאחר יד: "אני מקווה שאוכל לסייע. אשמח לדעת במה מדובר."

קיטמורה המשיך: "התקשרתי לידידי, מנהל סניף קוג'ימאצ'י של בנק

פוג'י, היכן שחלק מחשבון הקרן הקיסרית מתנהל. ניתן לסמוך עליו בעיניים עצומות, כל זמן שברור שגם הוא מרוויח מכך. המנהל ידאג שהכסף שאוגורה הבטיח לך, אכן יועבר לישראל. זוהי בקשתו האישית של הקיסר החדש." קיטמורה השתתק לרגע ואחר כך המשיך: "אתה בוודאי אורז עכשיו. לא אפריע לך יותר. אתקשר אליך מחר בשש בבוקר כדי לתאם את הסידורים הדרושים בבנק. בינתיים כדאי שתנוח ואולי תלך לישון. גם מחר מחכה לך יום עמוס," סיים וניתק.

הסקרנות שלי ביחס לסידורים שקיטמורה תכנן עבורנו בבנק באה על סיפוקה מהר מכפי שחשבתי. למחרת, בשש בבוקר, התקשר קיטמורה ואמר לי לצפות לצלצול ממנהל סניף הבנק. בדיוק בשעה שבע בבוקר התקשר מנהל סניף הבנק שלי וביקש שאבוא מיד כדי לדון בחשבוני. אמרתי לו שאגיע תוך חצי שעה, מכיוון שהתכוונתי לנסוע ברכבת התחתית. הדרך לבנק תמיד הייתה פקוקה, כמעט בלתי אפשרי למצוא מקום חניה שם. לא היה לי כל רצון לבזבז זמן ביום שבו עליי לברוח עם משפחתי מיפן.

"אין צורך," כך המנהל, "מכונית הבנק מצפה לך מחוץ למשרדך." יצאתי, ולעיניהם הנדהמות של ילדיי, שנשארו בבית וסייעו גם הם לארוז את חפציהם, נכנסתי ללימוזינה שחנתה בחוץ. סניף הבנק עדיין היה סגור כשהגעתי, אבל מנהל הסניף חיכה לי מחוץ לבנק והוביל אותי למשרדו. שם הגיש לי בעצמו כוס תה ושאל אותי אילו אפיקי השקעה יוכל להציע לי.

"יש לשקול היטב כיצד להשקיע את חמש-מאות מיליון הדולר שהופקדו הבוקר בחשבונך," הוסיף. "קיטמורה-סאן היה כאן הבוקר וחתם על כל המסמכים הדרושים. כל שעליך לעשות הוא לחתום גם כן היכן שאומר לך." בתזמון מושלם צילצל הטלפון הנייד שלי, וקולו של קיטמורה בקע מהשפופרת: "אתה ודאי כבר בבנק?" "כן," השבתי בקול חלש. "אז תקשיב היטב. לסכום שהועבר לחשבונך יש אישור של הקיסר. אתמול בלילה,

הוא בכבודו ובעצמו התקשר אליי והורה לי באופן חד-משמעי להשלים את העברת הכסף לישראל. עוד ביקש ממני להתנצל בפניך בשמו על עגמת הנפש ועל התלאות שנגרמו לך." בצחקוק קל הוסיף: "אתה רואה, גם לי, כמו למוסד, יש דרכים לגלות דברים חסויים כמו את מספר חשבון הבנק שלך. אנא העבר את התרומה הצנועה לממשלתך. יש לי רק בקשה קטנה, שתוכל ודאי למלא ללא בעיה. לצערי, לבקשה זו אין אישור של הקיסר, ולכן יש לשמור זאת בינינו." "נו, הנה זה הגיע", חשבתי. ידעתי שהרגע הזה יגיע מתישהו, אבל לא הגבתי, והוא המשיך: "אנא רשום מספר חשבון בנק והעבר לשם עשרה מיליון דולר מתוך מה שקיבלת. זה החשבון של הבן שלי, שחובותיו הכבדים ליאקוזה, בגלל התמכרותו להימורים, לא יימחקו רק משום שאוקה התפגר. אם לא אשלם, יבואו אחרים לגבות את הכסף. אין בכנופיית הימאגוצי'-גומי ואקום. הבטח לי שתעשה זאת." הבטחתי. "הבטח לי גם שדבר הסכומים הקטנים, הזניחים בעצם, שתעביר לחשבוני ולחשבונו של מנהל סניף הבנק, יישמר כסוד הקטן שלנו." הבטחתי. ביקשתי ממנהל הבנק חדר שאוכל לשבת בו כמה דקות כדי להחליט מה לעשות עם הכסף. כשהייתי לבדי לקחתי כמה נשימות עמוקות כדי להירגע, עצמתי את עיניי והתחלתי לתכנן את צעדיי הבאים.

אחרי עשר דקות קיבלתי החלטה. ראשית התקשרתי בטלפון הנייד לאיתמר, הממונה עליי. תיארתי לעצמי שבשעה כזאת בארץ הוא ישן שנת ישרים. קולו המנומנם אישר את מה שחשבתי. נתתי לו כמה שניות להתאושש וסיפרתי לו את סופו של הסיפור, בלי להסתיר דבר, וגם על ארבע-מאות שבעים וחמישה מיליון הדולר שקיטמורה רוצה לתרום לישראל, באמצעותי. הוא בירך אותי על כך שהצלחתי, למרות הכול, לשים את ידי על הכסף. הוא הסכים אִתי שהעסק בעייתי, אולם כדאי לעשות הכול כדי שהכסף יישאר בידינו. תיאמתי אתו את דרך הפעולה ואת נתיב ההסתלקות וידעתי שלאורכו ידאגו אנשי התחנות המקומיות שלא יאונה לנו כל רע. אחר כך טלפנתי לאשתי ואמרתי לה להזדרז

עם האריזה. שתארוז רק את החפצים החיוניים ביותר בכמה מזוודות ותמתין לי בבית. למנהל הבנק, המאוכזב במידת מה על שלא השארתי את הכסף בסניף הבנק שלו, נתתי הוראה להעביר את ארבע-מאות שבעים וחמישה מיליון הדולר לחשבון סודי בבנק בישראל, שהיה מיועד למבצעים מיוחדים של היחידה שפעלה במזרח הרחוק תחת פיקודי. רק לממונה עליי במוסד ולי הייתה גישה אליו.

עשרה מיליון דולר העברתי לחשבון הבנק שקיטמורה נתן לי, וחמישה מיליון למנהל סניף הבנק, שנראה עתה פחות מאוכזב ולהוט עוד יותר לעזור לי לסיים את עסקיי במהירות. את היתרה, בסך עשרה מיליון דולר פחות מאה אלף, העברתי לחשבוני הפרטי בבנק דיסקונט בחיפה. צלצלתי לשו-קו וביקשתי את מספר חשבון הבנק שלה. להפתעתי החלה לבכות והקריאה לי את פרטי חשבונה, תוך יבבות. נפרדנו כששנינו יודעים שלא נראה יותר זה את זה. נסעתי בלימוזינה הביתה, שם עזרתי לאשתי ההמומה לסיים לארוז ונסענו במהירות לשדה התעופה. אספנו את הכרטיסים שהזמנתי לטיסה הראשונה שיצאה לאירופה באותו יום ושהיה בה מקום לכולנו ומשם טסנו לארץ. הילדים היו נרגשים מהנסיעה הפתאומית. כנראה לא הפנימו עדיין שאנחנו עוזבים את יפן לתמיד. פעמים רבות אחר כך חשבתי עד כמה מפליא שלא היו לי כל ייסורי מצפון. כנראה זה ההבדל בין לקחת - תמיד התייחסתי לכך כאל לקיחה ולא כאל גניבה פשוטה - סכומים קטנים וסכומים גדולים. עשרה מיליון דולר הם סכום שלא מקבלים בגללו ייסורי מצפון. חוץ מזה, הזכרתי לעצמי שהכסף לא ממש היה חסר לאיש.

בדרך, בשדה התעופה באמסטרדם, הילדים ועופרה עסקו בקניות של גבינות ושוקולדים בדיוטי-פרי, לפני שעלינו לטיסת ההמשך לארץ. אני המתנתי להם באולם האח"מים. לגמתי כוס הייניקן ובהיתי במסך הטלוויזיה הגדול שמולי, שבו שודר מבזק חדשות מאסיה ברשת סי-אן-אן. במבזק דיווחו על אירוע יוצא דופן בטוקיו, שבו נמצא קשיש יפני מוטל

ללא רוח חיים כשגרונו משוסף מחוץ לשער של ארמון הקיסר. המשטרה ניסתה לפענח סימן מוזר שהיה מוטבע על חזהו ונראה כציפור פניקס המחזיקה בציפורניה שק זהב. קריין הטלוויזייה דיווח עוד שלהערכת משטרת טוקיו, הייתה זאת כנופיית נוער שהתעללה בקשיש חסר ישע כחלק מפולחן השטן. קורבן נוסף לאותה כנופיית פולחן השטן נמצא כשגרונו משוסף בשירותי בר בגינזה, כשגם על חזהו מוטבע סימן הפניקס. האיש זוהה כמנהל סניף בנק.

כשעופרה והילדים שבו מקניותיהם והדיילת קראה לנו לעלות לטיסה התחלתי לנוע בלב כבד לכיוון שרוול המטוס. לפני שיצאנו מאולם האח"מים, צדה עיני ידיעה מענינת נוספת בחדשות הטלוויזיה. בוולדיווסטוק הוצאו להורג, לאחר משפט בזק, שלושה טרוריסטים צ'צ'נים. הם הואשמו בניסיון לפיגוע המוני בעיר. הפיגוע עצמו סוכל על ידי פעולה מהירה של כוחות הביטחון המקומיים. כשפרשן פוליטי ממכון וושינגטון למדיניות חוץ החל להסביר לצופי סי-אן-אן את החידוש בכך שטרוריסטים צ'צ'נים פעלו באזור המזרח הרחוק הרוסי, המשכתי לנוע לכיוון המטוס. נדהמתי ממהירות הנקמה של היאקוזה, או שמא הטיפוסים המנומסים והמתורבתים מחצר הקיסר אינם כל כך נעימים כפי שנדמה?

פרק מ"ז

תל אביב, כמה חודשים אחר כך

הצרצר
שר בקולו החורק
שיר סיום

הממונים עליי במוסד שמחו כל כך מהתוספת הלא צפויה לתקציבם, שהסתפקו בחקירה קצרה ולא מעמיקה ולא הקשו עליי לפרוש אחרי כמה חודשים, אחרי שהמטירו עליי תודות ומחמאות. אני משוכנע שהסיפור נכנס לפנתיאון של המבצעים המיוחדים שיעברו במוסד מפה לאוזן עוד שנים רבות אחר כך. שמעתי שגם חזי פרש, נשאר ביפן ועשה חיל בעסקיו. לא שמרנו על קשר מאז. לרשת המסעדות היפניות שפתחתי בתל אביב, הרצליה ורמת השרון קראתי "אצל קיטמורה הזקן". עם עופרה העניינים הסתדרו. אני חושב שניתן לייחס את השיפור לכמה סיבות: היינו צריכים שנינו לאחד כוחות כדי לעזור ילדים לחזור לתלם ולהיקלט כראוי בארץ ובמיוחד בבית ספרם החדש. השיבה הפתאומית הייתה קשה עבורם. תמר במשך כמה שבועות הסתגרה בבית. היא התקשתה בלימודים והשקענו שעות רבות בעזרה בשיעורים. אורי לעומת זאת הסתדר היטב מבחינת לימודיו, אבל הפך לאלים והושעה פעמים רבות, עד שנרגע. חוץ מזה, עופרה פרחה. היא לקחה על עצמה את ניהול הסניף הראשי של "אצל קיטמורה הזקן" בנמל תל אביב. המקום היה מפוצץ. בכל ערב המסעדה הייתה מלאה ובסופי שבוע השתרך מחוץ לה תור של עשרות ממתינים.

למרות ההצלחה, התחיל להתגבר בתוכי אי-שקט לאחרונה. קִראו לזה חוש של איש שטח כפי שהייתי במשך שנים רבות. התחלתי להרגיש שעוקבים אחריי ומדי פעם, כשהייתי הולך ברחוב, היו שערות העורף שלי סומרות. כשסובבתי את ראשי לא ראיתי מישהו יוצא דופן. היו גם כמה שיחות טלפון שנותקו מיד כשעניתי. עופרה סיפרה לי שכמה פעמים בימים האחרונים ניגשו אליה אורחים יפנים שאכלו במסעדה ושאלו עליי. אני לא פרנואיד, אבל החלטתי לכתוב את האמת, כפי שאני מכיר אותה, על הצלחתי העסקית הפתאומית. כתבתי תיאור קצר שכלל כעשרה עמודי פוליו ושמרתי העתק אחד של המסמך בכספת במשרדי והעתק שני אצל עורך הדין שלי, במעטפה חתומה. ההוראה שנתתי הייתה שהמעטפה תיפתח ותימסר למשפחתי רק אם חס וחלילה אלך בקרוב בדרכו של קיטמורה הזקן.

סוף